JN314301

ライブラリ 経営学コア・テキスト=8

コア・テキスト
事業戦略

宮崎　正也

新世社

編者のことば

　経営学は常識の学問である。経営学はいまや現代人にとっての基本的なリテラシーの一部である。最新ニュースのほとんどに企業や組織がからみ，この世のほとんどすべての問題は，経営の問題として読み解くことができる。経営学はまさに現代社会の常識なのである。

　経営学は常識の学問である。経営学は科学であり，個々の理論やモデルが正しいかどうかはデータと事実が決める。しかもその検証作業は，一部の研究者たちだけの占有ではない。広く一般の人々も日々の実践の中で検証を繰り返し，その結果生き残った経営理論だけが，常識として広く世の中に定着していく。

　経営学は常識の学問である。経営学は常識にもかかわらず，学問としての体系をもっている。そこが普通の常識とは異なる。体系的に学び，体得することができる。実際，現代ほど学問として体系的な経営学の教科書が渇望されている時代はない。高校生から定年退職者に至るまで，実に多くの人から「経営学の良い教科書はどれか」と質問される。

　それでは，良い教科書の条件とは何か。第一に，本当に教科書であること。予備知識のない普通の人が，順を追って読み進めば，体系的に理解可能な本であること。第二に，学問的に確からしいことだけが書かれていること。もちろん学問には進歩があり，それまで正しいとされていたものが否定されたり，新しい理論が登場したりすることはある。しかし，ただ目新しくて流行っているというだけで根拠もなく取り上げるビジネス書とは一線を画する。そして第三に，読者がさらに学習を進めるための「次」を展望できること。すなわち，単体として良い本であるだけではなく，次の一冊が体系的に紹介され，あるいは用意されていることが望ましい。

　そのために，このライブラリ「経営学コア・テキスト」が企画された。経営学の「核となる知」を正しく容易に理解できるような「良い教科書」群を体系的に集大成する試み。そのチャレンジに，いま21世紀を担う新世代の経営学者たちが集う。

高橋　伸夫

はしがき

　インターネット検索エンジンのグーグル（Google）によると，「戦略」という単語が人びとによって1カ月間に検索される回数は約2,900回を数え，「経営戦略」「成長戦略」などのようにほかの語と結びついたキーワードとして「〇〇戦略」が1カ月間に検索される総回数に至っては，約55万回にものぼるそうです。それほどまでに現代においては，「戦略」が人びとの関心を惹き，かつ求められているということでしょう。

　しかし，理想的な「戦略」は，世の中のどこかに金塊のように埋蔵されているものではありませんし，大戦略家の誰かが神のように啓示してくれる類のものでも決してありません。それぞれの人や企業が，体験や学習を積み重ねながら自身や自社にとって最もふさわしいと思われるオリジナルな「戦略」を独自に練り上げていくことが重要であると，筆者は考えます。

　独自の「事業戦略」を練り上げようと日々奮闘しているビジネス・パーソンに新たな思考方法を提供して支援するため，あるいは社会人として将来活躍することを夢見る学生諸君の学習を手助けするために，本書は書かれています。それゆえ，本書では，身近な具体例を豊富に盛り込みながら，できるかぎり平易な言葉で「戦略論」を説きほぐしていきます。

本書の構成

　本書は大学におけるセメスター制の標準的な講義回数にあわせて，全部で14章立てになっています。これらの章の内容は，3つの部分に分類整理できます。

　まず，最初の部分は，第1章のみから構成され，本書の導入部的な位置づけです。そこでは「戦略」という概念の意味的な説明から始まって，「経営

戦略」と「事業戦略」の定義について説明しています。続く第2の部分は，第2章から第12章までの全11章で構成されています。そこでは各論として，企業が収益を上げるために利用可能な11の手法または戦略について詳細に説明しています。そして，最後の部分は，第13章と第14章の2つの章で構成されています。そこでは以上の各論を総括するための総論として，資源ベース戦略論とポジショニング戦略論を中心とした理論的な説明と，実際に「事業戦略」を策定するための分析的な視点を説明しています。

　基本的にどの章も独立した内容をテーマに掲げて記述してありますから，読者はどこでも好みの章からつまみ食い的に読み進めていくこともできます。しかし，章間の関連性の濃さからあえていいますと，第2章・第3章・第4章を一つのセットとして，また第13章・第14章をもう一つのセットとして，それぞれまとめて読み進めたほうが包括的に内容を理解できると思われます。

　また，本文中の記述内容の引用元や典拠は各文章末に著者名と出版年を括弧書きで明記し，図表の出所はその図表のすぐ下に小さな文字で著者名・出版年・タイトル・出版社などを明記してあります。なお，出所を記載していない図表は，筆者が独自に作成したものです。本書の末尾に詳細な参考文献リストを掲載してありますから，興味をもった記述内容を原典にまでさかのぼって勉強したい読者は，どうぞご活用ください。

本書の特長

　各章の記述に見られるいくつかの特長を指摘しておきます。

第1章：「戦略」「経営戦略」「事業戦略」という順番で，それぞれの概念的な定義と内容の説明をしている点。

第2章：学術的な教科書ではめったに紹介されませんが，有用かつ面白い概念である大前研一の「戦略的自由度」を紹介している点。

第3章：「規模が大きくなるとコストが低下する」とだけ単純に説明されがちな「規模の経済」について，なぜコストが下がるのか3つの理由を明記した点。

第4章：差別化・集中戦略の具体的な事例をポーター（Porter, M.）の「製品種類ベース」「ニーズ・ベース」「アクセス・ベース」の各ポジショニングの分類に分けて説明した点。

第5章：市場セグメンテーションの議論と，クリステンセン（Christensen, C. M.）の「破壊的イノベーション」の議論を結びつけて製品ライン・マネジメントを説明している点。

第6章：「顧客の片付けるべき用事」という視点から，ソリューション・ビジネスとカスタマイゼーションについて説明をしている点。

第7章：製品ライフサイクルの成熟化に対処するための方法として，レビット（Levitt, T.）の指摘を整理するかたちで「再成長ベクトル」という分析枠組みを提示した点。

第8章：近年，研究の進展が見られている「戦略的な標準化による価値獲得」の事例や，「業界標準化に敗れそうなときの対処法」について一部を紹介した点。

第9章：プラットフォーム型ビジネスモデルを企業が形成していくプロセスを事例に依拠して説明し，課金構造における「優遇のシフト」の存在を示した点。

第10章：新製品開発に「社外のアイデアを導入する」という観点から，ユーザー・イノベーションの議論とオープン・イノベーションの議論を同時に紹介した点。

第11章：企業が業務範囲を統合化あるいは分化させる理由の一つとしてラングロア（Langlois, R. N.）の「動学的取引コスト」の存在を説明した点。

第12章：戦略論の観点から，特許権と著作権の活用方法を紹介するとともに，それぞれの権利内容や保護対象の違いを詳細に説明した点。

第13章：一般的な教科書では割愛されがちですが，資源ベース戦略論を説明するときの重要な前提になるバーニー（Barney, J.）の「戦略要素市場」の概念を丁寧に説明した点。

第14章：外部環境分析における「出仕市場」の定義の重要性を説明している点と，外部環境分析と内部分析を組み合わせた戦略立案プロセスを紹介している点。

上記以外にも，記述上の特長は多々ありますが，主な点は以上です。その説明方法の妥当性については，読者の皆様のご判断を仰ぎたいと思います。

ただし，本書はあくまでも教科書ですから，正確な記述と現時点で一定の確認と評価を得ている理論の紹介を前提条件としておいています。したがって，各理論を紹介するにあたって，筆者は事例やデータなどで裏付けや確認をしていく作業を重視しました。その意味で，理論を検証しながら筆者なりに納得を積み重ねて記述していった点が，本書の一番の特長でもあります。

謝　辞

まず，本書を執筆する機会を与えてくださった高橋伸夫先生（東京大学）に感謝申し上げます。さらに，下書き原稿を精読して，たくさんのコメントを返してくださった高橋ゼミナール（東京大学）の学生さんたちにも感謝申し上げます。彼らの率直な感想や疑問が，原稿の改訂作業でとても役立ちました。誠にありがとうございました。

また，本書の演習問題を作成するうえで，そのうちのいくつかのアイデアは土橋力也氏（当時，名古屋大学大学院生＆ティーチング・アシスタント）よりご教示いただきました。名古屋大学における「経営戦略」の講義で使用する資料の作成や演習問題の採点補助などで，筆者は彼にとても助けられました。心より感謝申し上げます。

最後になりましたが，新世社の御園生晴彦氏には，上梓までのスケジュール管理において大変お世話になりました。さらに同社編集部の清水匡太氏と佐藤佳宏氏には，プロとしての丁寧な編集作業をしていただきました。本書の出版に関わったこれらの方々にも，心から厚く御礼申し上げます。

　　2011年1月

宮崎　正也

目 次

第1章　事業戦略の考え方　　1

- 1.1　戦略を立てていますか？　　2
- 1.2　経営戦略の定義　　4
- 1.3　企業における経営戦略の役割　　8
- 1.4　戦略の階層性と事業戦略の位置づけ　　17
  - ●演習問題　20

第2章　他社との「違い」をつくる　　21

- 2.1　利益の生み出し方　　22
- 2.2　差別化戦略による競争優位の確保　　25
  - ●演習問題　40

第3章　コストを引き下げる　　41

- 3.1　低コスト化戦略のねらい　　42
- 3.2　低コストの実現方法　　43
- 3.3　市場シェア拡大の効果　　53
  - ●演習問題　59

第4章　専門性を身につける　　61

- 4.1　戦略類型としての集中戦略 ── 62
- 4.2　コスト・集中戦略 ── 65
- 4.3　差別化・集中戦略 ── 72
  - ●演習問題　79

第5章　顧客ニーズの違いに対応する　　81

- 5.1　不均衡の原則 ── 82
- 5.2　マーケット・セグメンテーション ── 84
- 5.3　製品ライン・マネジメント ── 95
  - ●演習問題　99

第6章　顧客の「片付けるべき用事」を手伝う　　101

- 6.1　顧客の「片付けるべき用事」── 102
- 6.2　顧客のシステム経済性 ── 106
- 6.3　未処理の「片付けるべき用事」の発掘 ── 109
- 6.4　顧客我慢とカスタマイゼーション ── 113
- 6.5　置換の経済 ── 116
  - ●演習問題　119

第7章　製品寿命を管理する　　121

- 7.1　製品ライフサイクル ── 122
- 7.2　ライフサイクル成熟化への対処法 ── 131
- 7.3　ライフサイクルの短縮化への対応 ── 136
  - ●演習問題　139

第8章　業界標準を活用する　　　　　　　　141

- 8.1　標準とは？ ― 142
- 8.2　業界標準 ― 144
- 8.3　業界標準と企業の投資回収 ― 155
  - ●演習問題　159

第9章　「出会い」の場を提供する　　　　　161

- 9.1　プラットフォーム型ビジネスモデル ― 162
- 9.2　プラットフォーム形成の方法 ― 173
  - ●演習問題　179

第10章　新製品を創り出す　　　　　　　　181

- 10.1　新製品アイデアの生まれる場所 ― 182
- 10.2　ユーザーとメーカーの関係 ― 189
- 10.3　オープン・イノベーション ― 192
  - ●演習問題　199

第11章　業務範囲を仕分ける　　　　　　　201

- 11.1　自社の業務範囲を決める ― 202
- 11.2　統合の理由 ― 205
- 11.3　分化の理由 ― 214
- 11.4　シナジー ― 219
  - ●演習問題　220

第 12 章　知的財産を活用する　　221

- 12.1　知的財産とは　　222
- 12.2　特許権の活用　　226
- 12.3　著作権の活用　　234
  - ●演習問題　239

第 13 章　競争優位が持続する理由　　241

- 13.1　競争優位の源泉　　242
- 13.2　競争優位を生み出す経営資源の特性　　248
- 13.3　競争優位を持続させるための諸条件　　258
- 13.4　資源の競争優位と企業の収益性　　259
  - ●演習問題　260

第 14 章　事業環境の分析・選択・操作　　261

- 14.1　企業の業績を決めるメカニズム　　262
- 14.2　外部環境分析　　265
- 14.3　5つの競争要因と市場の収益性　　270
- 14.4　外部環境への戦略的な対応方法　　278
  - ●演習問題　282

参考文献　　283
索引　　295
著者紹介　　304

本書に記載している製品名は各社の登録商標または商標です。
本書では®と™は明記しておりません。

第1章

事業戦略の考え方

　妄想を抱くことから、ほんとうの人生は始まる。いや、もっといえば、妄想を抱かないかぎり、大きな仕事は成し得ない。自分自身の経験を振り返ってみて、あらためてそのように思うのです。……（中略）……「シャ乱Q」がデビューする二年くらい前に、「大阪厚生年金会館中ホール（現・同芸術ホール）でライブをする」という妄想を抱いたことがあります。……（中略）……妄想を頭のなかに置いておくだけだからただの妄想になってしまうのであって、人前で宣言することで妄想は立派な「計画」になり、「予定」になると考えたのです。……（中略）……妄想を実現するためのプロセスを細かく分解する。具体的には、一年後に「シャ乱Q」のファンを千百人集めなくてはなりません。そのためには、その半年前にはどこそこのホールで六百人くらいを集めてコンサートをやろう。その三ヶ月前には、あそこのライブハウスに三百人集められるようになろう。そう考えると直近の一ヶ月後のライブで少なくとも百人は動員する必要があるだろう。……（中略）……一ヶ月後に百人ということは、メンバーが五人だから、一人二十人のノルマ。それを一ヶ月でこなすには、一日一人、自分のファンを増やせば大丈夫という計算になります。つまり、一日一人、お客さんを増やせば、一年後に千百人以上のお客さんの前でコンサートができるということです。これなら簡単です。繁華街や駅前で「今度ライブやるんやけど、きてくれる？」と話しかける。喫茶店にビラを置いてもらう。友人にそのまた友人を紹介してもらう。結局やるべきことを分解していくと、「ビラを配って、ライブに誘う」という、ただそれだけのことです。……（中略）……一見、たわけた妄想も、そこに至るプロセスを細かく分解していくと、「ビラを毎日、ただ配るだけ」という誰もができる単純作業に行き着いたのです。

—— （つんく♂, 2008, pp.14–17）

○ KEY WORDS ○
ドメインの決定，資源展開の推進，
競争優位の確保，戦略の階層性

1.1　戦略を立てていますか？

　本来，戦略（strategy）は軍事用語です。戦争で戦って勝つために利用される考え方（コンセプト）です。平和な日常生活を送る我々とは無縁な話に思われます。しかし，軍事戦略を理論的に研究したワイリーによる戦略の定義を見れば，それが軍事のみにとどまらず，日常生活や経済活動など幅広い分野で利用可能な有益なコンセプトであることがわかります。

　彼によると，「戦略とは，何らかの結果に到達するために立案された行動計画であり，それを成し遂げるために組み上げられた方法をも含んだ1つのねらいである」とされます（Wylie, 1967）。つまり，ある目標を達成するための「ねらい（purpose）」であり「手段の組合せ（system of measures）」が戦略なのです。

　そうであるならば，日常的に私たちがとっている行動も戦略的に説明できるでしょう。たとえば，昨晩の飲み会でたっぷりと飲んでしまい，朝から二日酔いに悩まされているあなたは，「今朝は絶対に通勤・通学電車で座っていきたい」と思ったとします。駅のホームにたどり着くと図表1.1のように乗車客が並んで待っています。あなたならば，左右どちらの列に並びますか？

　おそらく，3つの代表的な選択肢が考えられます。第1は左側の列に並ぶこと，第2は右側の列に並ぶこと，第3はどちらにも並ばずこの電車を見送って次の電車に一番乗りする，というものです。いずれの案も，「電車で座る」という目的を達成するために考え出された一定の合理的な手段です。

　なぜなら，第1案は左側の列なら待っている人数が少なく，今なら3番目に乗車できそうだという現状分析からの判断です。第2案は改札出口に近い左側ドアは降車客が殺到するので，待ち人数は多いものの降車客が少ない右側の列に並んだほうが素早く乗車できるだろうという積年の経験則や知識に

図表 1.1　通勤・通学電車の待ち行列

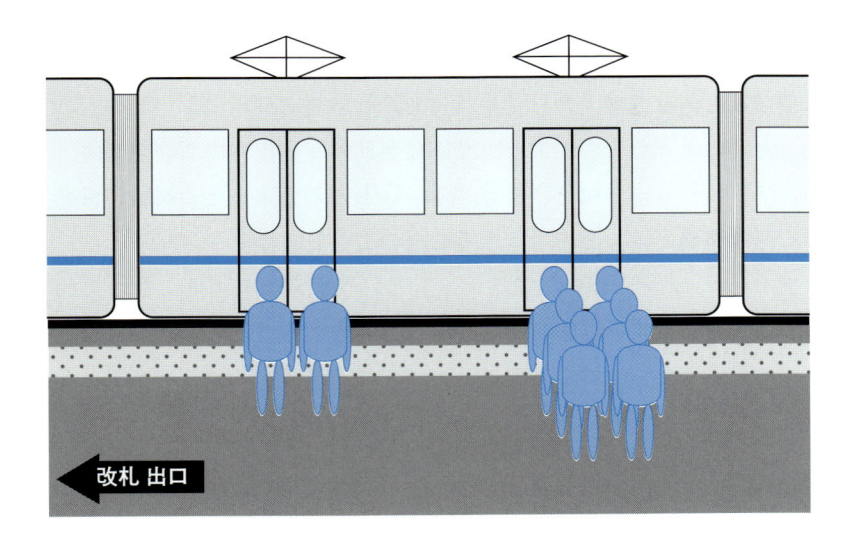

←改札 出口

もとづく判断です。第3案は時間に余裕があるときのみ採用可能ですが，すでに待ち行列ができあがっている競争相手の多いところは避けて，ほかの人がいない競合相手がいない新たな状況設定を創り出して，そこにパイオニアとして一番乗りするという考え方にもとづく判断です。

　このような身近な例に見られるように，私たちは日々の生活の中で生じるさまざまな目標や課題をこなすために，自然と戦略を立てていることが実は多いのではないでしょうか。

1.2　経営戦略の定義

　前項で見た例は，個人の日常生活における戦略の利用についてのものでしたが，企業のように大勢の人びとで構成される組織が戦略を利用しようとする場合は事情がもっと複雑になります。いわゆる企業などの組織運営で利用される経営戦略とは，どのようなものなのでしょうか。

　ホファー=シェンデルの『戦略策定』という経営戦略の著名な古典的テキストでは，経営戦略を「組織がその目的を達成する方法を示すような，現在ならびに予定した資源展開と環境との相互作用の基本的パターン」と定義しています（Hofer & Schendel, 1978）。これをわかりやすく図示すると図表1.2のように描けます。

　ある組織は，何らかの目的（営利/非営利どちらでもよい）を達成するために自らの内部に保有する資源（ヒト，モノ，カネ，情報，知識など）を展開して活用していきます。ところが，この資源展開の成果の善し悪しは外部環境との関係性で大きく変わってきます。

図表1.2　組織と環境を取りもつ経営戦略

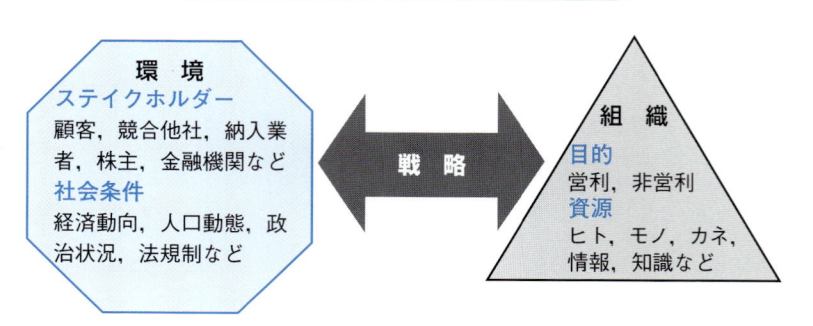

環境
ステイクホルダー
顧客，競合他社，納入業者，株主，金融機関など
社会条件
経済動向，人口動態，政治状況，法規制など

⟷ 戦略 ⟷

組織
目的
営利，非営利
資源
ヒト，モノ，カネ，情報，知識など

たとえば，自社内の資源をフル活用して，最高だと思われる新商品を開発したとしましょう。しかし，その新製品を顧客が買ってくれない，競合他社がもっと高性能で低価格の新製品を出してきた，取引先業者が自社に協力してくれない，事業拡大のための資金調達に金融機関が応じてくれないなど，さまざまな利害関係者（ステイクホルダー）が自社の目的達成の前に立ちはだかることもありえます。また，好不況といった経済動向，少子高齢化などの人口動態，企業活動を制約する政治や法規制など，一企業ではどうすることもできないようなただ受け身になって対応するしかない外的な社会条件も存在します。

つまり，経営戦略とは，当該組織が自らコントロール可能な「資源展開プロセス」と自身がコントロールすることが難しい外部環境である「ステイクホルダー」や「社会条件」との間をうまく取りもって相互に適合させるような，目標実現のためのパターン化された行動プログラム（打ち手）であるといえます。

○ 経営戦略論の多様性

「目標実現のための行動プログラム（打ち手）」が「戦略」という言葉そのものの概念定義である点に関しては，多くの戦略論者の間で共通の理解があります。しかし，「どのような戦略が有効なのか？」あるいは「どのようにして有効な戦略を形成するのか？」という点に関しては，それぞれの立場からいろいろな論者が経営戦略論を主張しています。まさに百家争鳴の状態にある経営戦略論の分野を渉猟して，ミンツバーグは『戦略サファリ』という本で10の学派が存在していると述べています（Mintzberg, et al., 1998）。彼は，主に戦略形成という観点から見た場合に，経営戦略論を次のように分類しています。

(1) 素描学派（design school）
戦略形成における柔軟な着想プロセスを重視し，企業の内的能力と外部機

会を適合させることをめざす，戦略の作成・評価・実行モデルを提唱。

(2) 計画学派（planning school）

形式的プロセスとしての戦略形成を重視し，最高経営者に直結した専門化された戦略計画部門で高度な知識をもつ計画者が戦略策定を行うことを推奨。

(3) ポジショニング学派（positioning school）

戦略形成のプロセスよりも実際の戦略内容を重視し，現実の市場において企業が戦略的ポジションを選択できるようにするための分析方法を提案。

(4) 文化学派（cultural school）

戦略形成を組織の文化に根ざすものととらえ，組織メンバー間の相互作用によって共有化された信念・価値観が戦略に影響する集合的プロセスを重視。

(5) 起業家学派（entrepreneurial school）

戦略形成を企業家精神に学ぶことを重視し，1人のリーダーの直感・判断・知恵・経験・洞察などの活動に焦点を当て，ビジョン創造プロセスを解明。

(6) 認知学派（cognitive school）

戦略家のマインドを解明するために認知心理学を応用し，人間の認知領域においてビジョンや戦略がどのようなプロセスで形成されるのかを探求。

(7) パワー学派（power school）

戦略形成を，組織内で衝突するグループ間の交渉，または外的環境に対して組織自身がとる交渉のプロセスとして把握し，パワー行使の重要性を肯定。

(8) 学習学派（learning school）

世界は複雑であるがゆえに，戦略をはじめから一度に明確化して計画策定することはできないと考え，組織が創発的に学習していく中での適応的な戦略形成を重視。

(9) 環境学派（environmental school）

外部環境への受動的な反応プロセスとしての戦略形成を想定し，外部環境から組織に課せられる諸圧力を分類・整理。

(10) 形態学派（configuration school）

外部環境の変化や組織の成長に伴って組織形態は変わる必要性があり，その組織形態の変革プロセスとして立ち現れてくる戦略形成を議論する。

上記 10 学派を列挙したのは，ここで各学派の詳細を述べるためではなく，経営戦略論の多様性を例示するためです。このように時代を経るに従って，経営戦略論の多様性はしだいに増加していく傾向にあります。しかしながら，ミンツバーグの 10 分類はさすがに細かすぎて，そもそも経営戦略論にどのような志向性をもつ議論があるのか，読者は把握しにくいと思います。そこで本書では，チャフィー（Chaffee, 1985）による経営戦略論の 3 類型を紹介しながら，代表的な 3 つの議論の方向性が存在することを確認します。

第 1 類型は，順次型戦略モデル（linear strategy model）です。これは「経営トップが，明確な組織目標の達成に向けて，競争相手等に対処するための計画を策定し，実行する」逐次的プロセスを重要視する戦略論です。いわゆる「上意下達による組織内コミュニケーション」や，明白に設定された目的に対応する手段を的確に選択できる「目的・手段の連鎖一貫性」の状況を前提にした戦略モデルです。上述の学派をあえて分類すれば，先の(1)素描学派，(2)計画学派，(3)ポジショニング学派がこれに相当するでしょうか。

第 2 類型は，適応型戦略モデル（adaptive strategy model）です。これは「顧客嗜好の変化など環境変化に対応して，反応的あるいは能動的に自らの組織（資源や能力）を変革する」プロセスに焦点を当てた戦略論です。平たくいえば，組織の「生き残り（生存可能性）」を至上命題とする戦略モデルです。あえて分類すれば，上述の(7)パワー学派，(8)学習学派，(9)環境学派，(10)形態学派がこれに相当するでしょうか。

第 3 類型は，解釈型戦略モデル（interpretive strategy model）です。これは「組織として魅力的な経営理念やブランド等を，顧客・従業員・投資家などのステイクホルダーに対して提示し続ける」ことの大切さを説く戦略論です。つまり，ステイクホルダーごとに異なる要求・思惑・利害が存在するものの，彼ら全員が彼らなりの解釈で満足してもらえるような企業としての構想・ビジョンの構築と提起を強調した戦略モデルです。あえて分類すれば，

上述の(4)文化学派，(5)起業家学派，(6)認知学派がこれに相当するでしょうか。

これら3類型は，戦略というもののもつ特徴点を浮き彫りにしています。それぞれのモデルにおいて戦略は，①企業の構成メンバーが意思決定したり行動したりする際に一貫した指針を示すもの，②企業を取り巻く経営環境との関わり方を具体的に示すもの，③企業の将来像や今後のあり方に関する魅力的な構想を示すもの（吉村，2006），であると特徴づけがなされています。

経営戦略論が多様であるのは，企業活動における戦略概念の理解が，単なる「目標実現のための行動プログラム（打ち手）」という平板なものに終わらず，より広範で示唆に富む特徴をもつ概念として人びとに理解されている証拠なのかもしれません。

1.3　企業における経営戦略の役割

　企業活動において戦略が果たしている役割，「戦略の機能」として，①ドメインの決定，②資源展開の推進，③競争優位の確保の3つがあげられます（de Kluyver & Pearce, 2003；Hofer & Schendel, 1978）。

①ドメインの決定

　戦略には，その企業が活動する領域（ドメイン）を決定づける機能があります。ドメインとは，企業がやりとりする特定の環境部分のことであり，存在領域のことを意味します（榊原，1992）。

　企業はドメインを決定するとき，それに先だって自らの存在理由（レゾンデートル）を認識しておくことが必要不可欠です。「あなたの会社がなくなった場合，困るのは誰か？　それはなぜか？」，「同じく，いちばん困る顧客はだれか？　それはなぜか？」，「あなたの会社の代わりとなる企業が現れる

までに，どれくらい時間がかかるか？」という3つの質問に答えることでレゾンデートルを確認できます。レゾンデートルは，全社員を同じ方向に導き，仕事の本質とは何かを定義するものです（Montgomery, 2008）。これを踏まえたうえで，企業はドメインを決定します。

ドメインを定義するためには，いろいろな考え方が提唱されています。1つは，物理的定義と機能的定義の対比で考える方法です（Levitt, 1960）。たとえば，あなたがケーキ屋のオーナー・パティシエだったとします。自らの商売を「匠の味スイーツの製造販売」と物理的に定義したならば「最高の素材を集めて，最高の製菓技術に磨きをかける」のが経営課題になるでしょう。一方，「フランスの味覚文化の紹介サービス」と機能的に定義したならば「デザートから料理・ワインへと商材を拡張したり，教育・出版や旅行業への事業展開をする」のが経営課題になるかもしれません。このように，一般的に機能的定義のほうが物理的定義よりもドメインの拡張性が見られます。

2つめは，①顧客層（対象者），②顧客機能（ニーズ），③技術（提供物）の3次元でドメインを定義する考え方です（Abell, 1980）。「誰のどのようなニーズに何をもって応えるのか？」というアプローチです。たとえば，ビジネスパーソン（対象者）の海外出張（ニーズ）に旅客機（技術）を提供するというドメインは，エアライン（航空会社）のものですが，第3次元の技術をテレビ会議システムに変えると，IT企業のドメインになります。

その他のドメインの決定方法として，①空間の広がり（狭い—広い），②時間の広がり（静的—動的），③意味の広がり（特殊的——一般的）という3つの構成次元に注目する考え方もあります（榊原，1992）。これは組織体の活動が，①「狭い領域に限定されるのか，多種多様な活動を手がけているのか」，②「時間的な変化・将来への発展性をもつか」，③「一部の人のためだけの特殊なものか，広く社会一般の人びとの共感を得られるものか」という観点でドメインを考えます。

以上，ドメインの決定方法を紹介してきましたが，何でもかんでも詰め込

んで自社のドメイン定義を肥大化させてしまっては，意味のある戦略策定につながりません。むしろ明確な企業目的に対応して誰にでもわかりやすいシンプルなドメインを選択したほうが，経営者や従業員にとって「我々の会社は○○だ」という意思決定や行動のための一貫した指針になって役立ちます。

〈戦略の「優先順位づけ」機能〉

そこで戦略の機能として重要になるのが「意思決定や行動の優先順位づけ」です。世の中には，トレードオフ（trade-off）の関係にある複数の要素のうちから1つを選択せざるをえない状況がよくあります。つまり，「こちらを立てれば，あちらが立たず」という2つの相反するものが存在する条件下で，あえて「勝つためにAに資源を投入する。そのためにBへの資源投入をあきらめる」（菅野，2005）という優先順位づけによる現実的な選択が求められるのです。

たとえば，「クロネコヤマトの宅急便」事業を創業した小倉昌男は，同事業の立ち上げプロセスにおいて「サービスが先，利益は後」「社員（採用）が先，荷物は後」「車（増便）が先，荷物が後」という優先順位づけをしたといいます（小倉，1999）。通常，サービス水準を上げればコストが上がり，コストを抑えればサービス水準も下がる，というトレードオフの関係が存在します。どちらを優先するかの決断を下して事業拡大のための戦略を提示するのが経営者の仕事だと小倉はいいます。その結果，当時のヤマト運輸は，社員数や集配車両の台数を積極的に増やしてサービス水準を上げることで郵便小包との差別化をめざし，潜在需要を次々に開拓していきました。その時点の荷物の量にあわせて設備投資や社員採用を抑制していたら，なかなか市場が広がらなかったでしょう。ヤマト運輸はサービス水準向上に注力することで，従来の郵便小包とは性格の異なる「宅急便」という新しいドメインを確立したのです。

また，優先順位づけの大切さについて，小倉は，何でも"第一"だけではダメであり"第二"を必ず設定すべきであるともいっています。たとえば，

「安全第一，営業第二」のように，第二を設定することで本当に第一の重要性が強調されるのです。

以上のように，企業活動において本当に役立つ戦略には，(a)どの業界でどのような製品・サービスを提供するのかというドメインを選択する，(b)意思決定や行動の優先順位づけをする，という2つの機能が備わっています。

②資源展開の推進

戦略には，資源展開を推進するという機能もあります。つまり，組織のもつ独自能力や資源を，有効かつ能率的に展開できるような方法で，環境の変化が生み出す機会とリスクに経時的に適合させるという役割です（Hofer & Schendel, 1978）。

〈SWOT分析にもとづく資源展開〉

これを考えるうえで参考になるのが，SWOT分析という分析枠組みです（Andrews, 1980）。企業を取り巻く外部環境に潜む機会（opportunities）や脅威（threats）を考慮したうえで，その企業の強み（strengths）と弱み（weaknesses）を評価します。そうすることによって，世の中に潜在するビジネス・チャンスと企業が保有する経営資源とのベスト・マッチを探求するのが，この分析の目的です。分析プロセスは，図表1.3として描かれます。

その際，以下のような質問項目を考慮するとよいでしょう（Andrews, 1980, pp. 71-72）。

- 私たちの製品はいったい何か？ それのどのような機能が役立っているのか？ どのような付加機能によってそれを拡張・改良できるか？
- 私たちの製品の市場で何が起きているか？ それは拡大しているのかそれとも縮小しているのか？ それはなぜか？
- 私たちの会社の主要な強みと弱みは何か？ それらの源泉はどこにある

図表 1.3　SWOT 分析の枠組み

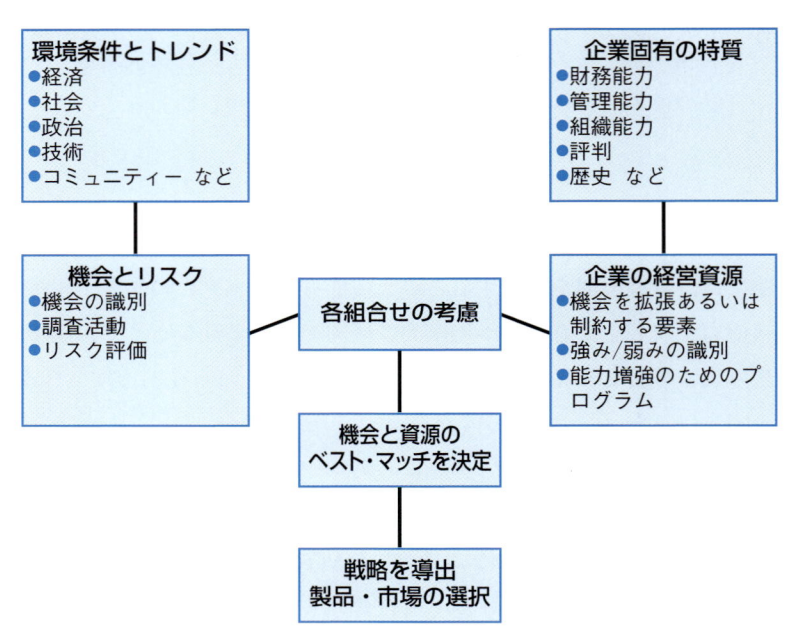

環境条件とトレンド
- 経済
- 社会
- 政治
- 技術
- コミュニティー　など

企業固有の特質
- 財務能力
- 管理能力
- 組織能力
- 評判
- 歴史　など

機会とリスク
- 機会の識別
- 調査活動
- リスク評価

各組合せの考慮

企業の経営資源
- 機会を拡張あるいは制約する要素
- 強み/弱みの識別
- 能力増強のためのプログラム

機会と資源のベスト・マッチを決定

戦略を導出 製品・市場の選択

（出所）　Andrews, K. R.（1980）*The concept of corporate strategy*. Rev. ed. Homewood, IL : Richard D. Irwin. p.69, Figure2 より筆者作成。

か？
- 私たちは核となる特異な能力をもっているか？　もしそうならば，それをどの新しい活動に応用できるか？
- 私たちの産業の構造はどうなっているか？　誰がリーダーか？　そのサブ・グループ企業は何か？　私たちはどこに当てはまるか？　産業はどのように変化しているか？
- 私たちの最大の競争相手の主な強みと弱みは何か？　彼らは私たちを模倣しているか，それとも私たちが彼らを模倣しているのか？　彼らに対

して，私たちはどのような競争優位性を利用できるか？
- 私たちの戦略は何か？　製品と市場のその組合せは，最適な経済戦略であるか？　製品を多様化させるための判断基準として，私たちの事業の本質は十分に明確になっているか？
- 市場機会と独自能力のよりよい組合せが，もしリスクの許容範囲内であれば，私たちの会社にどのような効果をもたらしうるか？

　機会と脅威が「環境トレンドの変化」によってもたらされる点，そして企業の強みと弱みが「継続的に蓄積・形成された能力や評判」に裏打ちされている点を示唆しているこのダイナミックな分析枠組みは，企業が資源展開を推進するための戦略策定において有用なツールであるといえます。

　自社の強みの活用方法を環境変化のトレンドにあわせて柔軟に組み替えてベスト・マッチを追求してきた例として，トヨタの自動車ディーラーの取り組みがあげられます（『日経ビジネス』，2009年4月6日，pp.32-34）。

　トヨタの強みは強力な営業網にあります。日本の高度成長期にはモータリゼーションの波に乗り，徹底した戸別訪問・飛び込み営業で市場シェアを拡大しました。しかし，バブル崩壊・低成長期の訪れと核家族化の進展で訪問営業を嫌がる消費者が増えました。そこでトヨタは来店型の営業スタイルに改めました。1998年設立のネッツトヨタ店がその象徴で，店頭の営業担当者にポロシャツを着せて気軽に立ち寄ってもらえる店作りをめざしたそうです。さらに近年は，販売方法を多様化させる一環としてショッピングモールに出店したり，商業施設内で展示販売会（露天販売）を開催するなど，消費者の日常的な買い物の機会をとらえた営業活動を試みています。このようにトヨタのディーラーは，その時その時の環境トレンドにあわせて，「訪問販売」→「来店販売」→「露店販売」と強い営業力の活用方法・資源展開のあり方を柔軟に変化させてきました。

　戦略は，一度決めたらそれをずっと堅持しなくてはならないというものではありません。時代時代にあわせて，戦略の内容もアップデートしていく必

要があるのです。

〈KFS を踏まえた資源展開〉

 とはいえ，すべてを見直して変化させることがベストではありません。ビジネスにおいても，これだけははずせないという定石があります。それを KFS（Key Factors for Success）といいます。いわば物事の結果に影響を与える主要因で，「成功のための秘訣」（大前，1999）です。特定の業界内で成功するためには，KFS を見きわめて，それに応じた資源展開を進める必要があります。

 たとえば，大型雑貨店のロフト社長の遠藤良治は次のような考え方を述べています（『日経ビジネス』，2009 年 2 月 16 日，p.50）。常に新しいものを提案する，わくわくする売り場を作るというのがロフトの命題です。それを実現するために，経営資源のうちフローとストックを明確に区別しています。

 ロフトの場合，フローは「建物，土地，そして商品」です。30 万種類以上の商品をいろいろなメーカーから仕入れ，その時代その時代に適した売り場で販売していくのがロフト流です。それゆえ，工場（メーカー機能）や不動産は所有しません。一方，ストックは「人材」です。ロフトの店頭で扱う品目数は店員 1 人あたり約 600 種類にものぼります。店員にとって商品知識を習得するだけでも大仕事です。それゆえ，パート社員がすぐに辞めて入れ替わってしまうのは問題です。豊富な商品知識を習得した人材がストックとして定着してこそ，きめ細やかな売り場作りが可能です。そのためにロフトでは，パート社員や契約社員を正社員化する人事制度を採用しています。

 要するに，雑貨小売業における KFS は「新鮮で魅力的な売り場作り」です。その実現のため，ロフトでは「メーカー機能保有による商品の固定化を避ける」と「店員定着のための人事処遇を行う」といった資源展開を推進しているのです。

 以上のように，機会・脅威といった環境変化と企業がもつ強み・弱み，そして KFS を見据えて策定された戦略には，企業の資源展開の推進方向を規

定するという機能があります。

③競争優位の確保

　最後に，企業に競争優位（competitive advantage）を確保させるのが戦略の最も重要な役割です。競争優位とは，市場において自社に対する顧客の支持が競合他社に対するそれを相対的に上回っている状態を指しています。また，競争優位を確保した結果として，卓越した収益性を長期間に渡って獲得・維持できるかどうかが，戦略にとっての試金石になります。

　競争優位を確保するための基本原則は，競合他社と明確な違いを打ち出せる自社特有の「ユニークな競争上のポジション」を構築することです（de Kluyver & Pearce, 2003）。たとえば，品質・価格・性能面などで競合商品/サービスとは明らかに違う自社商品/サービスを顧客に提供するのがそのための一つの方法です。あるいは競合と同じ商品/サービスを取り扱っていたとしてもその商品/サービスの生産プロセスや顧客への提供プロセスで他社とは異なる優れたやり方を採用するというのもそのための方法の一つです。平たくいえば，競争相手と同じことをやっていても勝てないので，違うことをやって勝ちましょうという考え方です。

　たとえば，この考え方を実践することでクレジットカード業界では後発企業でありながら業界トップに登りつめたのが，セゾンカードを発行するクレディセゾンであるといわれています（林野，2006）。これまでクレディセゾンは，競合他社に先駆けて常に新しい施策を打ち出してきました。主要なものをいくつかあげると，カード年会費無料，申込み即時カード発行，永久不滅ポイント導入，かつての親会社・西武百貨店のライバル高島屋との提携など，業界他社が無謀だと思った常識破りの施策ばかりを行ってきたといいます。しかし，結果的にこれらの施策はセゾンカードの発行枚数および利用頻度を大きく伸ばすことに貢献しました。

　確かに，クレディセゾンは他社と違うことを常にやり続けることでユニー

クな競争上のポジションを確保することに成功したといえます。しかし，個別の施策であるカード年会費無料・申込み即時カード発行・永久不滅ポイントなどはその後，ほかのカード会社も「模倣」して同様の施策を実施しています。かつては類を見ない特別な特徴であったとしても，他社の模倣行動を伴う市場での競争ダイナミクスによって優位な特徴はしだいに薄れてきてしまうのです。

　他社と異なる新しい施策を行ったとしても，それが簡単に他社にもまねできるような施策であったならば，確保した競争優位は一時的なもので終わってしまいます。うがった見方をすれば，クレディセゾンの新規施策は他社も容易に模倣できる程度のものでしかなかったがゆえに，次から次へと新規施策のアイデアを出して走り続けなければならなかったといえるでしょう。真

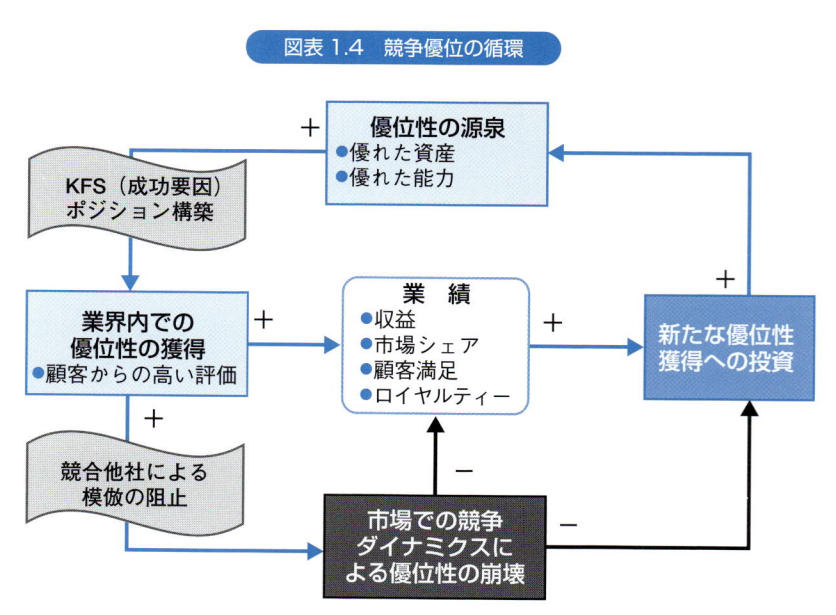

図表1.4　競争優位の循環

- 優位性の源泉
  - 優れた資産
  - 優れた能力
- KFS（成功要因）ポジション構築
- 業界内での優位性の獲得
  - 顧客からの高い評価
- 競合他社による模倣の阻止
- 業績
  - 収益
  - 市場シェア
  - 顧客満足
  - ロイヤルティー
- 市場での競争ダイナミクスによる優位性の崩壊
- 新たな優位性獲得への投資

（出所）　Day, G. S., & Reibstein, D. J.（Eds.）（1997）*Wharton on dynamic competitive strategy*. New York：John Wiley & Sons, p.53のFigure2.1に加筆修正。

の意味で「持続的な競争優位」を確保するためには、やはり他社が簡単には模倣できない仕組みが必要なのです。

以上の事柄を「競争優位の循環」として解説したのが図表1.4です。企業は優位性の源泉になりうる優れた資源を活用してKFSを踏まえながら独自の競争ポジションを築きます。その結果として業界内での優位性を獲得し、業績向上等の一定のリターンを得て、さらにそれを新たな優位性獲得のための投資に回します。しかし、時間の経過とともに市場の競争ダイナミクスによる「優位性の崩壊」が進行して、リターンが減少していく恐れがあります。企業はこれを防ぐために、図の左下に描かれているように競合他社の模倣を阻止する工夫や仕組みを手当てしなければならないのです。

なお、模倣の阻止と持続的な競争優位の確保に関する議論は、第13章でより詳細に取り上げる予定です。ここでは「競争優位の循環」を正のサイクルで回していくためにも、「競争優位の確保」が戦略の重要な機能であるという点だけを指摘しておきます。

1.4　戦略の階層性と事業戦略の位置づけ

これまでは企業の経営戦略ということで、戦略という概念の一般的な特徴や役割について解説してきました。本章の締めくくりに、本書のテーマである「事業戦略」とは何かについて明確にします。

現代の大企業の活動は、大勢の構成メンバーによって担われています。当然、企業内では分業が進み、さまざまな部署や管理階層が存在しています。したがって、企業活動のための戦略と一口にいっても、実は各メンバーの所属している部署や職位によって、必要な「戦略」は異なってきます。つまり、企業組織が分化して階層化しているのに対応して、企業の戦略も階層化させて考えなくてはなりません。これを典型的なかたちに描いたのが図表1.5

図表1.5 戦略の階層性

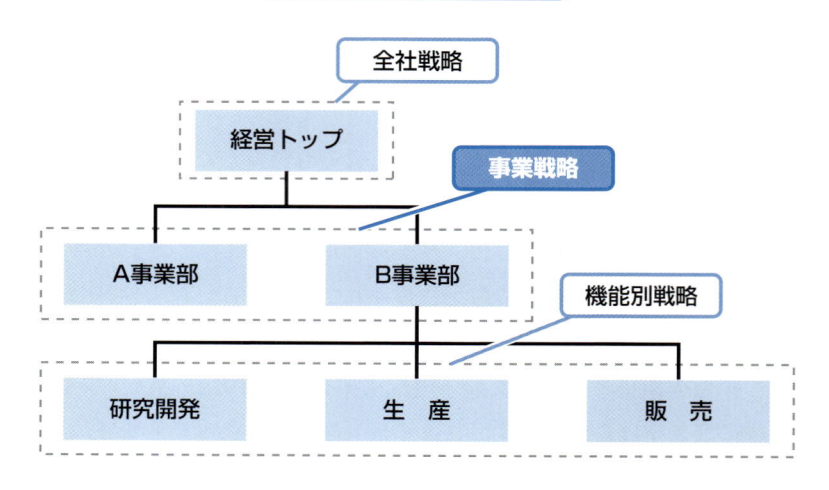

```
                    ┌─ 全社戦略
              ┌─────────┐
              │ 経営トップ │         ┌─ 事業戦略
              └─────────┘
                   │
         ┌─────────┴─────────┐
    ┌─────────┐         ┌─────────┐
    │ A事業部  │         │ B事業部  │      ┌─ 機能別戦略
    └─────────┘         └─────────┘
                             │
              ┌──────────────┼──────────────┐
         ┌─────────┐    ┌─────────┐    ┌─────────┐
         │ 研究開発 │    │  生 産  │    │  販 売  │
         └─────────┘    └─────────┘    └─────────┘
```

「戦略の階層性」です。

　階層は大きく3種類に分類されます（淺羽, 2004）。まず最上位にくるのが, 経営トップが考える主体となる全社戦略（corporate strategy）です。企業のレゾンデートルやドメインを明確化し, 企業が行うべき事業は何か（what）を定義することが, その大きな役目となります。すなわち, 企業成長・多角化・撤退・事業間の資源配分などが全社戦略において議論されます。

　次の層が, 事業部長クラスの経営層が考える主体となる事業戦略（business strategy）です。ある事業においてどのように（how）競争するか（あるいは競争を避けるか）という, 競争戦略（competitive strategy）を練ることが課題です。KFS・ポジショニング・持続的な競争優位を構築して, その事業部がきちんと収益を確保するにはどうすべきかを議論します。

　最後に日常的な活動レベルである各機能（業務）分野ごとに機能別戦略（functional strategy）が全社横断的に策定されます。人事戦略, 財務戦略, 生産戦略, 販売戦略など個別の専門分野を対象に議論されます。

本書では，2つめの階層である「事業戦略」を解説していきます。いわば事業部長さんの視点で，自らが掌握する事業をいかに成長させ，いかにして収益を上げていくのか論じます。

〈事業戦略の策定で考慮すべき点〉

　事業戦略を考えるうえでは，①誰に対してどのような価値を提供するのかという「価値創造」の視点，②どのような儲けの仕組みを構築するかという「事業構造」の視点，③どのように勝ちパターンを永続させるのかという「競争要因」の視点の3つが大切です（水越，2003）。

　①の価値創造の視点においては，最終顧客のみならず，顧客の手に商品が届くまでに関係してくる代理店や，事業活動のための資金を提供してくれる株主・債権者なども含めて価値を提供できるような「バリュー・リターンの構造」を考えることが重要です（紀，2008）。

　②の事業構造の視点では，企業が将来に渡って持続的に収益を上げ続けるための構造として，ビジネスモデル（business model）を考えることが重要になります。顧客に対して彼らの望む価値や便益を提供し，企業自身が利益を上げるために「何を」「どのように」「いつ」実行するのか，に関する体系的な活動を構築することが，ビジネスモデル作りの要諦です（Afuah, 2004）。

　③の競争要因の視点とは，企業が競争していくうえで，品質・コスト・時間・ブランドなど，どの土俵のうえで戦って競争相手に勝つのかということです。自社の強みに軸足を置きながら競争要因（土俵）を選択し，持続的な競争優位を確保できるような勝ちパターンを見つけ出すことが重要になります。

　上記3つの視点から明確なシナリオが描ければ，おそらく有用な事業戦略ができあがるでしょう。

　次章から第12章までは，事業が収益を上げていくための方法（あるいは

戦略）を考えるうえで参考になる企業行動の諸類型を，事業戦略立案のための「素材」として，11テーマ取り上げて紹介していきます。

演習問題

1.1 コンビニのドメインについて，あなたの考えを述べなさい。

1.2 身近な企業を1つ取り上げて，その企業についてSWOT分析を行いなさい。

1.3 企業が活動をしていくうえで，本当に「戦略」は必要なのだろうか。もし企業に「戦略」がなければ，その企業は存続することができないのか。あなたの考えを述べなさい。

第 2 章

他社との「違い」をつくる

例えば，お花屋さんでヒマワリが高値で売られていたからと，みんなで作ろうとすると，1年後にはヒマワリだらけになっているかもしれない。けれど，「線路の脇に咲いていたタンポポ，すごくきれいだったな。タンポポ売ってないな。じゃあ，タンポポ作ろう」とした方がチャンスがある。

———（秋元康，2010，p.24）

○ KEY WORDS ○
差異性，差別化戦略，水平的な差別化，
垂直的な差別化，ブランド

2.1 利益の生み出し方

そもそも利益はどのようにして生まれるのでしょうか。それを理解するキーワードとして「差異性」があります。経済学において資本主義の原理を説明するために，①共同体間の価値体系の差異性を利用した利益の創出，②労働生産性と実質賃金率の両者間における差異性を利用した利益の創出，③絶え間ない革新が生み出す差異性を利用した利益の創出，といった3種類の差異性の存在が指摘されています（岩井，1997）。

①は空間的に遠く離れた地域の間を仲介する遠隔地交易にみられる利益創出法です。

たとえば，16世紀にヨーロッパとインドの間の交易に従事していたヴェニスの商人は，インドでほんのわずかな金銀支払いで入手したコショウをヨーロッパではその20～30倍の値段をつけて売っていました。これが可能だったのは，ヨーロッパとインドそれぞれの共同体がもつ価値体系の中でのコショウの位置づけが異なっていたからです。

インドでは日常的にありふれた香辛料であるコショウは当然，価値も低く，安く取引されます。一方，気候的にコショウの栽培が困難なヨーロッパでは，物珍しくて入手困難な希少価値の高い商品として取引されます。この2つの価値体系間における差異性を活用して「安いところで買い，高いところで売る」。これが商業資本主義の原理です（岩井，1997）。

②は18世紀後半以降，イギリスを先陣にヨーロッパで始まった産業革命によって成立した産業資本主義に特徴的な利益創出法です。

実質賃金率とは労働者が受け取る時間あたり賃金を消費者物価で割った値のことです。労働生産性とは生産された商品の総量（付加価値生産量）を投入された労働時間で割った値のことです。産業革命の時代に新しく生まれた社会階層が，いわゆる労働者と資本家です。資本家は工場などの生産手段を

所有すると同時に労働者を雇用して事業を営みます。したがって，資本家は労働生産性と実質賃金率の両方に関与することになります。

それに対して，労働者は自分の労働力と引き替えに賃金を得て，その賃金を使って商品購入などの消費活動をしますから，当然，実質賃金率には関与します。ところが，労働者は生産手段を所有していないので労働生産性の向上による成果を自らの手にできません。ここに資本家と労働者の差異が発生します。

つまり，資本家は工場の設備を改良したり，勤務時間内の労働者の仕事を厳格に監督したりすることで，経営を効率化して労働生産性を容易に向上させることができます。その結果，工場が生み出す付加価値と実質賃金との差はすべて資本家の手に落ちるのです。労働生産性と実質賃金率の間の差異が，資本家の利益の源泉です（岩井，1997）。

ちなみにすべての労働者が，労働生産性を操作して利用できないわけではありません。現代のいわゆる専門職に就く知識労働者や職人などは，売り物になる知識やワザ，その生産手段である頭脳と腕を所有しています。専門家は素人よりも効率的（低コスト・低労力）に仕事をこなせます。高度な仕事をテキパキこなして高給を取得している専門家は，かつての資本家と同じ仕組みを活用しているといえるでしょう。

③は20世紀後半から現代に至るポスト産業資本主義に特徴的に見られる利益創出法です。

現代の企業は，いくら大きな資本をもっていても，もはやそれだけでは大きな利益を得られなくなってきています。そのかわり，個々の企業はほかの企業よりも，より早く原材料を運び，より安く生産を行い，より正確な情報を受け取り，より異なった新製品を市場に出すことによってはじめて大きな利益を獲得できます。つまり，革新によって他企業との差異を創り出せば，その差異性に対して利益という報酬がもたらされます。

しかしながら，先を越されたほかの企業も生き残りをかけて革新企業の模倣に努力を注ぎます。ほかの企業も次々と模倣に成功すれば，昨日の革新が

今日の常識となり，企業間の差異性は消失してしまい，革新企業の利益幅も縮小します。それゆえ，一度くらい革新に成功したといっても安心していられないので，どの企業も利益を得るための新たな機会の確保をめざして絶えず革新へと駆り立てられていきます。このように現代では，企業どうしの競争プロセスに組み込まれた革新が利益の源泉になっています（岩井，1997）。

以上，3種類の差異性にもとづく利益創出法を見てきました。しかしながら，①と②の差異性は，空間的・地理的な差異あるいは資本家・労働者の差異ということで着眼点が違うものの，2つの異質な価値体系の間における交換比率の構造的な差異を利用して利益を生み出すという点で実は共通しています。

それに対して，③の差異性が生み出す利益は，企業間の模倣・同質化が必然的に生起する同一市場・同一価値体系内での競争プロセスにおける革新が，その源泉である点で①や②と異なります。私たちが本書で見ていきたいのは，所与の有利な固定的構造のもとで自動的に利益が転がり込んでくる①や②の状況ではありません。そこにはあまり戦略が必要とされないからです。私たちが議論していきたいのは，大多数の一般的企業が直面している③の状況下における「競争戦略」なのです。

◯ ビジネスの基礎論理

子どもでもわかるごく当たり前のことですが，企業の利益は，収入からコストを引いた残りです。したがって，ある企業がほかの企業よりも高い単位あたり利益を獲得しようと思えば，方法は2つしかありません。①顧客により多く支払ってもらうこと，②事業をより低いコストで運営することです。どちらにしても，ほかの企業とは異なっていることが共通の条件です。そうでなければ，より高い値段を顧客に請求する，あるいはより少ない資源しか使わないで操業することなどができるはずがありません（Magretta, 2001）。

このようにして自社のすることを他社と異なるユニークなものにするため

図表2.1 利益の方程式

単位あたり利益＝価格－コスト

　　　　　　　　　　差別化戦略　　低コスト化戦略

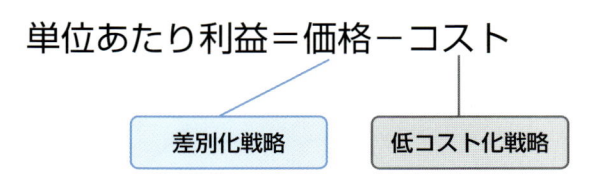

の基本的な戦略が，図表2.1に示した「差別化戦略」と「低コスト化戦略」です。企業は，差別化戦略に成功すれば，自社の提供する商品/サービスの価格を高めたり維持することができ，結果的に単位あたり利益を高められます。低コスト化戦略をうまく遂行できれば，事業活動のプロセスで発生するさまざまなムダな費用を削減でき，結果的に単位あたり利益を高められます。どちらの戦略においても，その実現のためには競争相手との差異性を創り出す革新のための努力が必要不可欠です。

本章では差別化戦略について詳しく見ていきます。もう一方の低コスト化戦略については次章で詳しく見ていきます。

2.2　差別化戦略による競争優位の確保

競争優位という言葉は，「自社製品が顧客によって競合企業の製品よりもより選好されて購入される状態」を意味しています（寺本・岩崎，2004）。ここで考察する対象は「顧客を中心とした自社と競合企業の三者間関係」です。

図表2.2は，この関係性を図示した「戦略的3Cs」（大前，1987）という概念枠組みです。顧客（Customer）・競争相手（Competitor）・自社（Corpo-

図表2.2 戦略的3Cs

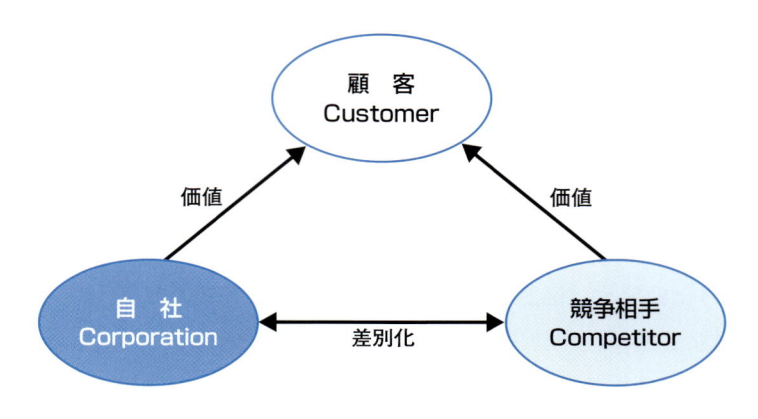

```
            顧　客
            Customer
         ↗         ↖
       価値          価値
      ↗               ↖
  自　社  ←―差別化―→  競争相手
  Corporation        Competitor
```

ration）の3つのCを前提にして，「誰を相手に，どのような欲求を満たすか」「競争相手は誰か，それとどう違うのか」「自社の強み・中核的な技術や能力は何か」をまず明確に認識します。それにもとづいて，自社は競合他社と異なる方法で顧客価値を提供し，競合他社に対して明確に差別化できるような特徴を身につけましょうという考え方です。

　つまり，差別化戦略の「差別化」とは，顧客に自社を受け入れてもらうために「競争相手との違いを出すこと」なのです。この考え方は何も事業戦略に特有のものではありません。三者関係の登場人物を入れ替えれば，恋愛や就職活動などにおける個人の「差別化戦略」としても幅広く応用できます。

○ 差別化戦略の成功要素

　企業に競争優位をもたらすような成功した差別化戦略には，①顧客価値の向上，②知覚価値の提供，③模倣困難な差異性，の3要素が備わっているといわれます（Aaker, 2001）。

〈①顧客価値の向上〉

　顧客価値とは、「顧客の得る便益」から「顧客にかかるコスト」を差し引いたものです。自社の製品/サービスを購入する顧客は、その製品/サービスを使用したり保有することで欲求を満たします。

　そもそも何らかの便益（メリット）が見込めるから、顧客は自社製品/サービスを買ってくれるのです。それゆえ、企業は自社製品/サービスの性能や品質を常に向上させて顧客の便益をより高めることで競合他社以上の顧客価値を提供しようと努力します。しかし、同時に顧客の購買プロセスにはさまざまなコストがかかることも忘れてはなりません。

　当然、その製品/サービスの購入価格は顧客にかかるコストで最大のものですが、ほかにも、製品/サービスを購入するときの煩わしい手間や追加的な支出（交通費や入会金など）、維持費用（メンテナンス・コスト）、補完財（アクセサリー類やオプション部品など）や消耗品への支出などがあります。これら顧客に降りかかってくるコスト全体が、実は「顧客の得る便益」を減少させてしまうという構造があります。この構造を逆手にとることで、自社製品/サービスを競合他社のそれと比べて有意義に差別化できる場合があります。

　たとえば、自社製品/サービスには「すべて込みこみで必要なものは全部そろっています」という特性をもたせることで顧客の追加的コストを低減させたり、取引手段としてネット上の通信販売を開始したり、あるいは郊外の大型店舗と市街地を無料のシャトル・バスで結んで移動しやすくすることで顧客の購買プロセスにかかる不便を解消するなどして、顧客にかかる総コストを下げることができます。その結果、顧客価値を高めるという方法です。

　つまり、差別化を実行するうえで顧客価値の向上は重要な第一歩ですが、そのやり方としては、「顧客の得る便益を高める」「顧客にかかるコストを下げる」「その両方を同時に行う」という3つが考えられるのです。

〈②知覚価値の提供〉

　次に重要な論点は、「知覚価値の提供」です。「競合他社にない顧客価値を創造できた」と企業が自負していても、3Csの中心メンバーである顧客そのものが自社の生み出した独特の顧客価値に気がついてそれを認めてくれなければ、まったく意味がありません。差別化が生み出す価値を顧客が知覚できるようにすることも大切なのです。

　一般的に、消費者行動プロセスは「気づく→理解する→興味をもつ→購買を検討する→実際に購入する→使用後に評価する」という経過をたどるとされています（平久保、2005）。この最初の段階で、顧客に気づいて理解してもらわない限り、企業としてどれほどすばらしい製品/サービスを創り出したとしても競争の土俵には上がれないのです。

　とくに新製品を開発して市場導入をはかる際には、この「知覚価値の提供」を意識した取り組みが企業に求められます。たとえば小川進の『イノベーションの発生論理』という本の中で紹介されている、飲料メーカーのキリンビバレッジが清涼飲料水「アミノサプリ」を市場導入した経緯にはそのことがよく表れています。

> 　缶は中身が見えない分、はじめのトライアルをなかなかしてもらえない。缶だと味しかわからないが、ペットボトルだと中身が見えるので安心して手にとってもらえる。瓶も中身が見えるが量産がききにくい。……（中略）……ペットボトルという容器の特性を活かしながらペットボトルでないとその魅力が引き出せないものをペットボトル化する。キリンビバレッジの「サプリ」は「水タイプのすっきりした飲料」として中身が透けて見える500ミリリットル・ペットボトルとマッチングした例である。ペットボトルの場合、缶の場合と比べて売上げが5倍上がったという。（小川、2000、pp.206-208）

　要するに、「水タイプのすっきりした飲料」がサプリの特徴であり、顧客に訴えたい価値でした。しかし、それの顧客への提示の仕方（容器表現）が

悪ければ，商業的な成果にはつながらなかったでしょう。「中身も見て購入したい」という顧客ニーズを理解し，透明なペットボトルに入れて顧客に提示することで「サプリ」のもつ特性上の魅力，同時にまたペットボトルのもつ特性上の利点を引き出すことができたのでした。このように単純な例ではありますが，商品の「見せ方」・「売り方」は，顧客の気づきや理解を助けて知覚価値の提供を促進するのです。また，本章の後半で解説する「ブランド」も，知覚価値の提供において重要な役目を果たしています。

〈③模倣困難な差異性〉

　差別化戦略の最後の成功要素は，「模倣困難な差異性」です。前章でも述べたとおり，他社から簡単にマネされてしまうような差別化は企業に一時的な競争優位しかもたらしません。企業が「持続的な競争優位」を確保するためには，他社が容易にコピーできない仕組みをもつことが重要です。自社しかもっていない（他社が市場取引を通じて簡単に入手できないような）特殊な資源や能力を差別化の手段として利用していれば，おそらく他社は同様の差別化行動をとれないでしょう。

　たとえば，通常のコシヒカリ米のおよそ2倍の値段で売買されている「魚沼産コシヒカリ」という差別化された米があります。日本国内には数多くの米生産農家がありますが，模倣商品をつくることはできません。そもそも新潟県の魚沼地域にある水田の耕作面積には限りがあり，簡単に土地を入手できません。他地域で，「コシヒカリの最適育成条件に近い」といわれる魚沼地域と同様の気候風土を再現して生産することも不可能です。さらに「魚沼産」というブランドがもっているのと同様の名声を他産地が一朝一夕で確立するのも困難です。それゆえ，魚沼産コシヒカリは何十年にもわたって，プレミアム価格で売買され続けているのです。

　以上の点をまとめると，図表2.3のように整理できます。差別化戦略を効果的に行うには，まず差異性の土台となる「顧客価値の向上」を実現する

図表 2.3　差別化の成功要素

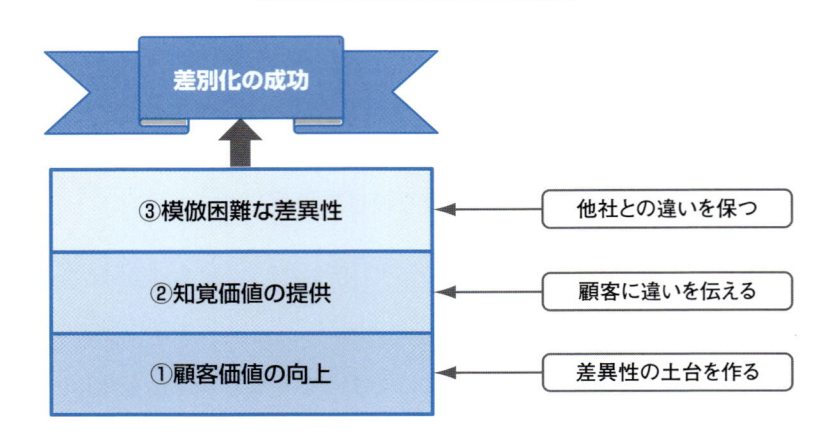

```
           差別化の成功
                ↑
┌─────────────────────────┐
│ ③模倣困難な差異性    │ ← 他社との違いを保つ
│ ②知覚価値の提供      │ ← 顧客に違いを伝える
│ ①顧客価値の向上      │ ← 差異性の土台を作る
└─────────────────────────┘
```

ことが大前提になります。これが実現されていないような商品は，そもそも顧客にとって購入するメリットがないからです。そのうえで「知覚価値の提供」をしっかり行い，自社商品が競合他社のそれと相対的にどのように違うのかを明確に顧客に伝える工夫が必要になります。

ただし，このようにして生み出された差異性も，企業間の模倣を伴う競争プロセスでたやすく消滅してしまっては差別化につながりません。したがって，他社が簡単には模倣できないような「模倣困難な差異性」を生み出す仕組みが担保されて，はじめて企業は効果的な差別化戦略を実現できるのです。

◯ 差別化の方向性

差別化戦略を企業が実施する場合，大きく分類すると 2 種類の差別化の方向性があります。一つは「水平的な差別化」で，もう一つは「垂直的な差別化」といわれるものです（Saloner, et al., 2001；淺羽，2004）。

水平的な差別化は，大多数の消費者間で「こちらの製品のほうがよい」という合意が必ずしも成立しない場合に実行可能な差別化です。

　たとえば，乗用車のタイプとしてセダンとミニバンとスポーツカーが存在しています。このとき，快適な乗り心地を重視する顧客は，セダンをミニバンやスポーツカーよりも高く評価し，人員と荷物の積載量の多さを重視する顧客は，ミニバンをセダンやスポーツカーよりも高く評価し，走行性能を重視する顧客は，スポーツカーをセダンやミニバンより高く評価します。

　顧客ごとに重視する製品属性が異なり，全員が全員「こっちのほうが優れている」と一致した評価を下せません。このように嗜好の異なる顧客層を前提に，それぞれに対して異なった製品属性を提示・訴求していくのが水平的な差別化の特徴です。

　一方，**垂直的な差別化**は，製品のランキングに消費者間で容易に合意できる場合に実行可能な差別化です。

　たとえば，先の乗用車の例でいうと，大衆車セダンより高級車セダンのほうが乗り心地の品質が優れているけれど値段も当然高くなることや，携帯型音楽プレーヤーの例でいうと，記憶容量が16GB（ギガバイト）より32GBさらに64GBと大きくなればなるほどたくさんの楽曲を入れられるようになるけれど値段も高くなることなど，統一的な評価尺度の下で，大多数の消費者が個々の製品をランクづけできる場合があります。消費者それぞれの感性の違いに訴えて差別化をはかる水平的な差別化とは違い，このように誰もが納得する客観的な基準に沿って品質や性能レベルを高めたりあるいは低めたりと操作するのが，垂直的な差別化の特徴です。

　また，差別化戦略を実行するときに関係してくる考え方として，「戦略的自由度」（大前，1999）というものがあります。他社との違いを出して顧客価値を創出するためには，一つの評価基準や一つの製品属性だけに焦点を当てて差別化を実施するだけでは不十分な場合があります。

　たとえば，ケータイ電話サービスを考えた場合，単純に思いついただけでも図表2.4のように8つの軸に沿った差別化の方向性を見いだせます。通

図表2.4 戦略的自由度の例：ケータイ電話サービス

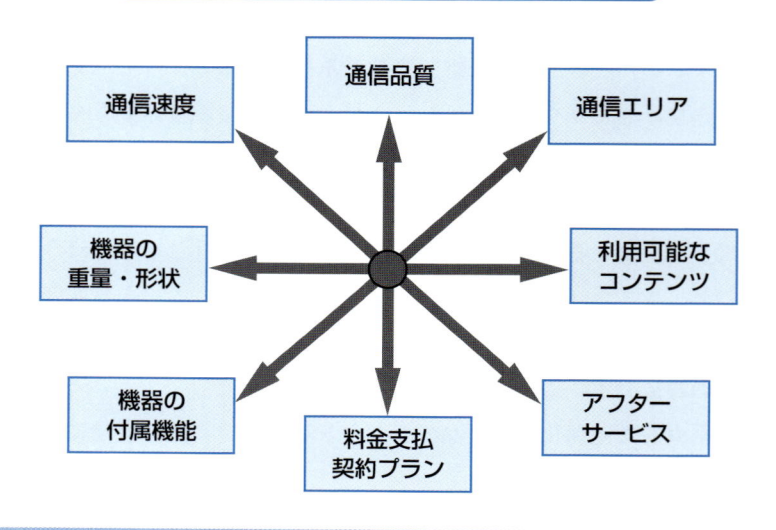

- 通信品質
- 通信速度
- 通信エリア
- 機器の重量・形状
- 利用可能なコンテンツ
- 機器の付属機能
- 料金支払契約プラン
- アフターサービス

　信の速度や品質をより高める，通信エリアをより拡大する，ケータイ端末機器のデザインを工夫する，ネット上で利用可能なコンテンツをより充実させる，テレビ視聴・カメラ撮影・音楽再生・ゲーム・支払決済機能など付属機能をより充実させる，支払料金の契約プランを工夫する，アフターサービスをより充実させるなど，多様な方向性で差別化のための戦略（打ち手）を考案できます。このように差別化戦略を立案する際に考慮可能な方向の数が，戦略的自由度です。

　経営資源が豊富な企業であれば，戦略的自由度のすべての方向性（軸）を同時に追求できますが，資源に乏しい企業ならば重要な軸に焦点を絞って優先順位をつけて差別化してもよいですし，あるいは1年ごとに集中的に取り組むべき対象軸をローテーションで変えていって数年間かけてすべての軸における改良・差別化をめざすというやり方もありえます。

⭘ 差別化の具体的な方法

　現実に，差別化の方法は企業ごとにさまざまなやり方があります。ここでは一般的に誰もが思いつく基礎的な差別化方法を4つ取り上げます。企業は，これらの基本形に独自のアイデアを付け加えたり，複数の基本形を組み合わせたりすることで，競合他社が容易には模倣できない差別化をめざします。

〈①製品の物理的特徴による差別化：新製品開発〉

　まず誰にとっても一番わかりやすい差別化の方法が，「製品の物理的特徴による差別化」です。これは製品の品質・デザイン・耐久性・使いやすさなどで他社製品との違いを出していくストレートな差別化方法です。

図表2.5　新製品開発による差別化の方法

製品の変更点	内容	市場における効果
改　変	製品・サービスのある特性や性能を増減させる	● 顧客ターゲット拡大 ● 特定セグメントのニーズを従来以上に満足させることができる
サイズ変更	分量，数量，頻度などを変更する	● 顧客ターゲット拡大 ● 消費機会の拡大
パッケージング	容器やパッケージの変更	● 顧客ターゲット拡大 ● 消費機会の拡大
デザイン変更	デザインを変更し，これまでとは異なるライフスタイルをアピールする	● 顧客ターゲット拡大 ● ライフスタイルによる差別化
付加物	素材やサービスを付加する	● 一部の特定顧客層のニーズを従来以上に満足させることができる ● 製品ラインナップの拡大

　（出所）　Kotler, P., & de Bes, F. T.（2003）*Lateral marketing: New techniques for finding breakthrough ideas*. New York: John Wiley & Sons, p.50 の Table 3.1 より筆者作成。

物理的な特徴を出すための差別化では，必然的に「新製品開発」という手段を伴います。そこで参考のために，新製品開発の手法を分類した図表2.5を紹介します。この分類表では，新製品では既存製品と比べてどの点を変更するのかという変更内容と，それがもたらす効果がまとめられています。

〈②サービス・プロセスにおける顧客の負担軽減による差別化〉

　顧客が製品/サービスを入手するまでの購買プロセスにおいて顧客に何らかの負担や不満が存在しているならば，それを取り除いたり軽減すること。あるいは，顧客が製品の購入後の使用プロセスで何らかの不満や負担を感じている場合に，それを取り除いたり軽減すること。これらを通じて，他社の製品/サービスと自社のそれを差別化することで既存顧客に違いを訴えたり，従来はその製品/サービスそのものに関心をもっていなかった潜在顧客を顕在顧客へと転換したりするのをめざすのが，この差別化手法です。

　たとえば，足腰が弱くなって外出に不便を感じている高齢者のために郊外型ショッピング・モールが巡回バスを住宅地との間に走らせて移動手段を提供することで彼らを潜在顧客から顕在顧客へと変える取り組みや，家電メーカーがアフターサービス窓口の対応を充実させて故障品の即日修理・即日配送を手がけることで購入品使用者の不便や不満を解消する取り組みなどが，この手の差別化の例であるといえます。

〈③補完財による差別化〉

　これは製品/サービスの本体そのものをいじることで他社との違いを出すのではなく，その製品/サービスに付随して利用されるものに他社とは違う要素を付与するという差別化の方法です。

　たとえば，ゲーム機に対してゲーム・ソフトは補完財の関係にあります。面白く魅力的なゲーム・ソフトのタイトルが発売されているゲーム機，発売されているゲーム・ソフトのタイトル数や種類が豊富なゲーム機は，そうでないものよりも，より魅力的で差別化されているといえます。

また，喫茶店にとって喫煙スペースは補完財の関係にあります。分煙を徹底していながらも快適で居心地のいい喫煙スペースを備え付けている喫茶店は，喫煙者が魅力を感じるよう差別化された店舗だといえるでしょう。

〈④顧客側の認知における差別化〉

　顧客はそれぞれの心の中に，製品/サービスあるいはそれを提供する企業に対する何らかの評判やイメージをもつことがあります。広告活動やブランドや歴史的経緯などによってつくられた，顧客が認知する好意的なイメージを利用するのが，この差別化手法です。

　たとえば，ブラジル産のコーヒー豆とベトナム産のコーヒー豆が同じ値段で売られていた場合，あなたはどちらを買いますか？　おそらくほとんどの人はベトナムとコーヒーの連想的な結びつきよりも，ブラジルとコーヒーの連想的な結びつきのほうがより強いため，ブラジル・コーヒーを選ぶでしょう。これはベトナムは良質なコーヒー豆を大量に産出する世界第2位の産出国であるという事実が，世間一般に知れ渡っていないからです。つまり，産出量世界第1位の「ブラジル・コーヒー」には一種のブランド的なイメージが確立されており，顧客の認知における差別化に成功しているのです。

　また，この事例は一番になることの大切さを示しています。業界内で，「市場シェア・ナンバー・ワン」や「一番はじめにそれを手がけた先駆者」という称号を得ることが，顧客の認知面における差別化で絶大な効果をもつのです。

　この認知的効果を確認するために，試しに次のようなクイズに挑戦してください。「アメリカ合衆国の大統領経験者と副大統領経験者をそれぞれ5名あげなさい」……どうでしょうか？　一般的な人にとって，大統領5人の名前くらいは何とか思い出すことができても，副大統領5人の名前をあげるのは至難の業でしょう。それほど「トップに立つ」ことの認知的効果は大きいのです。

○ コモディティーの差別化:「逆」コモディティー化

コモディティーとは日用品という意味です。たとえば,砂糖・小麦といった農作物や銅・石炭といった鉱産物などの一次産品で品質が標準化されているものも,コモディティーと呼ばれることがあります。要するに,日常的にありふれていて作り手による差がほとんどなく均質化された商品が,コモディティーです。

そのためコモディティーは差別化が難しく,結果的に商品間の差を価格の違い(つまり,どれだけ安いか)として顧客に訴求せざるをえない状態に陥ります。このように世の中にその製品/サービスが一般的にありふれていて常に価格競争にさらされてしまう状態になることをコモディティー化といいます。しかし,図表2.6のように考え方を工夫すれば,コモディティー化した製品/サービスであっても差別化する余地が生まれ,「逆」コモディティ

図表2.6 「逆」コモディティー化の方法

水平的な差別化

垂直的な差別化	小	大
小	**経験価値戦略** 製品の機能面よりも顧客の五感や感情に訴える	**カテゴリー価値戦略** コモディティーの中に新しいサブ・カテゴリーを作り出す
大	**品質価値戦略** 既存製品より高品質で高性能の新製品を作る	**独自価値(先発)戦略** 世界初でオリジナルな新規製品で新市場を創る

(出所) 恩蔵直人(2007)『コモディティー化市場のマーケティング論理』有斐閣,p.41 を加筆修正。

一化を達成することが可能になります。

①カテゴリー価値戦略：これは製品の性能面における差異は変化させないが，既存の製品カテゴリーとは異なる製品属性を強調して新たな製品カテゴリーを創り出す一種の水平的な差別化戦略です。

たとえば，基本的な味付けは従来の緑茶やウーロン茶と同じで消費者が飲んだときの味覚には大差ないが，体脂肪の燃焼や血圧対策という効能を強調した「特定保健用食品（トクホ）」の茶系飲料は，「健康によい」「ダイエットに効く」という新たな製品属性を強調して新製品カテゴリーを生み出した事例です。また，家庭へのパン焼き器や食器洗浄機の普及に伴って，パン焼き器専用の小麦粉パックを作ったり，食器洗浄機専用の洗剤を作るといった例も，小麦粉・洗剤という一種のコモディティーにおいて新たな製品カテゴリーを創り出すことをねらった差別化であるといえます。

②独自価値（先発）戦略：これは既存製品カテゴリーとは大きく異なり，なおかつ製品性能の差異においても既存製品と異なるものを創り出すことを意図した差別化戦略です。すなわち，世界初でオリジナルな新規の製品/サービスで新市場を切り開いていくというタイプです。

たとえば，Amazon.com が先駆者として開拓したインターネット上のオンライン書店という小売サービスは，従来型のいわゆる町の本屋さんが提供していた月並みなサービスから大きくかけ離れた新規の書店形態です。まずオンライン書店が既存の書店と大きく異なって水平的に差別化されている点は，「消費者は自ら店舗に出向かなくても自宅などに居ながらにして本を購入できる」という点です。

次にサービス性能面での差異をもたらす垂直的な差別化としては，従来の店舗型書店が提供するサービス性能に対して，「店頭在庫スペースの制約がなく多種多量な品揃えがある」「顧客は目当ての本を検索機能によって素早く探し出せる」「開店時間の制限がなく24時間いつでも思い立ったときに本を購入できる」という3点をより強化した一方で，「顧客は購入後すぐに手にした本を読むことができる」「暇つぶしにさまざまな本を立ち読みでき

る」という 2 つのサービス性能についてはむしろ弱めました。

　このような水平的・垂直的な差別化によって，似たような店舗型書店が林立してコモディティー化していた書籍販売業界の中であっても，Amazon.com はオンライン書店というまったく新しい形態の書籍販売ビジネスの立ち上げに成功したのです。

　③**品質価値戦略**：これは既存の製品カテゴリー内で従来品よりも高品質で高性能の新製品を作ることで性能面での差異を作り出していくという垂直的な差別化戦略の典型です。通常よく見られる製品/サービスの改良・改善が，ほとんどこのタイプの差別化に当てはまります。

　たとえば，コモディティー商品のビールで本格的な味を追求して高級プレミアム・ビールを醸造することや，デジタル・カメラの撮影画素数をより高解像度化させていくこと，タクシー会社が乗務員の接客態度や車種をグレード・アップすること，などによって他社の製品/サービスよりも「一歩前に出る」取り組みがその例です。

　④**経験価値戦略**：これは製品の機能面よりも顧客の五感や感情に訴えることにより差別化をはかるものです。この場合，水平的な製品属性の違いや垂直的な製品性能の違いなどは必ずしも重要ではありません。製品の機能的な側面から見たら性能を高めるわけでも，新しいカテゴリーを強調するわけでもないが，顧客の五感に訴えかけて感情をグッと高めるような消費経験をもたらす要素を付加することで差別化を行う方法です。

　たとえば，よく引き合いに出されるアメリカでの事例として，シャンプーを差別化するためにシャンプーにシルク（絹）の成分を入れた商品の話があります。実際にはシルク成分は髪に何ら好影響を及ぼすものではないのですが，シルクがもつ素材としてのなめらかな印象がシャンプー使用者の髪をもなめらかにするかもしれないという暗喩を導きだすことで，消費者の期待を高める効果がありました。つまり機能的には無意味な要素が付加されただけだとしても，それが消費者の感情に訴えかける要素であれば差別化につながるのです。

さらに，このような機能的には無意味だが消費経験的に差別化された商品の価格がほかより高い場合においても，消費者はそれを評価する傾向があり，なおかつ差別化に用いられた要素が機能的に無意味であると消費者自身が認めた場合においても差別的な競争優位が持続しうるということが，一部の実験研究の結果としてわかっています（Carpenter, et al., 1994）。人間の消費行動は，論理的にすべて説明できるような合理的なものでは決してなく，感情や感覚的な要素からも多大な影響を受けているのです。

○ ブランドによる差別化

　顧客にとってのブランドの便益は，主に3つあります。第1は，先述した経験価値戦略と関係しますが，「製品に意味と感覚を付加してくれる」ことです。そもそもブランドそれ自体は一種の名前のようなものなので，製品そのものがもつ機能を直接的に高める作用はありません。しかし，たとえばヨーロッパの高級ブランドが背後に有しているような歴史的エピソードや伝説などが，そのブランド品を所有・使用する人の経験価値を高める効果があります。たとえば「これをもてば私も××のようになれるかも……」という期待や，「選ばれた人だけがもてる高価な○○」というステータス感を消費者に与えます。

　第2は，「情報を翻訳して処理することに役立つ」という便益です。世の中には多種多様なモノやコトがあふれかえっています。その中から消費者が自らに必要なモノやコトを取捨選択しようと思ったとき，やはり物事の本質を的確に要約して伝達してくれる機能が求められます。ブランドには，その製品／サービスを想起しやすくさせたり，知覚しやすくさせる機能があります。たとえば，宅急便（ヤマト運輸），万歩計（山佐時計機器），エレクトーン（ヤマハ）など本来は個別商品のブランド名であるにもかかわらず，商品カテゴリーを表す普通名詞のように使われてしまうこともあるブランドは，ある意味この情報処理機能を過剰に担ってしまった例といえるでしょう。

第3は,「購買意思決定のための確信を提供する」という便益です。「△△ブランドの製品なら間違いない」というように,顧客に対して品質のよさや安全性を保証する機能がブランドにはあります。また,顧客がはじめて買う商品の場合,これまで聞いたこともない小さなメーカーの製品と,広告などで頻繁に見聞きしている大手メーカーの製品を同時に比較検討するとき,やはり広告を通してさまざまな情報を知っていて不可視性・不確実性が少ない大手メーカーのブランド品のほうが有利に選ばれます。このようにブランドは,顧客の購買意思決定プロセスに影響を及ぼします。

　ブランドは,以上3つの便益を顧客にもたらすことから,企業の差別化のための手段としても役立ちます。つまり,企業は強力なブランドを獲得すれば,「**顧客価値の向上**」「**知覚価値の提供**」「**模倣困難な差異性**」を高められるため,他社の製品/サービスとの差別化を効果的に行うことができます。

演習問題

2.1　垂直的な差別化と水平的な差別化の具体例をそれぞれ考えなさい。

2.2　経験価値戦略の具体例を考えなさい。

2.3　高級品ブランドと日用品ブランドの違いは何か。ブランドが顧客にもたらす便益の観点から違いを考えなさい。

2.4　ベトナム産コーヒー豆の差別化戦略を立案しなさい。

第3章

コストを引き下げる

一般に仕入れ先に「安くしろ」と言えば，多くの場合は「はい」と言って対応してくれる。その代わり，仕入れ先は自らの粗利は維持しようとする。この結果，品目は同じであっても，質が低くて単価が安いモノを探してくる。だから，仕入れ先を買い叩く作業は，商品の価値を脆弱にし，顧客離れを招く結果につながる。単に「安くしろ」と言うことほど，稚拙でばかばかしい話はない。まずは商品担当者が，質に対するスペック基準をはっきりと定めておく必要がある。そして，この基準を厳守したまま，どう安くしていくかに取り組んでいくことが大事だ。……（中略）……安さのために見直すのは，原材料の仕入れだけではない。加工や保管の工程など細かく調べていくと，どこかに必ず無用のコスト負荷がある。これを外していけば，質を劣化させずに済む。こうした活動を続けている企業だけが勝ち残っていける。

――（安部修仁，2008，p.172）

○ KEY WORDS ○
低コスト化戦略，規模の経済，範囲の経済，
作業の標準化，学習曲線効果，損益分岐点

3.1　低コスト化戦略のねらい

　前章では，価格を高めたり維持したりすることで利益を生み出すための手段である差別化戦略を解説してきました。本章では，利益を生み出すためのもう一つの手段である低コスト化戦略を見ていきます。低コスト化戦略の目的は，より低いコストで操業することで他社との違いを作り出して競争優位を獲得することにあります。

　一般的に，低コスト化戦略を実施して利益を増加させる方法として，次の2つがあります。

① **価格引き下げで売上高アップをねらう**

　　　価格（↓）＝コスト（↓）＋単位あたり利益

　これは，コストを引き下げた分を低価格に反映させて顧客に還元し，販売量を増加させて総利益の増加を見込む，いわゆる「薄利多売」の考え方です。

② **価格維持で高マージンを獲得する**

　　　価格＝コスト（↓）＋単位あたり利益（↑）

　これは，価格水準を維持しつつコストを引き下げていき，同程度の販売量であってもコスト低下による単位あたり利益（マージン）の増大を見込むという考え方です。

　いずれにしても上記の2つの考え方に共通する点は，低コスト化をめざすということです。それでは，どのようにして企業のコストを引き下げていけばよいのでしょうか。

3.2　低コストの実現方法

　企業が低コストを実現させるための代表的な方法として，①生産要素の安価な調達，②規模の経済，③範囲の経済，④作業の標準化，⑤学習曲線の効果の5つがあります。以下では，それぞれの詳細を見ていきましょう。

①生産要素の安価な調達

　企業が製品／サービスを生み出すときに，外部から調達する生産要素を安く購入できれば，当然，コストを引き下げられます。

　たとえば，メーカーの交渉力や立場が強い場合，製造プロセスに投入する原材料や部品などを供給業者から安く調達できます。同様に，大型量販店の交渉力や立場が強い場合，店頭に並べる商材をメーカーから安く調達できます。この2つは，取引先に対する優越的な地位や自社の強力な交渉力を利用した調達コストの引き下げです。

　また，企業は生産要素を一括して大規模に調達することで供給業者に対してボリューム・ディスカウント（大量仕入れ値引き）を要求でき，それによっても調達コストを削減できます。

　売り手である供給業者がなぜこれに応じるかというと，値引きするために利益が減ってしまうとはいえ，今，目の前にいる買い手が買ってくれるという確実性を重視するからです。現れるかどうかが不確かな将来顧客を探し求めて，めでたく彼らに定価販売できればよいのですが，場合によっては顧客が見つからず売れ残ってしまうリスクがあります。このような売れ残りリスクを勘案して，供給業者はボリューム・ディスカウントに応じるのです。

　また，供給業者が同じ顧客に販売するにあたっても，何回にも小分けして少量ずつ販売する場合よりも，一度にドンと一括して販売取引を完結させら

れたほうが伝票枚数も少なくてすみ，取引頻度や配送に関わるコストを削減できるため，ボリューム・ディスカウントを認める合理性があるのです（つまり，次項で詳細を説明する「規模の経済」が，供給業者側に発生します）。

ほかの例としては，農産物のように年々の豊作・凶作や季節的な要因による価格変動が見られるものや，鉱物資源のように世界の政治情勢に価格が左右されてしまう市況商品などは，企業として一定のリスクを見きわめて，先物取引やオプション取引の技術を活用して高値で買わないよう努力すれば，調達コストの引き下げにもつながります。

さらに，企業の総コストを低減させる観点に立つならば，固定費的な生産要素の調達コスト低減も大切です。たとえば，工場や店舗などの土地や建物を賃借料や地価の安い田舎や郊外にもつことや，その副次的効果として，パートやアルバイトの賃金水準も田舎なので低く抑えられたりします。

②規模の経済

規模の経済（economies of scale）とは，「物事を小分けして処理するよりも，一まとめにして大規模に処理したほうが，それに要する総コストを削減できる」という考え方です。数式で表現すると，次のようになります。

$C(a_1)+C(a_2)+C(a_3)>C(a_1+a_2+a_3)$

$C(a_i)：a_i$ の処理に要するコスト

定義的に一言で表現してしまうと，「取り扱い規模を大きくすればコストが下がる」というもので，規模の経済の考え方は非常に単純で簡単なものに見えます。しかし，実はそのコスト低減メカニズムは複雑であり，詳細に検討していくと次の3つの理由によって規模の経済がもたらすコスト低下を説明できます。

第1は，調達する生産要素がそもそも小分けできない（不可分性）性格の

ものであったり，取引単位を柔軟に設定できない場合に，規模の経済が発生する余地があります。

たとえば，工場で少量だけ何かを作ろうと思ったときに，原材料をちょうど生産に必要な分量だけ入手できればよいのですが，その原材料の取引単位に不可分性がある場合，最低必要量を上回る量を発注せざるをえなくなり，結果的にムダな未使用材料が発生して製造コストを高めてしまうことがあります。

年に1回のクリスマスなどに，家庭で手作りのケーキを作ろうと思って，材料を全部買いそろえたのはよいけれど，1回のケーキ作りでは使い切れずに余らせてしまう一部の材料があったりします。結局，「ケーキは手作りすると高くつくから，ケーキ屋でおいしいものを買ったほうが安上がりでよい」となりがちです。

つまり，このような生産要素の不可分性が存在しているときに，生産の規模を拡大していけば，必然的に少量生産のときには未使用で価値を生み出さなかった原材料や不良在庫も有効に活用される余地が生まれるので，結果的に生産コストの節約につながるのです。

ちなみに，効率的に操業できる最低限度の大きさの工場規模のことを最小最適規模（MOS：Minimum Optimal Scale）といいます。図表3.1は1965年頃のアメリカ産業界における最小最適規模とそれの1/3の操業規模の場合に追加的に上昇するコストの割合を推計した結果を示しています（Scherer, et al., 1975）。この表からもわかるように業種によって差が見られるものの，規模の拡大は確実にコスト低下につながります。

第2は，規模を拡大することで「固定費の分散（配賦）」が促進され，単位あたりコストの低減につながる点です。固定費というのは，たとえば設備費用や人件費，研究開発費用，マーケティング費用など，取扱数量の多寡にかかわらず企業を操業していくうえで必ず伴う最低限の固定的な支出を総称したものです。

一方，原材料や部品の調達費など生産数量の増減に伴って必要な支出額も

図表 3.1　最小最適規模の例

産　業	最小最適規模（MOS）	MOSの1/3の規模での単位あたりコストの割増%
ビール醸造	年産 450 万バレル	5.0%
たばこ	年産 360 億本	2.2%
綿・合繊織物	年産 3,750 万平方ヤード	7.6%
塗料	年産 1,000 万ガロン	4.4%
石油精製	日産 20 万バレル	4.8%
製靴	年産 100 万足	1.5%
ガラス瓶	年産 13 万 3,000 トン	11.0%
セメント	年産 700 万ポンド・バレル	26.0%
製鋼	年産 400 万トン	11.0%
冷蔵庫	年産 80 万ユニット	6.5%
車載バッテリー	年産 100 万ユニット	4.6%

（出所）　Scherer, F. M. et al.（1975）*The economics of multi-plant operation: An international comparisons study*. Cambridge, MA: Harvard University Press, p.80 より筆者作成。

増減するものを変動費といいます。生産規模や販売規模を拡大していったとき，固定費がその多くの商品に分散されるために商品1単位あたりのコストが減少していきます（図表 3.2）。

たとえば，航空会社が旅客機を運航するとき，満員の200人を乗せて飛ばすのと，50人を乗せて飛ばすのとでは，顧客1人あたりの固定費（飛行機のリース代・燃料費・人件費など）がまったく異なります。同様に，テレビCMなどの広告費をかけた場合にも，100万個売る商品と1万個しか売らない商品では商品1単位あたりの広告費に大きな差ができます。これが固定費の分散によるコスト低減の仕組みです。

第3は，「生産要素の投入使用量と製品/サービスの産出量の間に正比例関係がない」ならば，規模の拡大によってコストを低減させられます。これは水道・光熱費などのように，最終製品/サービスの構成要素に直結するもの

図表 3.2　規模の経済によるコスト低減

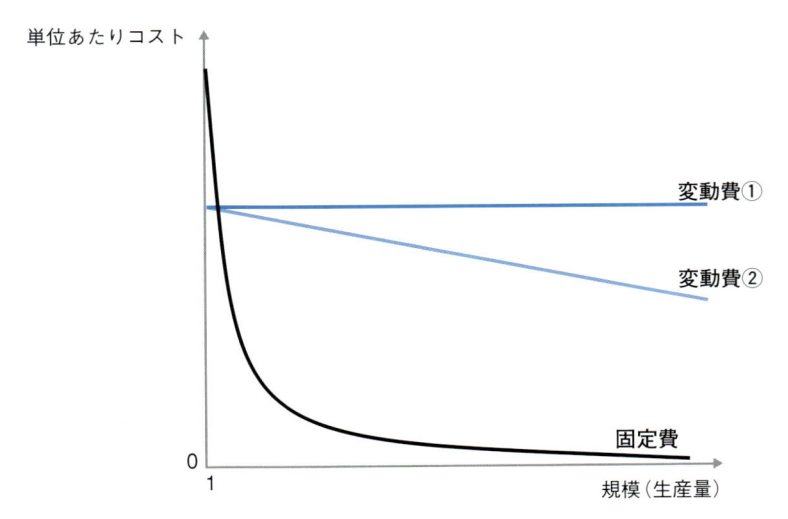

（縦軸）単位あたりコスト
（横軸）規模（生産量）

変動費①
変動費②
固定費

（出所）清水勝彦（2007）『戦略の原点』日経BP社，pp.82-83 を参考に筆者作成。

ではなく，処理プロセスにおいて補助的に使用する生産要素が特徴として示す性質です。

　たとえば，レストランで皿洗いをするときにお皿を1枚だけ洗うのに1ℓの水が必要なのに対して10枚まとめて洗うのには5ℓの水ですむような場合には，洗う皿の枚数と洗浄に要する水量が正比例していません。同様に，厨房の石釜で1枚のピザを焼くときに摂氏300度に釜の温度を保つために投入する熱容量と10枚のピザを同時に焼くときに同じ温度を保つために投入する熱容量は実はピザの枚数ほどの差がなく，これも正比例していません。

　このように，処理数量に応じて使用量が増減する変動費でありながら，産出量と正比例関係にない生産要素は，規模の拡大とともにコストを低減させていきます。このような例は，図表3.2の「変動費②」として理解できます。

③ 範囲の経済

範囲の経済（economies of scope）とは、「種類の異なる複数の物事を個別バラバラに処理するよりも、一まとめにして処理したほうが、それに要する総コストを削減できる」という考え方です。数式で表現すると、次のようになります。

$C(x)+C(y)+C(z)>C(x+y+z)$

$C(x), C(y), C(z) : x, y, z$ それぞれの処理に要するコスト

ただし、どのようなものでも一緒にすればコストが下がるかというと、必ずしもそうではありません。

たとえば、同じお菓子であるとはいえ、アイスクリームの製造工程とポテトチップスの製造工程を同一の工場内に設置する場合、片方を冷却冷凍しながら同時にもう片方を高温で揚げることになり、熱管理の観点から見て非効率で不適切です。しかし、アイスクリームの製造工程にある冷却設備の能力を冷凍食品の製造や保管にも活用したり、あるいはポテトチップスの製造工程にある揚げ物用設備の能力を弁当総菜の製造にも活用する、というように複数の製品間で経営資源を共有して費用分担すれば、それぞれの製品を個別に製造するよりも総コストの低減がはかれます。

やはり、範囲の経済によるコスト低下を享受するためには、異なる種類の物であっても何らかの共通点が必要です。この共通点にかかるコストを削減するというのが、範囲の経済です。

一般的に、資金管理などの財務や基礎研究技術開発や販売部隊などの職能は、必ずしも特定の商品に特化すべき業務ではないので、複数の商品間でこれらにかかる投資や人件費を費用分担することは比較的容易です。

外部から調達する生産要素に共通性がある場合にも、範囲の経済が実現できます。規模の経済のところで解説した、取引単位に不可分性があるために調達時に余剰となって未使用のまま残ってしまった生産要素の用途先として

図表 3.3　共通の段取り活動の共有による節約

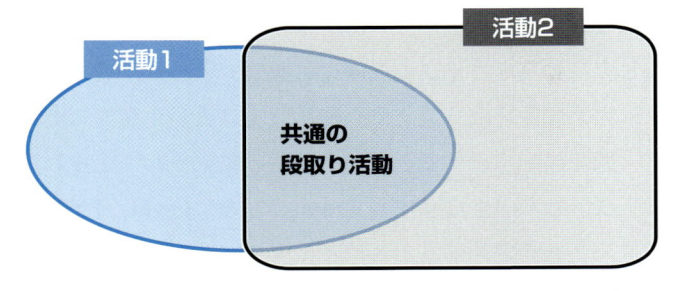

活動1　活動2
共通の
段取り活動

(出所)　高橋伸夫 (2006)『経営の再生——戦略の時代・組織の時代 [第3版]』有斐閣, p.286 より筆者作成。

別の新商品が考えられるならば，その新商品と既存商品とで共同調達を実施したり，場合によってはボリューム・ディスカウントを同時に適用できれば，生産要素の調達コストをさらに低減させることができます。

また，段取り活動の節約によっても範囲の経済を実現できます（高橋，2006）。段取り活動とは，本来求められている活動のほかに，その活動のために必要とされるセット・アップのための活動です。たとえば，新聞記者の主活動はニュース記事の執筆ですが，この主活動に入る前の段取り活動として，ニュースのネタを探し歩く，ネタ関連知識について勉強する，取材を行って記録する，記事執筆のためにパソコンを立ち上げる，などがあげられます。これらの段取り活動を複数の主活動のために共有して，その労力を節約できればコスト低下につながります（図表3.3）。1回のネタ探し活動で複数の記事ネタをつかんだり，特定のネタに関して勉強して得た知識を別の記事の執筆にも応用できるならば，その新聞記者の労力は削減されるでしょう。

④作業の標準化

　フォードは，自動車の組立製造工程に移動式組立ライン（コンベヤーを使って対象物を移動させながら加工する方式）を導入して大量生産システムを確立したことで自動車を安価に大衆向けに販売できたと一般にいわれていますが，これは因果関係を取り違えています。実は大量生産システムは，フォードによる「低価格を追求する」という戦略の結果として生まれたものであり，低価格実現のための手段にすぎませんでした（Levitt, 1960）。フォードはいかなるコストも固定的であるとは考えず，戦略的に設定した価格に応じてコストを低下させていけると考えていたのです（Ford, 1923）。

　実際，移動式組立ラインを導入したことによって労働コスト（総労働時間）が従前に比べて約1/2に低下しました。それと同時に，部品製造における加工精度を向上させることで「部品間の互換性」が達成され，組立現場での非互換部品の手直しが不要になり，組立ラインの生産性が大幅に改善されたといわれています（和田，2007）。

　当然のことですが，移動式組立ラインをよどみなく一定速度で動かし続けるためには，工員は決められた一定時間内に一連の担当作業を確実にし終えなければなりません。また，1人の人間が24時間ずっと働き続けることはできませんから，同一の担当作業を複数人の交代制で行います。

　このとき，担当者によって仕事の質や早さにムラが生じたら，組立ラインの流れが乱れてしまいます。そこで必要になるのが，「作業の標準化」です。誰が担当しても確実に遂行できる作業内容・作業手順・作業時間を設定するのです。ただし，生産性を上げるためには組立ラインの速度を速めて1回あたりの作業時間を短縮していく必要があります。そのためには，より効率的な作業内容の分業のあり方，より素早く動ける作業手順のあり方を追求して，一旦設定された作業標準であったとしても常に見直しがはかられます。これが改善活動です。

　さらに，作業の標準化をハード面から支援するのが，生産プロセスで使用

する「**部品の互換性**」であり，製造設備の統一性です。たとえば，部品と部品を組み付けるときに，一品一品ボルトの形状や大きさが不揃いで異なっていたとしたら，工具は毎回毎回スパナなどの道具を取り替えたり，ヤスリがけして部品間の形状をそろえたりする手間を要してしまいます。そうではなく，部品箱からどのボルトを取り出しても互換性があって同一であり，特定の道具や設備さえ使えば簡単に同じ作業が行える，という状況が作業の標準化の効果をより高めるのです。

なお，上記の事柄は工場だけに有効な話ではありません。コンビニやハンバーガー・チェーン店などの小売店や飲食店においても，作業マニュアルにより，詳細に店員が行う作業の標準化が行われているのは有名な話でしょう。また，ハード面においても，チェーン店の店舗設計や商品レイアウトなどを本部が主導して標準化することで，店頭における作業の標準化の効果をより高めていますし，このような店舗の画一化は新規店舗出店時の開店費用削減にも貢献しています。

⑤学習曲線の効果

たとえば，あなたが携帯電話を別メーカーの新しいものに機種変更したとき，各種操作やメールの打ち方などが従来機種と異なっていたために，使い始めは操作に時間がかかって不便に感じたことがあるかもしれません。しかし，時が経過して新機種の操作に習熟してくると，従来と同じかそれ以上に早く操作できているあなたがいることに気づくでしょう。

人間が行う作業には，このような習熟・学習プロセスが必ず伴います。これは個人レベルのみならず，工場や企業レベルでも存在します。

<u>学習曲線</u>（learning curve）の効果とは，「1単位を生産するのに要する単位あたり直接労働時間（加工時間）または単位あたり生産コストが，<u>累積生産量</u>が2倍になるごとに一定割合で逓減する」現象のことをいいます。これを数式で表現すると，次のような進歩関数になります。

$f(n)=an^b$

$f(n)$：累積 n 個生産したときの単位あたり生産コスト

定数 a：最初の製品の生産コスト（$a>0$），定数 b：$-1<b<0$

このとき累積生産量が2倍になると，

$f(2n)=a(2n)^b=an^b2^b=2^bf(n)$

と単位あたり生産コストが 2^b 倍になります。この 2^b のことを学習率といいます（高橋，2001）。たとえば，学習率が0.8，0.7，0.6のときの80%学習曲線，70%学習曲線，60%学習曲線を両対数グラフ上に描くと，図表3.4のように累積生産量の増加とともに単位あたり生産コストが逓減していく右下がりの曲線として表されます。なぜ単位あたり生産コストが右下がりに減少していくのかというと，生産経験を蓄積していくにつれて生産に関わる一

図表3.4 学習曲線

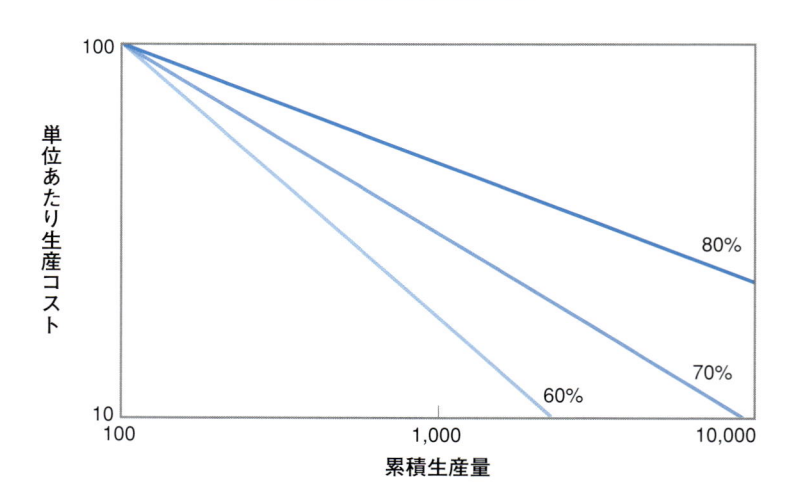

連のプロセスで学習が進むからです。

第1に，現場作業者レベルで作業手順の改善などが進んで時間節約がはかられる，「**直接労働の進歩**」があります。

第2に，生産工程におけるモノやヒトの流れに関する管理技法の向上による工場全体の「**経営管理の進歩**」があります。

第3に，社外でも同様の学習曲線の効果が作動しており，「**原材料供給業者の進歩**」によって調達する部品コストが低下していきます。

第4に，製品の設計や製造工程をより作りやすいもの・より作業しやすいものへと見直して改善していく，「**技術部門の進歩**」があります。

第5に，累積生産量の増加と同時に生産規模そのものが拡大していくならば，「**規模の経済**」も同時に発生して，固定費の分散が進み，製造工程で未使用・ムダになる原料の削減およびボリューム・ディスカウントによる調達で「**原材料費の減少**」が可能になるからです（Hirsch, 1952；高橋, 2001）。

ちなみに，このような学習曲線の効果を前提として考えると，「販売数量をどんどん増やして市場シェアの拡大をめざす」という競争戦略が必然的に導き出されます。累積生産量を増大させて，競合他社よりもいち早く学習経験を積み重ねれば，他社よりも低いコストでの生産が可能になり，結果的に利益率の向上にもつながりやすくなるからです。

3.3　市場シェア拡大の効果

市場シェアとは，「市場全体の総売上高に対する自社の売上比率」のことです。この市場シェアが高ければ，結果的に，操業に必要な設備などの購入にあてた投下資本の回収や利益率の向上の面においても有利になります。

◯ 市場シェアと損益分岐期間

　企業がどれくらいの売上高（または販売数量）を達成すれば，変動費と固定費をカバーして利益を上げられるようになるのかを示す点のことを損益分岐点（break-even point）といいます。

　利益 R は総収入（＝単価 P ×販売数量 Q）から総変動費（＝単位あたり変動費 Vc ×販売数量 Q）と固定費（Fc）を差し引いた残りです。つまり，

$$R = PQ - VcQ - Fc = (P - Vc)Q - Fc$$

であり，損益分岐点は，

$$(P - Vc)Q - Fc = 0$$

になる点なので，したがって，損益分岐販売数量（break-even quantity）は，

$$Q = \frac{Fc}{P - Vc}$$

つまり，固定費を単位あたり貢献利益（マージン）で割った値となります。

　以上のことを踏まえて，販売価格：P ＝120円，単位あたり変動費：Vc ＝60円，単位あたり貢献利益：$P - Vc$ ＝60円，固定費：Fc ＝3億円の商品を製造販売する事例を想定して損益分岐点をグラフで表現すると図表3.5のようになり，損益分岐販売数量が500万個のときに総収入が6億円に達して，総費用をカバーできるようになることがわかります。

　この損益分岐点に到達するまでに要する期間のことを損益分岐期間（Bt：Break-even time）といいます。これは損益分岐販売数量を，年間販売数量（Sr：Sales rate）で割ることで導出できます。つまり損益分岐期間は，

$$Bt = \frac{Fc/(P - Vc)}{Sr} = \frac{Fc}{(P - Vc)Sr}$$

として求められます。また上記の式に示されるように，固定費を年間総マージンで割ることによっても損益分岐期間を算出できます（Afuah, 2004）。

図表 3.5　損 益 分 岐 点

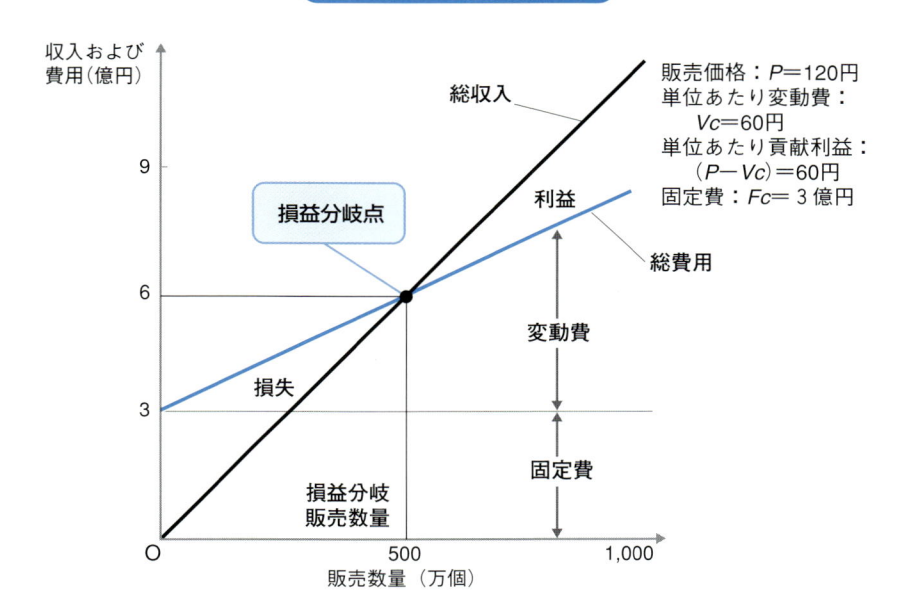

収入および費用（億円）

販売価格：$P=120$円
単位あたり変動費：$Vc=60$円
単位あたり貢献利益：$(P-Vc)=60$円
固定費：$Fc=3$億円

総収入
損益分岐点
利益
総費用
変動費
損失
固定費
損益分岐販売数量

販売数量（万個）

　たとえば先の数値例を用いて，これからある企業が年間90億円の総市場規模が見込まれる新規市場に参入を試みるときに，そこで獲得する市場シェアの大きさによって損益分岐期間がどのように変化するのかを推定すると図表3.6のようになります。

　獲得する市場シェアが第2位の30％以上ならば100日以内に損益分岐点を越えて事業の黒字化が可能であるのに対して，市場シェアが小さければ小さいほど損益分岐期間の長期化が如実に表れてきます。この例の場合，市場シェアが6％以下のときには年間販売数量が損益分岐販売数量の500万個を超えず，常に赤字になるということを示しています。したがって，この企業が6％以下の低市場シェアしか獲得できない見込みであるならば，この新規市場には参入しないほうが得策であるという結論になります。このよう

図表 3.6　市場シェアと損益分岐期間

順位	市場シェア(%)	年間販売額(万円)	年間販売数量(万個)	損益分岐期間(年)
1位	40	360,000	3,000	0.17(約61日)
2位	30	270,000	2,250	0.22(約81日)
3位	15	135,000	1,125	0.44(約162日)
4位	7	63,000	525	0.95(約348日)
5位	6	54,000	450	1.11(約406日)
6位	2	18,000	150	3.33(約1,217日)
	100	900,000		

販売価格：$P=120$ 円　単位あたり変動費：$Vc=60$ 円
単位あたり貢献利益：$(P-Vc)=60$ 円　固定費：$Fc=3$ 億円
損益分岐販売数量：$Q=500$ 万個

な簡単な分析によっても，大きな市場シェアを獲得することの効果が理解できます。

市場シェアと収益性の関係

1970 年代に，北アメリカとヨーロッパの 450 社以上の企業における約 3,000 の戦略事業単位（SBU：Strategic Business Unit）から財務情報の提供を受けて「企業の市場戦略が利益に及ぼす影響」を解明するために PIMS データ・ベースというものがハーバード大学と戦略計画研究所（Strategic Planning Institute）の研究者たちによって構築されました。そこで得られた網羅的なデータを利用して行われた PIMS 研究の成果によれば，図表 3.7 のように，市場シェアの順位と利益率の間には正の相関関係が見られ，市場シェアの順位が高いほど投資利益率（ROI：Return On Investment）も高いことが実証的な結果としてわかりました（Buzzell & Gale，1987）。

このような高市場シェアと高利益率の因果関係を説明するものとして，一

図表 3.7 市場シェアの順位と投資利益率

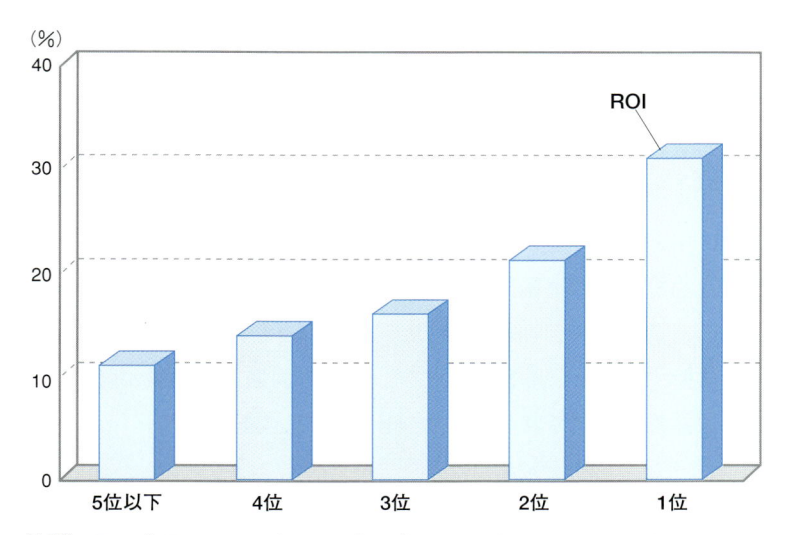

(出所) Buzzell, R. D., & Gale, B. T.(1987) *The PIMS principles: Linking strategy to performance.* New York: Free Press, p.72.

般には以下の4点が想定されます（Buzzell & Gale, 1987）。

　第1は，高市場シェアによって規模の経済が実現されて調達・製造・マーケティング・研究開発の各活動でコストが削減できる点。

　第2は，高市場シェアが市場支配力につながり，供給業者との取引交渉を優位に進められたり，市場での販売価格を統制できる点。

　第3は，市場シェアを拡大できるような経営者の経営能力や管理スキルは優れており，コスト管理や従業員の生産性アップにつながる施策が打たれている点。

　第4は，リスク回避志向の顧客は大手企業の商品に安心感を覚えるため，安かろう悪かろうの弱小企業の商品よりも値段が多少高くても，高市場シェア商品を選好する傾向がある点です。

しかしながら，上記いずれの点も高市場シェアと高利益率の因果関係を説明しうるものではありますが，PIMSデータを検討した結果として明らかになったのは，実は「規模とコストの関係性」と「顧客が知覚する商品品質と市場シェア」の関係性の2点でした。とくに，顧客が知覚する商品品質が高ければ高いほど，高価格での販売が可能になるのと同時に，市場シェアも高まる傾向が実際に見いだされました。このPIMS研究の結果を踏まえて「高市場シェアと高利益率の因果関係」を要約したのが図表3.8です。

　つまり，すぐれた知覚品質をもつ製品/サービスが顧客に支持された結果として，市場シェアの獲得・拡大が進み，規模の経済によるコスト優位が発生します。その一方で，当該製品/サービスの優れた知覚品質は，販売価格を高めに維持することにも寄与します。これら両側面の効果が総合されて，より高い収益性が実現されるのです（Buzzell & Gale, 1987）。

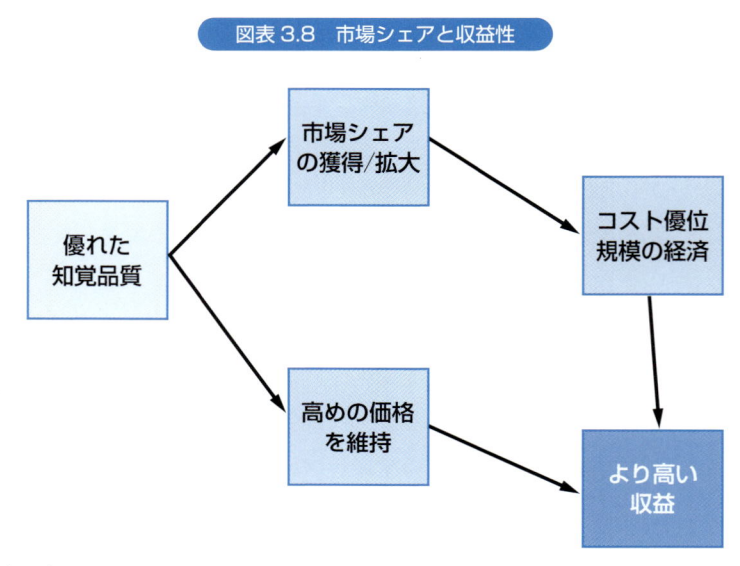

図表3.8　市場シェアと収益性

（出所）　Buzzell, R.D., & Gale, B.T.（1987）*The PIMS principles: Linking strategy to performance.* New York: Free Press, p. 81 より筆者作成。

この研究結果は，前章で述べた差別化戦略と本章で述べてきた低コスト化戦略の考え方がともに手を携えながら高収益性の実現に貢献することを実証的に明らかにしています。

演習問題

3.1 ある企業が2つの製品XとYを同時に生産している。そこで使用する生産技術では以下のような生産費用 C が発生することがわかっている。

$C(0, 50) = 100$ 　　$C(5, 0) = 150$
$C(0, 100) = 210$ 　$C(10, 0) = 320$
$C(5, 50) = 240$ 　$C(10, 100) = 500$

[$C(i, j)$ はXを i 単位，Yを j 単位，生産するときの費用を表す。]

この生産技術は，「規模の経済」を発揮しているか？　「範囲の経済」を発揮しているか？　その両方を発揮しているか否か？　根拠を示しながら説明しなさい。

3.2 (a)製造活動，(b)マーケティング活動，(c)研究技術開発活動，(d)購買・調達活動において，「規模の経済」と「範囲の経済」が発生することがある。この2種類の経済性は，どのようなメカニズムで促進されるのか？　それぞれについて(a)から(d)の活動ごとに具体的に説明しなさい。

3.3 学習曲線に関する議論では製造業を中心としたものが多い。サービス業には学習曲線という概念は適用できないのだろうか。もし適用するとすれば，どのような事例を考えられるだろうか？

3.4 固定費1億円，単位あたり変動費500円の商品を定価900円で販売したときの損益分岐販売数量を算出しなさい。

第 4 章

専門性を身につける

　より小さく，それぞれの役割に徹する，ということに努めています。よく言うのが少数精鋭ではなく，少数だから精鋭なのだ，と。それが当社の競争力の源泉であり，少数であるために，得意分野に経営資源を集中する。

　　　　　　　　　　　——（西本利一，2009，p. 78）

　「集中」が，「せまさ」というデメリットをもつことが少ないのは，集中による成功から生まれてくる波及効果が，集中のメリットをせまく小さくしないからである。むしろ，集中や絞り込みを行うからこそ，成功が生まれ波及効果が生まれ，究極的には大きなメリットが出るのである。

　　　　　　　　　　　——（伊丹敬之，2003，p. 381）

○ KEY WORDS ○
コスト・集中戦略，差別化・集中戦略，
製品種類ベースのポジショニング，
ニーズ・ベースのポジショニング，
アクセス・ベースのポジショニング

4.1　戦略類型としての集中戦略

　前章では低コスト化戦略を紹介していく中で，事業の規模が大きければ大きいほど，市場シェアが大きければ大きいほど，規模の経済が作用して低コスト化を実現しやすくなり，結果的に収益性も高くなるということを説明してきました。しかし現実には，規模が小さい企業はすべて低収益であると必ずしもいい切れません。確かに規模が大きくなるほど収益性も高まることは事実ですが，例外的に小規模でも高収益を上げている企業は存在します。

　たとえば，清涼飲料業界における代表的な企業の市場シェアと営業利益率を比較した図表4.1を見てください。市場シェアで約20％を占める大手メーカーのサントリーが比較企業群の中で最も大きい7.8％の営業利益率を出しています。これは規模の大きさによる収益性の高さのためだと説明したくなります。しかし，市場シェアではサントリーの半分以下である伊藤園もまた7.1％と高い営業利益率を確保しています。これは同程度の小規模な市場シェアを獲得しているキリンビバレッジやアサヒ飲料の営業利益率を大きく

図表4.1　清涼飲料業界における市場シェアと収益性

企　業　名	市場シェア(2007年)	営業利益率 (2004〜08年平均)
サントリー	19.9%	7.8%
キリンビバレッジ	11.0%	3.8%
伊藤園	8.8%	7.1%
アサヒ飲料	7.5%	4.0%

(出所)　市場シェアは，日経産業新聞編（2008）『日経市場占有率2009年版』p.117を参照，営業利益率は，各企業の財務報告書の事業セグメント別データより5年間の平均値を算出して筆者作成。

上回る成果です。小さな規模の伊藤園が高収益を上げている理由は何でしょうか。

もう一つ例をあげると，ルームエアコン業界における市場シェアと利益率の推移を比較した figure 4.2 を見てください。家電業界最大手のパナソニックと総売上規模ではその1/6にも満たない企業規模のダイキン工業を比較しています。ルームエアコン市場では，パナソニックが市場シェアでトップを走り，それに次ぐ2番手としてダイキン工業が位置しています。しかし，ダイキン工業はパナソニックを上回る非常に高い営業利益率を上げています。企業間の市場シェアの大小と利益率の高低が対応関係にありません。この理由は何でしょうか。

実は伊藤園とダイキン工業の両社に共通している点は，全体の企業規模は相対的に小さいながらも，それぞれの業界内において独自の強みをもつ商品分野を抱えている点です。伊藤園は「お～いお茶」に代表される緑茶飲料の分野，ダイキン工業はルームエアコンをはじめとする空調機器の分野で独自の強みをもっています。彼らは，強みをもつ商品市場分野に経営資源を集中させて，その特定の市場領域では他社を寄せ付けない圧倒的な競争優位を獲得していくという集中戦略を実行しているのです。

第2章で説明した差別化戦略，前章で説明した低コスト化戦略，そして本

図表4.2 ルームエアコン業界における市場シェアと利益率の推移

		2005年	2006年	2007年	2008年
ルームエアコン市場シェア	パナソニック	17.3%	20.8%	23.1%	24.4%
	ダイキン工業	17.1%	18.6%	18.0%	18.0%
売上高営業利益率	パナソニック	5.8%	6.2%	6.4%	6.6%
	ダイキン工業	8.6%	8.8%	8.9%	11.0%

(出所) 市場シェアは，日経産業新聞編『日経市場占有率』の各年版を参照，営業利益率は，各企業の財務報告書の事業セグメント別データより筆者作成。

図表 4.3 競争戦略の基本類型

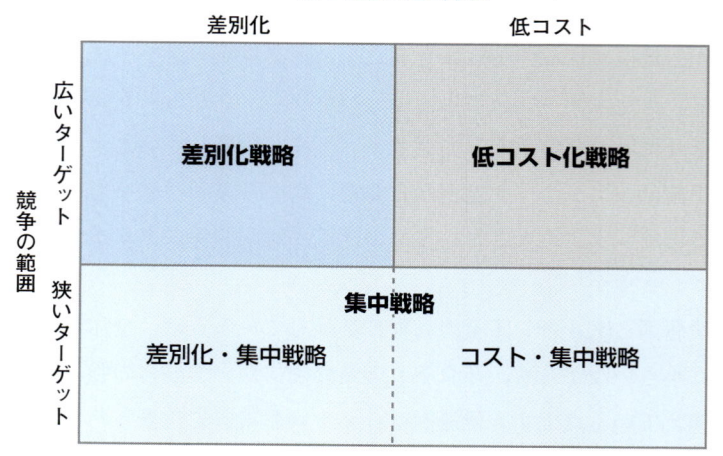

	競争優位の達成手段	
	差別化	低コスト
競争の範囲：広いターゲット	差別化戦略	低コスト化戦略
競争の範囲：狭いターゲット	差別化・集中戦略 （集中戦略）	コスト・集中戦略 （集中戦略）

（出所） Porter, M. E.（1980）*Competitive strategy: Techniques for analyzing industries and competitors.* New York: Free Press, p.39, Figure 2-1 を加筆修正。

章で説明する集中戦略の3つが競争戦略の基本形だといわれています（Porter, 1980）。この戦略類型の概念的な位置づけをまとめたのが図表4.3です。

競争優位の達成手段として，差別化を武器にするのが差別化戦略であり，低コストを武器にするのが低コスト化戦略です。この2つの戦略では，産業全体を競争領域とみなして多数のライバル企業と競いながら幅広い顧客の獲得をめざします。それに対して，集中戦略では産業内の狭い競争領域を意識的に選択し，焦点を絞った特定の顧客の支持を確実に獲得していくことをめざします。たとえば，伊藤園のように清涼飲料業界全体の中では10%に満たない市場シェアとして位置づけられる企業であっても，緑茶飲料市場に限定した市場シェアでは36%のトップ・シェア（伊藤園2009年4月期決算説明資料より）を獲得しているのがその典型例です。このように特定の小さな市場の中でトップ・シェアを獲得する，いわばミニ・リーダーをめざすのが

集中戦略です。

この集中戦略を実行するにあたって2つの方法がありえます。一つは差別化に軸足を置いて集中戦略を行う差別化・集中戦略，もう一つは低コスト化に軸足を置いて集中戦略を行うコスト・集中戦略です。以下では各々の詳細について見ていきましょう。

4.2　コスト・集中戦略

前章ですでに見たように，低コスト化戦略の構成要素として「生産要素の安価な調達」「規模の経済」「範囲の経済」「作業の標準化」「学習曲線の効果」があります。コスト・集中戦略においても上記の要素はいずれも重要です。しかし，市場ターゲットを絞り込むという集中戦略の性格上，通常の低コスト化戦略ほど規模の経済や範囲の経済のもたらす効果を享受することはできません。その代わり，集中戦略において低コスト化に寄与するいくつかの独自要素があります。

○ 少数品種の集中生産

市場ターゲットを絞り込むのが集中戦略の特徴点です。結果的に，取り扱う商品の種類は少なくなります。このように小規模で単品しか作っていないメーカーは，業界内のさまざまな顧客を対象に多種多様な商品ラインナップを取りそろえている大手メーカーの場合と比べて，生産プロセスを単純化できます。

たとえば，1つの工場の生産ラインで複数の異なる製品を生産するとき，それぞれの製造で使用する工具・機械・部品などが異なるならば，生産ラインを一旦止めて当該製品の製造に適した作業現場へと毎回セット・アップし

直す必要が出てきます。これを段取り換えといいます。それに対し，単品しか作らない生産工場の場合は，当然ながら段取り換えに要する時間や手間がいらなくなります。つまり，集中戦略をとって単品あるいは少数品種を集中生産することは，「段取り換え費用の削減」につながります。

これを大規模に実施した歴史的な事例が，アメリカの自動車メーカーのフォードによるモデルTという車種の大量生産です。1908年に発売されて以後1927年までの19年間もの間，基本的なモデルチェンジのないまま1,500万台以上生産された自動車がモデルTです。この時期のフォードは，「お好きな色をどうぞ，それが黒で有る限り」という言葉を掲げて，事実上，モデルT一車種を集中生産しました（Batchelor, 1995）。つまり，モデルTだけを専用に製造する生産ラインを整備し，車体の塗装も黒一色のみで，段取り換え作業をまったく不要にしてしまったのです。そして徹底した低価格化を推し進めてアメリカの一般大衆が自動車を所有できる状況を作り出したのでした。

○ 広告宣伝費用の抑制

集中戦略によって商品数を絞り込み，対象顧客層を限定すれば，当然のことながら必要となる広告宣伝費用も少なくなります。市場の幅広い層に対して訴求するためには，多種多様なメディアを利用した広告宣伝が必要となりますが，顧客ターゲットを絞り込めば利用メディアを限定して効率的な広告宣伝活動を展開できるからです。

また，特定の商品に絞り込んだ結果として，その商品分野における「専門家」としての名声を獲得できる場合があります。顧客の間に特定商品分野の専門家イメージが形成・蓄積されていれば，あえてそれを大々的に強調する広告宣伝を行う必要性が低下します。

たとえば，衣料品を取り扱っている小売業界を取り上げてみましょう。図表4.4で示したのは，作業服専門店をチェーン展開するワークマンと，幅

図表 4.4　広告宣伝費の比較

5年間平均値(2004～08年度)	ワークマン	イオン	髙島屋
売上高(億円)	321	47,698	10,251
売上高広告宣伝費率(％)	1.2	2.1	3.1
売上高営業利益率(％)	11.5	3.3	3.1

（出所）　NEEDS-Financial QUEST より各社の財務データを入手して筆者作成。

　広い種類の衣料品を取り扱う総合スーパーのイオン，それから百貨店の髙島屋のデータです。ワークマンは取り扱う商材を作業服という狭い範囲に絞っているため，当然ながら売上高の規模で比較すれば，多種多様な商材を取り扱っているイオンや髙島屋より2桁ほど小さい売上規模の数字になります。しかし，売上高営業利益率においてはほかの2社よりも1桁大きい数字を上げています。このような高利益率を実現している要因としてはさまざまなものがありえますが，たとえばここで示されている売上高広告宣伝費率の低さもその一つだといえるでしょう。

　イオンや髙島屋はその規模の大きさを利用して，衣料品業界全体を相手に低コスト化戦略あるいは差別化戦略を展開しています。その結果，各種の衣料品を求める大衆を振り向かせるために，常にメディアを利用した大規模な広告宣伝活動を展開せざるをえないので，売上高広告宣伝費率が高くなりがちです。

　一方，ワークマンは作業服という限定された種類の衣料品需要を追求しています。つまり，一般大衆向けのファッション衣料品を取り扱うことはまったく想定しておらず，あくまでも仕事人のための作業服専門店なのです。その結果，イオンや髙島屋のようにポロシャツやアロハシャツとドレスシャツとの間で選択を迷っている大衆に向けた広範囲な広告宣伝活動は不要となり，作業着を必要とする顧客だけに向けた広告宣伝活動に特化できるため，図表

4.4 のように広告宣伝費用を抑制できているのです。

◯ メーカー直接取引/PB 商品の開発

　特定の商品分野の取り扱いに専門特化した小売業の場合，メーカー側からも専門的な販売ルートであると認知されやすくなり，卸問屋を経由せずに，メーカーとの直接取引・直接仕入れが可能になります。たとえば，先に紹介した作業服専門店のワークマンでは，従来の問屋経由で複雑な入荷経路のもとでは 3,900 円程度で販売される作業服を，メーカー直接取引を導入することにより 980 円で販売できるようになりました（『日経ビジネス』，2008 年 7 月 14 日，p. 43）。これは企業が専門性を高めたことで供給業者との関係性がより深まり，結果的に取引に関わるコストを低下させることができた事例だといえます。

　企業と供給業者，小売業とメーカーの連携をさらに推し進めて，小売業が原価率を低減させる手法として，PB 商品（プライベート・ブランド商品または独自商品）の企画・開発があります。通常，多く行われているのは，全国的な販売網を抱える大手総合スーパーなどが，その販売規模の大きさを活用して PB 商品を導入するケースです。その一方で，相対的な事業規模では大型小売店に劣るものの，特定領域の商品のみを取り扱う専門店においても，特定の商品分野の品揃えや販売量に限ってみれば，比較的大きな販売規模を確保できるので専門特化した PB 商品の導入が積極的に行われています。

　たとえば，ベビー・子ども服の専門店チェーンを展開している西松屋チェーンでは，PB 商品を積極的に導入しています。小売業にとって PB 商品の場合，売れ残りリスクは小売業側が負担しなくてはならない一方で，粗利益率が一般商品に比べて 17〜18 ポイント高い 47〜48％ に達するというメリットがあります（『日経ビジネス』，2007 年 3 月 12 日，p. 73）。西松屋チェーンが取り扱うベビー服では，とくに男女の区別が不要であり，一品あたりの生産数量を増やして製造効率を高められるという特性があります。つまり，

図表 4.5　原価率・販管費率の比較

5年間平均値(2004〜08年度)	西松屋チェーン	ワークマン	髙島屋
売上高(億円)	1,031	321	10,251
売上高原価率(%)	65.4	67.0	69.8
売上高販管費率(%)	25.1	21.6	27.2
売上高人件費率(%)	7.7	4.1	11.0
売上高営業利益率(%)	9.6	11.5	3.1

（出所）　NEEDS-Financial QUEST より各社の財務データを入手して筆者作成。

PB 商品としてベビー服を生産すれば，先に述べた「**少数品種の集中生産**」によるコスト削減効果を活かして低価格での販売を可能にしつつ，同時に利益確保も可能になるのです。

図表 4.5 では，百貨店の髙島屋と専門店の西松屋チェーンとワークマンを対比しています。メーカー直接取引と PB 商品の開発を活用している専門店 2 社の売上高原価率が，大手百貨店の髙島屋よりも低い水準にあることが確認できます。また，市場ターゲットを絞り込んで専門特化したことによる運営効率の向上が専門店 2 社の売上高販管費率と売上高人件費率の低さに現れています。集中戦略によるこれらコスト低減の効果は，結果的に専門店 2 社の利益率の高さに反映されていると推測できます。

◯ ドミナント化

ドミナント化とは，小売業等が出店地域を限定して特定の地域に集中的に出店・立地を行うことです。それにより特定地域の市場需要を支配的に獲得することをめざすと同時に，店舗間の立地の近接性を背景にして輸送・配送コストの効率化をはかるのが目的です。これは商品分野を絞り込むことに力点を置くのではなく，立地空間としての商圏を絞り込むことに力点を置いた

集中戦略になります。

たとえば、農作業道具や園芸品を中心的に取りそろえた小型ホームセンターを農村地域に集中出店して「農家のコンビニ」ともいわれているコメリは、図表 4.6 のようにドミナント化をうまく活用しています。

同社の Web ページ『事業案内』に掲載された情報によると、コメリでは、農家の人びとが気軽に立ち寄れるような H＆G（ハード＆グリーン）と呼ばれる小型店舗を、はじめに郊外に複数店舗出店します。その後、市街地に HC と呼ばれる大型ホームセンターを出店するという方法をとっています。同社ではこれを「船団方式」と呼び、密度の高いドミナント・エリアの形成をめざしています。旗艦となる HC と利便性を追求した H＆G 各店のネットワークが互いに連携することで、地域のニーズに柔軟に対応できる仕組みができあがります。それと同時に、担当地域全店分の商品の納品に関わる物

図表 4.6　コメリのドミナント化

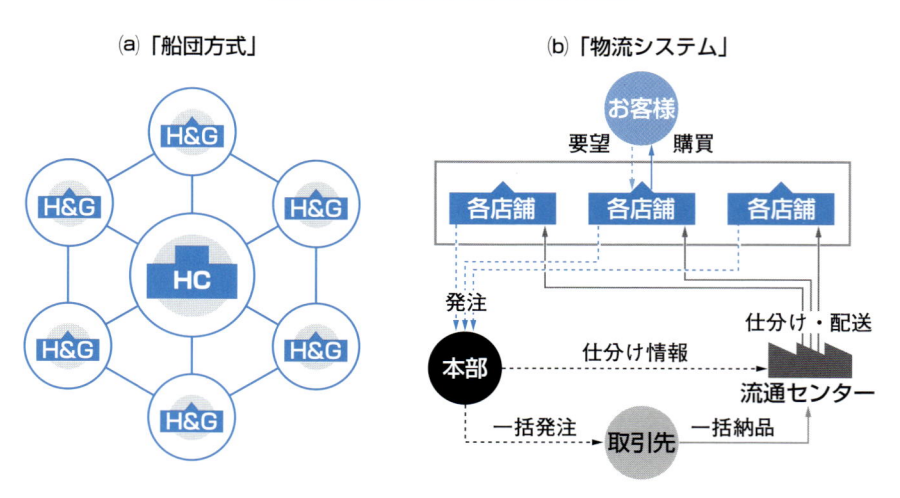

ⓐ「船団方式」　　ⓑ「物流システム」

（出所）コメリの Web ページ『事業案内』より。
（注）右のⓑ図で、点線の矢印は情報、実線の矢印は物流を表す。

流機能を拠点の物流センターが一括して担うことにより，発注・納品・検収・仕分け・配送などの物流コストの効率化がはかられています。

また，一般的にドミナント化の効果として，広告効果の地域内複数店での共有による宣伝費用の削減，近隣店舗間での人員配置の融通によるパート人件費の削減もあるといわれています（月泉，2006）。

○ 商品機能の絞り込み

商品機能の絞り込みをして，顧客にとって価値の低い機能をなくしたり減らすことで商品コストを削減することが可能です。これは既存の大企業などで自社商品の差別化を追求していく過程で商品機能を肥大化させていく傾向が見られるような場合，それに対するアンチ・テーゼとして選択と集中の観点から商品機能を見直そうという機運が高まるときに威力を発揮する方法です。

たとえば，国内の大手家電メーカーが最先端の機能を盛り込んだ高価格のドラム式洗濯乾燥機の開発と販売に力を入れている陰で，中国の大手家電メーカーのハイアールは「電気代が惜しいから乾燥機能は使わない」という顧客の声を参考にして，低価格で乾燥機能のない小型全自動洗濯機の開発と販売に力点をおいて日本市場への浸透をはかりました（『日経ビジネス』，2009年11月2日，p.58）。

また，パソコン用ソフト業界の事例をあげると，たとえば，マイクロソフトの統合ビジネスソフト「Office」にはワープロ・表計算・プレゼンなどさまざまな用途を想定した膨大な機能が盛り込まれています。しかし，すべてのOffice購入者がこれらすべての機能を本当に必要とし，使いこなせているのかというと，そうではありません。

このようなパソコン・ソフトの多機能化とそれに付随した高価格化に対して異なるアプローチをとっているのがソースネクストです。同社は，高機能・高価格をめざすのではなく，用途や機能を絞った商品を低価格で大量投

入するという集中戦略をとりました。PDFファイル作成だけを目的にした「いきなりPDF」や携帯電話のデータ管理ソフト「携快電話」やタイピング練習だけを目的とした「特打」やOSやソフトの起動時間を短縮させるツール「驚速」など，単純な用途とそれに必要な機能だけを切り出して商品化したのです（『日経ビジネス』Special Issue, 2007年4月2日, p.68）。

つまり，技術者の視点から見たときのソフトの本質として「何でも実現できる」という曖昧さがあります。これは結果的に，顧客に対する明確な価値提案を困難にしがちです。顧客は何に対して対価を支払うのか不明です。ソフトの用途を明確化して，提供する顧客価値を顧客にわかりやすくしていくというソースネクストの取り組みは，単なる機能削減による低価格ソフトの商品化にとどまらず，ソフト商品化の新しい思考方法を提起している点が興味深いと思われます。

4.3　差別化・集中戦略

差別化・集中戦略は，市場ターゲットを何らかの基準で分類して絞り込むことによって実施可能になります。集中する方向性や焦点の当て方は，現実には個別企業ごとにさまざまに想定可能です。

本書では3つの分類基準，「製品種類」別，「顧客ニーズ」別，「顧客接点」別に企業が取りうる戦略的な差別化ポジションとして「製品種類ベースのポジショニング（variety-based positioning）」「ニーズ・ベースのポジショニング（needs-based positioning）」「アクセス・ベースのポジショニング（access-based positioning）」の3類型（Porter, 1998）を紹介します。これらは企業が差別化・集中戦略を考えるうえで直感的に分類・整理しやすい3基準だと思われます。

○ 製品種類ベースのポジショニング

これは業界内の**一部の製品/サービスの種類に特化**して，他社よりも卓越した製品/サービスを顧客に提供することをめざします。先に紹介した事例でいえば，清涼飲料業界の中で緑茶飲料に注力する伊藤園，電機業界の中で空調機器分野に注力するダイキン工業，衣料品販売業界の中でベビー・子ども服販売に特化する西松屋チェーンや作業服販売に特化するワークマンなど，これらはいずれも特定の製品/サービスに専門特化することで各所属業界の中で差別化に成功して収益性を高めています。このように業界内において相対的に企業規模が小さく経営資源に乏しい企業は，幅広い種類の製品/サービスを展開できる大企業と全面的に競うのではなく，自社の中核的な強みを最も発揮できる製品/サービスの種類を選択し，そこに経営資源を集中特化させることで差別的な競争優位を構築していくことが重要なのです。

万屋（よろずや）よりも専門家・その道のプロの製品・サービスを好む顧客心理が世の中にはあります。特定の製品・サービスの種類において専門特化することは，顧客への差別的なアピール効果につながります。

さらに興味深い点は，これまでは付き合いのなかった新規顧客の開拓という側面においても専門特化が効果をもつ点です。たとえば，高木製作所という金属加工業の会社では，創業当初はさまざまな金属の加工を請け負っていましたが，ある時期から競合企業の少ない銅加工のみにあえて仕事の幅を狭めました。その結果，一時的に売上が減少する恐れがありましたが，一方では「銅加工のスペシャリストなら任せてみたい」という発注者が現れてきました。これを受けて同社は，銅加工技術にますます磨きをかけて先端的な銅加工・製造企業として成長を遂げました（『日経ビジネス』，2009年7月20日，p.65）。製品・サービスの種類を絞って「専門家」になることは，必ずしも市場縮小・顧客減少を意味しないということが，この事例からわかります。

○ ニーズ・ベースのポジショニング

　これは顧客が抱えている個別の欲求や問題を識別して，それぞれが最もふさわしい方法で充足されたり解決されるように自社の活動を特化させていくことをめざします。すなわち，顧客ニーズの種類別に企業活動を特化させて差別化していくという方法です。

　事実上，顧客ニーズは千差万別です。ニーズ・ベースのポジショニングの具体的なやり方としてさまざまなものが考えられます。ここでは代表的な5つの手法を紹介します。

　第1は，**顧客教育やコンサルティングに注力した差別化**です。顧客はお金を支払って商品を買うことだけが目的ではなく，その商品の購入を通して何らかの欲求充足や問題解決を得ることを望んでいます。

　たとえば，ドラッグ・ストアで薬を購入する顧客は，体の具合が悪いところを治したいという悩みやニーズを抱えているはずです。そのような顧客に対して，ドラッグ・ストア側は薬剤師による相談や情報提供を行うサービスを強化することで「地域のかかりつけ薬局」としての地位を獲得して，ほかの安売りドラッグ・ストアとの差別化をはかるということも可能です。

　また別の例として，楽曲のネットによるダウンロード購入が一般化した現代において，CDショップ（レコード店）の存在意義をどこに求めるかと考えたとき，それは店舗を訪れた顧客に対する「音楽知識の提供サービス」であると定義することも可能です。話題の新譜CDを購入しにきた顧客が，自然とそれに関連した楽曲やアーティストの旧譜CDへと芋づる式に興味を広げていけるような売り場作りを行ったり，音楽知識の豊富な店員による接客を行えば，楽曲のネット配信との差別化が可能になり，音楽知識に飢えた顧客の来店を促進できるかもしれません。

　第2は，**販売条件に注目した差別化**です。支払いのための資金はもちあわせていないけれども，今すぐ商品を手に入れたいと考えている顧客のニーズをとらえて，クレジット販売や割賦販売やリース契約などの販売条件を工夫

することで潜在的な需要を喚起できます。また，顧客側から見た場合，販売条件が多様にデザインされていて支払い方法の融通が利く企業のほうがそうでない企業よりも取引相手としてより魅力的です。

　たとえば，歴史的な事例としては，刈取機という農機具の発明者であるサイラス・マコーミックが19世紀初頭，アメリカの貧しい農民の「未来の稼ぎ」を，農機具の月賦販売というテクニックによって，「購買力」という経済的な資源に転換することに成功したといわれています（Drucker, 1985）。それと同様に，コメリでは「農家のコンビニ」としての役目を果たすために，農家特有の資金事情やニーズを踏まえて，肥料や農薬の購入にあたっては代金の「収穫期払い」制度を設けたりしています（『日経ビジネス』，2006年9月4日，pp.52-53）。このように販売条件を工夫することで，特定分野の顧客ニーズを先取りして囲い込むことも可能になります。

　第3は，**アフター・サービスに注力した差別化**です。顧客は，製品/サービスを購入したらそれで満足して終わり，というわけではなく，その製品/サービスを継続的に利用していくことで何らかの便益や満足感を享受します。ところが，製品/サービスは永遠の存在ではなく，一定の寿命があります。使用し続けることによる商品全体または一部品の消耗・消尽は当然ながら不可避でしょうし，機能することは可能であったとしても当該商品が社会経済的に見て時代遅れになったために寿命が尽きる場合もあります。それゆえ，買い換え需要・更新需要が常に発生します。企業としては，製品/サービスを一度限りの売り切りとして考えるのではなく，これらの需要を獲得する，つまりリピーター顧客の獲得もめざす必要があります。そのときに重要なのが，アフター・サービスです。

　たとえば，2009年に実施された「アフター・サービス満足度ランキング」で薄型テレビ部門・録画再生機器部門・エアコン部門・洗濯乾燥機部門でそれぞれ第1位の全4冠を達成したシャープの場合，72%の購入者がシャープ製品の再購入意向を示したというアンケート結果があります（『日経ビジネス』，2009年8月3日，pp.37-38）。アフター・サービスの強化が顧

客の再購入ニーズを引き出していることがわかります。

　第4は，購入後の商品を顧客が中古市場で再販売するときの価値を維持することに焦点を当てた差別化です。

　たとえば，アメリカの自動車価格情報会社のKelley Blue Bookが毎年発表する「中古車価値ランキング」（アメリカ市場）は，「顧客が新車として自動車を購入する際にどれが賢い買い物か」を決める指標になります。つまり，このランキングで上位に位置する車種ほど，顧客が中古車としてそれを再販売するときに高価格で買い取ってもらえるからです。

　ちなみにブランド別に見た場合，2009年のランキング第1位はホンダです。これは新車販売時の販売奨励金が少なく当初から値引き販売が少ない点や，レンタカー向けの販売が少ない点など，ホンダが意識的に中古車価格を維持する施策をとっている成果です。それゆえ，新車購入時の値引き額がたとえ少なかったとしても，「賢い」顧客は将来的な中古車販売価格を総合的に勘案して，ホンダ車を購入するのです。このように商品販売後に生じる潜在的な顧客価値に焦点を当てて維持・向上させる取り組みも，ニーズ・ベースのポジショニングの一つの方法です。

　第5は，スピードの価値に焦点を当てた差別化です。一般的に図表4.7のように，顧客は納期の短さに対して価値を見いだして高い金額を支払い，結果的に供給業者（販売者）は同じものを売る場合でも納期が短いほど高い利益を得られるという関係性が見られます。

　この関係性を利用して高収益を上げている例が，キョウデンの試作用プリント基板製造事業です。プリント基板とは電器製品の内部で電子回路配線などを形成している部品です。電機メーカーの間では商品寿命の短命化に対応して，短期間で次々に新製品開発を行わなければならないという強い要請があります。

　このようなニーズに対してキョウデンは，電機メーカーが新製品開発プロセスで製作する試作品向けのプリント基板を短期間で製造して即納するというサービスを提供しています。納期の長短には5段階があり，たとえば4層

図表 4.7 スピードの価値

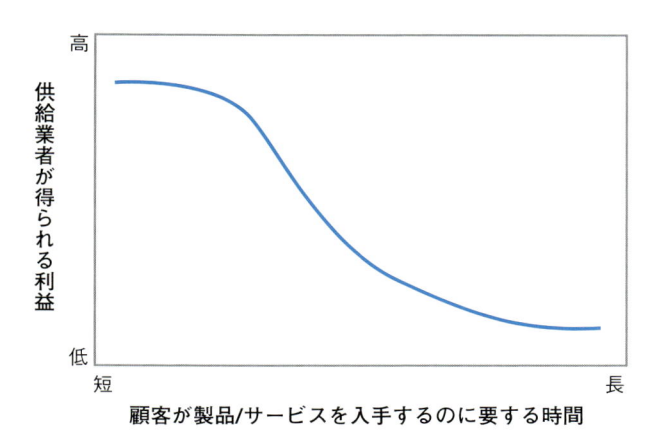

縦軸：供給業者が得られる利益（低〜高）
横軸：顧客が製品/サービスを入手するのに要する時間（短〜長）

（出所）水越豊（2003）『BCG 戦略コンセプト――競争優位の原理』ダイヤモンド社, p.217 を加筆修正。

の基板なら，標準：5日，特急：4日，超特急：3日，マッハ：2日，ミラクル：1日半に設定されていいます。このとき短納期であるほど高価格の料金設定がなされており，標準価格に対して特急は30％増，超特急は50％増，マッハは2倍，ミラクルでは3倍の割増価格になります（山田，2010）。また各注文に対する納期は厳格に遵守されます。短納期と納期遵守は発注元の電機メーカーにとって開発期間短縮や開発スケジュールの確実性を高めるメリットがあります。そもそも納期を急ぐ発注者は，料金へのこだわりは薄いため，キョウデンが価格決定権を握れます（『日経コンピュータ』，2001 年 2 月 26 日，pp. 228–232）。このようにスピードを求めるニーズに焦点を当ててキョウデンは差別化・集中戦略に成功しています。

○ アクセス・ベースのポジショニング

自社の製品/サービスを顧客に提供するとき，企業は顧客に最適なかたちで到達できるように活動を展開する必要があります。顧客の地理的な所在や購買行動の特性に応じて，それぞれ顧客への最適なアクセス方法を設定していくのがアクセス・ベースのポジショニングの考え方です。

たとえば，都会の顧客と田舎の顧客という区別はアクセスを基準とした差別化の一例です。先に紹介したコメリでは，郊外にH&Gという農家向けの小型店舗を多数展開し，その後，市街地にHCという大型ホームセンターを旗艦店として据えるという出店方法をとっていました。これは地理的なアクセス・ベースで店舗間を差別化し，特定地域の顧客ニーズへの対応に特化させている事例です。

また，顧客への到達手段としての流通経路を絞り込むことにより，アクセス・ベースのポジショニングを行うことも可能です。たとえば，BELLE MAISONブランドで有名な千趣会は，カタログ通販に特化した企業です。同社は18種類のカタログを発行しており，取扱商品数は約30万点，会員数は約870万人といわれ，年間の売上規模は大型百貨店一店に相当する約1,500億円を越えています。図表4.8では近鉄百貨店と東京の老舗百貨店・

図表4.8 カタログ通販と百貨店の比較

5年間平均値(2004～08年度)	千趣会	松屋	近鉄百貨店
売上高(億円)	1,512	947	3,121
売上高原価率(%)	51.6	72.5	75.4
売上高広告宣伝費率(%)	0.4	1.3	2.2
売上高販売促進費率(%)	17.1	―	―
売上高営業利益率(%)	2.5	1.7	1.3

（出所）NEEDS-Financial QUESTより各社の財務データを入手して筆者作成。

松屋を千趣会と対比させています。カタログ通販事業は，売上高原価率と売上高広告宣伝費率が百貨店事業よりも低いことがわかります。その一方で売上高販売促進費率がカタログ通販事業では高くなっています。これは重要な販売ツールであるカタログの作り込みと会員顧客サポート業務に力を入れているためです。千趣会は企業活動をカタログ通販事業に差別的に集中させることで，カタログ・ショッピングに便利さや楽しさを感じている顧客ニーズの獲得に成功しているのです。

以上のような「**独自の顧客接点**」を見つけ出して，そこに企業活動を集中させていくことがアクセス・ベースのポジショニングを利用した差別化・集中戦略です。

演習問題

4.1 市場ターゲットを絞り込む集中戦略において規模の経済を活用できる条件とは何かを考えなさい。

4.2 商品機能の絞り込みによるコスト削減が今後有効だと思われる商品分野があれば指摘しなさい。

4.3 航空機のチケット販売における早期購入割引は，利用者が実際に飛行機に搭乗して旅客サービスを受けるまでの「納期」の長短によって価格に違いをつけている例の一種です。この取り組みによって航空会社はスピードの価値に焦点を当てた差別化に成功しているといえるだろうか？　あなたの考えを述べなさい。

第5章

顧客ニーズの違いに対応する

　「顧客のニーズ」に合った製品やサービスの提供ができるためには，まず，その「顧客」がグループとしてだれであるかを明確にする必要があろう。その想定もせずに，その「ニーズ」が何であるかを考え，それに適合した戦略をつくることなど思いもよらない。しかし，「顧客を明確にする」ことが意外にできていない企業が多い。もちろん，現に事業活動を行っている企業にはすべて顧客がいるはずである。くわしく調べれば「実績として顧客になっている人たち」のプロフィールは明確につくれるであろう。ただここで言っているのはそういう明確化ではない。潜在的な顧客も含んだ「ターゲットとして狙う顧客」の明確化のことである。

　　　　　　　　　——（伊丹敬之，2003，pp. 34-35）

○ KEY WORDS ○

ブロックバスター戦略，カスタマー・ピラミッド，
マーケット・セグメンテーション，製品ライン・マネジメント

5.1　不均衡の原則

　Grand Central Publishing というアメリカの出版社が 2006 年の新刊リストに掲載したハード・カバー書籍 61 タイトルを平均すると，出版に要した総コスト 65 万ドルに対し，粗利益は 10 万ドル以下でした。

　その一方で同社が最もマーケティングに力を入れたタイトルを取り上げてみると，総コスト 700 万ドルに対して，正味売上は 1,200 万ドルで粗利益は 500 万ドルとなり，平均的な書籍の 50 倍に上りました。

　既存の書店の棚スペースと流通チャネルには限界があります。小売店と流通業者が売上を最大化しようとする中で，出版社は少数のベストセラー候補を絞り込んでマーケティング資源を集中させるという戦略をとります。これをブロックバスター戦略といいます。

　このアプローチにはリスクが伴いますが，ヒット商品がでれば，その売上によって数ある不採算商品の損失をカバーできます。実際，2006 年に Grand Central Publishing が出版したタイトルの 2 割が総売上の 8 割を占め，利益貢献度となると，さらに大きかったといわれています (Elberse, 2008)。この事例は，企業の取扱全商品の中で選りすぐりの 20% の商品が 80% の売上や利益をもたらしていることを示しています。このように各商品の売上収入において不均衡が存在することを一般に「パレートの法則」と呼びます。

　一方で，同様な不均衡現象は，顧客についても経験的に見られます。つまり，企業の売上または利益の 80% が顧客全体のうちの 20% の優良顧客（お得意様）から生じるという現象が観察されています。この顧客間における不均衡現象のことは，一般に「20 対 80 の法則」と呼ばれています。

　これら 2 種類の経験則を踏まえるならば，企業は次のような教訓を得ることができるでしょう。すなわち，成果は，ほんの一握りのことを非常にうまくやること，不均衡に依存しているので，一番大きなチャンスのあるところ

にベストな人間を配し,適切なところに資金を割り振ることが重要であるということです(Magretta, 2001)。この教訓を製品戦略面で実践したのが先に紹介したブロックバスター戦略であり,対顧客戦略面で実践する考え方が以下で紹介するカスタマー・ピラミッドの概念です。

20対80の法則によれば,企業が相手にする顧客の中には20%ほどの割合で金払いのよい優良顧客,あるいはヘビー・ユーザーが存在していることになります。したがって,企業としてはこれら20%の優良顧客をいかにして把握するのかが重要課題となります。その際に役立つのが,すべての顧客を均一な存在として想定するのではなく不均一な存在として想定し,企業にとって収益性の高い顧客層から順位づけして分類する,カスタマー・ピラミッドです(高橋編,2005)。

たとえば,図表5.1のように顧客を層別に分類することで自社にとっての優良顧客(この場合はプラチナ層)を峻別し,彼らが最も好む製品やサービスを開発し,彼らを対象とした広告・マーケティングを展開し,彼らを優

図表5.1 カスタマー・ピラミッドの一例

プラチナ層 Core Customers	「収益性が高く,忠実なお得意様」 企業にとって収益源になる中核的な顧客層
ゴールド層 At-Risk Customers	「収益性はあるが,お得意様ほど忠実さがない」 顧客価値や顧客満足度が低下すると他社に乗り替える顧客層
アイアン層 Non-Profit Customers	「収益性はないが,お得意様」 満足してとどまってくれるが企業の収益に貢献しない顧客層
レッド層 Spinners	「収益性もなく,忠実さもない」 低価格だけで引きつけられ,すぐに出て行く顧客層

(出所) Best, R. J. (2004) *Market-based management: Strategies for growing customer value and profitability*. 3rd.ed. Upper Saddle River, NJ: Prentice Hall, p.19 を参考に筆者作成。

遇して囲い込んで顧客維持に努めます。一方で，自社に利益をもたらさないで顧客維持に費用ばかりかかり，時には自社に対して悪口をいったり妨害行為を働く可能性すらあるレッド層に対しては，付き合いを縮小して関係を切り捨てていくことになります（Roberts, 2005）。

つまり，カスタマー・ピラミッドが示唆するものは，すべての顧客が必ずしも儲け口ではないので，企業の収益性を高めるためには，顧客層ごとの違いを見きわめることが重要であるという視点です。

5.2　マーケット・セグメンテーション

いま仮に，あなたが客席30席のレストランを個人経営していたとします。幸い店舗の立地もよく，終日満員御礼で客足が途絶えません。そこで経営者のあなたは顧客分析を試みました。まず，1日の来店客数を調べたところ120人の来店客がありました。次に男女比を見てみると，ちょうど60人ずつの半々でした。そこで男女間で客単価（1人あたり利用時の支払額）に違いがないか分析すると，図表5.2のグラフ(A)のように平均の客単価で男性客のほうが女性客より多いという結果が出ました。そこで経営者のあなたは，「より収益性を高めるためには男性客の割合を増やすべきだ」と考えました。グラフ(A)を見る限り，この結論は合理的に思えます。

しかし，この結論は「平均化の罠」（水越，2003）に陥っています。グラフ(A)は1日の間にレストランに来店する男性客・女性客すべてを皆同じタイプの平均化された顧客像として表現しています。少し考えれば誰もがわかるように，現実には，朝・昼・夕・晩の各時間帯に来店する客層は大きく異なります。

そこで賢い経営者のあなたは，より正確な顧客分析を試みるために，グラフ(B)のように男女の区別に加えて時間帯別に客単価を分析してみました。そ

図表 5.2 レストランの顧客層を見きわめる

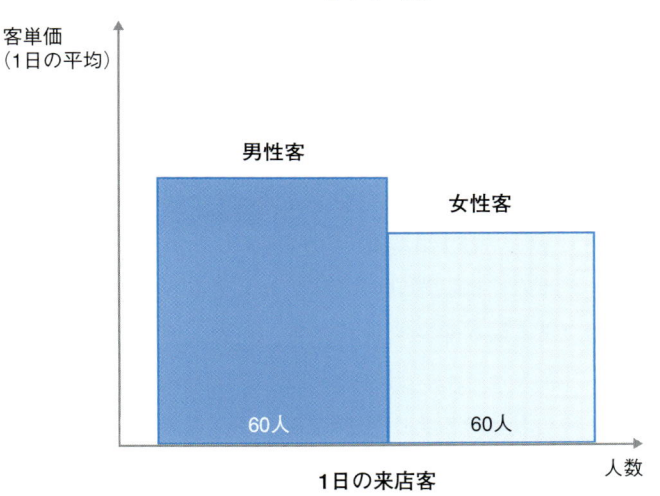

グラフ (A)

客単価
（1日の平均）

男性客　60人
女性客　60人

1日の来店客　　　　人数

グラフ (B)

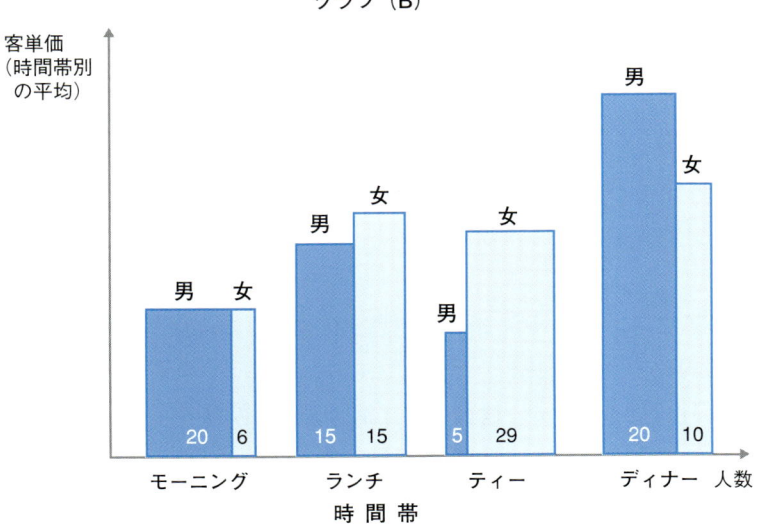

客単価
（時間帯別の平均）

時間帯	男	女
モーニング	20	6
ランチ	15	15
ティー	5	29
ディナー	20	10

5.2 マーケット・セグメンテーション

うすると驚くべき結果が見えてきました。男性の客単価が高いのはディナー・タイムだけであり，ランチ・タイムとティー・タイムの客単価はむしろ女性のほうが高かったのです。この分析結果を踏まえるならば，一律に「男性客を増やすべき」であると決していえません。時間帯別の客層と客単価にあわせて収益改善策を練る必要があります。

たとえば，モーニング・タイムには定額メニュー目当ての独身サラリーマンが多く来店するので客単価向上は望めません。そこでモーニング・メニューはコスト削減努力により収益性を高めます。ランチ・メニューではサラダやデザートをより充実させて客単価の高い主婦やOLなど女性客の獲得をめざします。ティー・タイムには話題性のあるプレミアム・スイーツを提供して客単価の高い有閑マダム層の来店を促します。一方，ディナー・タイムは最も客単価が高い男性客を優先し，男性好みのボリュームのあるメニューやおつまみやドリンク類を取りそろえて仕事帰りのビジネスマン需要を獲得します。

このように，すべての顧客を一律にみなしてマーケティング施策を打つのではなく，「市場をいくつかの顧客別のセグメントに分割し，ある施策に対して，他の顧客グループとは異なった反応をする顧客グループを識別すること」をマーケット・セグメンテーション（市場細分化）といいます（高嶋・桑原，2008）。それにより特定セグメントの顧客ニーズに最も合致したマーケティング施策を実行することで企業の収益性を効果的に増加させることをねらうのです。

〈差別化とセグメンテーションの概念上の違い〉

差別化戦略とマーケット・セグメンテーションは一見すると類似している概念のように思えますが，実は背後にある考え方が異なっています。それは差別化戦略は商品の供給者側の論理にもとづくのに対して，セグメンテーションは市場における消費者側の論理に従っている点です。差別化戦略において，企業は自社商品の特徴点を際だたせてアピールすることで他社商品と差

別化し，顧客需要の獲得と市場シェアの拡大をめざします。

　一方，セグメンテーションにおいて企業は，何よりもはじめに顧客の個別ニーズを見きわめて，市場全体を複数の顧客セグメントに分類し直します。そのうえで選択した特定の顧客セグメントのニーズに最も合致するように自社商品の属性や自社の活動を最適化して収益の増加をはかるのです（Smith, 1956）。つまり，差別化戦略は競合相手との争いを有利に戦って顧客獲得・市場拡大を達成するための「水平的な」方法論であるのに対して，セグメンテーション戦略は商売相手である顧客を企業独自の観点から選択してその限定的なニーズを深掘りして完全掌握するための「垂直的な」方法論を提示しているという違いがあります。

　ただし，両者の間には概念的な違いがありますが，現実の企業行動においてはセグメンテーションを実行した結果として差別化の効果が獲得できるという因果関係も存在します。前章の差別化・集中戦略の中で製品種類ベース，ニーズ・ベース，アクセス・ベースのポジショニングの各事例を紹介しましたが，それらはセグメンテーションの効果と差別化の効果の両方が作用していたと理解してよいでしょう。

◯ セグメンテーションの実施方法

　それではどのようにして市場をセグメントに細分化していったらよいのでしょうか？　意味のあるセグメンテーションを行うためには，次の4条件を満たす必要があります。第1は，セグメント内が同質であること。第2は，セグメント間は異質であること。第3は，セグメントの規模が十分にあること。第4は，セグメント化する基準が明確で実施に耐えうること。これら4条件のうち，最初の3つはどのような物事を分類するときにも普遍的に求められる条件です。ここでマネジメントを行ううえでとくに重要になるのが，実施基準に関する第4の条件です。

　一般にセグメンテーションを実施するための実施基準（切り口）として，

地理的変数・人口動態的変数・サイコグラフィック変数・行動上の変数が比較的わかりやすい細分化変数として使用されています（Kotler & Armstrong, 1997）。図表5.3に見られるように，たとえば人口密度や気候風土などで特徴づけられる地域性の違いや，年齢，性別，所得や教育水準など個人の人口統計データ的な違い，社会階層の上中下，思想信条，ライフスタイルや性格など個人プロフィール的な違い，そして，商品に対して好意的か否定的か，どの程度の興味関心を示していて購入意思決定が準備されつつあるか否か，商品にどのような便益を求めているか，使用機会や頻度の多寡，使用経験が豊富か否かなど消費行動面での違い，などを基準にして顧客層を分類・細分化できます。

効果的なマーケット・セグメンテーションを実施するためには，上記の代表的な4変数を組み合わせながら，自社にとって意味がありかつ現実的に実行可能な分類基準を見いだす必要があります。すぐれたセグメンテーションの実施基準には，以下の6つの要素が備わっているべきです（Yankelovich & Meer, 2006）。

第1は，自社の戦略に対応していること。

たとえば，低コスト化戦略を追求して大衆向けの日用品を大量生産・大量

図表5.3　セグメンテーションの切り口

地理的変数	国や地域，都市規模，人口密度，気候風土
人口動態的変数	年齢，性別，家族の人数や形態，所得，職業，教育水準，宗教，人種，国籍
サイコグラフィック変数	社会階層，ライフスタイル，性格
行動上の変数	使用機会，重視する便益，使用経歴，使用頻度，ロイヤルティー，購買準備段階，製品に対する態度

（出所）　Armstrong, G., & Kotler, P.（2009）*Marketing: An introduction*. 9th ed. Upper Saddle River, NJ: Pearson Prentice Hall, p. 168 の Table 6.1 を加筆修正。

販売する事業を行っている企業が，顧客を人種や性格などでセグメンテーションすることはあまり有効ではないでしょう。むしろ，使用機会や使用頻度などの基準で顧客をセグメンテーションしたほうが，販売数量を伸ばして低コスト化戦略をより効果的に実行できるかもしれません。企業は自社のとる戦略を反映させたセグメンテーション基準を採用すべきです。

　第2は，売上や利益の発生源をきちんと特定できること。

　そもそもセグメンテーションは，企業に収益をもたらす顧客層を特定するという目的をもって行われます。たとえば，既存顧客を収益性ごとに分類すれば，誰が優良顧客であるかはすぐに見当がつきます。しかし，同じ高収益をもたらす顧客層であっても，詳細を見ていくと実は異なる理由から自社商品を多用している場合がありえます。このとき，なぜ各々のお得意様の収益性が高いのか，その理由にまでさかのぼって個々の顧客を分類できるのが優れたセグメンテーションの実施基準です。

　第3は，商品やサービスに直結する，消費者の価値観や心理面の傾向，信条をつかめること。

　顧客がどのような商品やサービスを好むかは，顧客のもつ価値観や生活環境によって変わります。たとえば，健康食品を販売する企業の場合，一般的に健康に気づかう人びとが熟年層に多く見られるからといって年齢基準のみで顧客をセグメンテーションしたのでは単純すぎます。現実には赤ちゃんなどを抱える若年夫婦層にも赤ちゃんの健康を重視する傾向があり，上記のような安易なセグメンテーションを行ってしまうと，これらの顧客層を取り逃がしてしまいます。このような消費者の価値観やライフスタイルを的確に商品やサービスに反映させられる分類基準が必要です。

　第4は，現実の顧客行動が対象であること。

　地理的変数，人口動態的変数，サイコグラフィック変数を組み合わせれば，一定の顧客層の分類ができます。しかし，これらによる分類だけでは，実際の顧客の購買行動を予測する精度に限界があります。可能ならば，商品の使用頻度・ブランドの乗り換え・小売業態や流通チャネルの選択などに関する

顧客の現実の購買行動データを取り入れて，セグメンテーションの精度を高める努力も大切です。

第5は，**経営陣が即座に理解できるものであること**。

セグメンテーションを行うためのマーケティングの分析手法は，高度化しており，統計分析が得意な専門家によって分析作業がなされることが多くなっています。その結果，数学的には裏付けられるけれども，経営陣の直感には反していて理解に苦しむような分類結果が導き出されてしまうこともあります。セグメンテーションで重要なのは，経営陣をはじめとする社員全員が経験的に容易に理解でき，業務として実行可能な分類基準であることです。

第6は，**市場や消費行動の変化を的確にとらえ，予測できること**。

セグメンテーションの対象である顧客は，生き物であり，年々歳を重ねるとともにニーズや態度・行動を変化させていきます。また，景気動向の変化や新技術の登場などによる環境変化が常に進行しています。現時点でのセグメンテーションが将来に渡って有効であり続ける保証はありません。これらの変化を敏感にとらえて，企業が対応策を練るべきときに警鐘を鳴らして「気づき」を与えてくれるようなセグメンテーション基準が見つかれば最高です。

○ セグメンテーションの実例

〈女性セグメントで成功した例〉

全世界55カ国で1万店を越す店舗網をもち，「世界最大のフィットネス・フランチャイズ」としてギネス・ブックにも認定されているカーブスは，女性専用の小型フィットネス・クラブです。

カーブスのジムからは3つのMが排除されています。それはミラー（鏡），メーキャップ（化粧），メン（男性）です。カーブスに通う女性客は，鏡越しに運動して汗を流す自身の姿を見せつけられることなく，男性や他人の目を気にして入念な化粧を施す必要もなく，気軽に自分のペースで体を動かせ

ます。また30分でこなせるエクササイズ・プログラムに準拠してジム内の人の流れが作られており，短時間で効率的な痩身運動ができるようになっています。

　店舗は駅前商店街の雑居ビルの一室などで開業することが多く「買い物に行くような感覚で気軽に通える」場所を女性客に提供しています。当然，狭い店舗スペースのため，プール・スタジオ・浴室・シャワー設備はありません。設備投資額も少額ですみ，その結果，会費も一般的な大手フィットネス・クラブの半額程度に設定されています。このようにカーブスは，女性を顧客セグメントとして選択し，とくに買い物に出かけた主婦や会社帰りのOLなどが気軽に立ち寄れる場所を提供することで成功しています（『日経ビジネス』, 2007年9月3日, pp.128-130；2009年2月9日, pp.22-23）。この事例では「消費者の心理面の傾向」と「現実の顧客行動」という2つの観点から見て，性別をセグメンテーションの実施基準とするのが最もふさわしかったからこそ「女性専用」が成功していると解釈できます。

〈女性セグメントで失敗した例〉

　大正製薬は1999年に一大ブームを巻き起こした男性用発毛剤「リアップ」を女性用に転用して，2003年に「リアップレディ」という女性向けの発毛剤を発売しました。それまで同社に対して発毛剤に関する女性からの問合せが多く見られたため，女性専用商品を開発すれば相当な需要が見込めるだろうとの判断から，この新製品を開発したのでした。

　しかし，リアップレディの初年度の売上目標は50億円でしたが，実際には1/4以下の販売実績にとどまる，予想外の販売不振に陥りました。その原因について同社の担当者は「発毛剤には男性が使うものというイメージが根強くあり，リアップのブランドを女性向けに使うことに，そもそも無理があったのかもしれない」と理解しています。店頭で女性用と明記された発毛剤を買うと「この人が自分で使うのか」と好奇の目で見られることを恐れた一部の女性客は，リアップレディ発売後も，あえて従来の男性用を買う人がい

たともいいます（『日経ビジネス』，2006年8月7日・14日，pp.33-34）。

この事例では，薄毛に悩む女性の需要が明らかに存在しているということを前提に，性別をセグメンテーションの実施基準に選択したにもかかわらず失敗してしまいました。実はこの分類基準が「**消費者の価値観や心理面の傾向**」や「**現実の顧客行動**」とうまく適合していなかったのだと解釈できます。元来，医薬品には男女の区別はありません。セグメンテーションを行うと，その点に人びとの注意が注がれるようになります。セグメンテーションを行う企業側のみならず，「自分は○○なのだ」と商品を購入する顧客自身も納得がいくようなセグメンテーションの実施基準が大切なのです。

〈使用機会を重視したセグメンテーション〉

通常，衣料品に対する顧客の好みは，年齢や性別，ライフスタイルや性格などによって大きく異なります。それゆえファッション・ブランドを展開する企業では，人口動態変数やサイコグラフィック変数を重視して顧客をセグメンテーションすることが必要不可欠であると思われます。ところが，それに反してユニクロでは，年齢や性別，ライフスタイルといった個人属性にもとづくセグメンテーションを行っていません。なぜなら，ユニクロは，上から下までユニクロの服でそろえてコーディネイト提案をするトータル・ファッション・ブランドではなく，ほかのブランドの服とあわせて着る「部品（パーツ）として使える服」を主力商品としているからです。つまり，ユニクロの商品は「何とでもあわせることができる，シンプルでベーシックなカジュアル・ウェア」との位置づけで販売されています（栗木ほか，2006）。

そこでのセグメンテーション基準は，顧客の個人属性ではなく，顧客による商品の使用機会であるといえます。すなわち，ベーシックな商品を自らのファッション・センスと組み合わせてパーツとして利用できる機会の多さを重視する顧客をターゲットにすることがユニクロのねらいです。逆にいうと，独自のテイストを備えた特定ブランドに対して強い愛着をもち，それに自己イメージを重ねたい顧客は雑多なパーツを組み合わせる機会など望まないた

め，彼らはユニクロの顧客にはなりえません。

　また，このように使用機会を重視したユニクロのセグメンテーションは，同社の**低コスト化戦略とも対応**しています。ベーシック商品を中心に店頭の品揃えを行うため，商品アイテム数が絞り込まれて少なくなり，効率的な店舗運営につながっています。さらに，ベーシック商品なら売れ残りを心配せずに工場に大量発注でき，規模の経済やボリューム・ディスカウントを利用した価格の引き下げも可能になります。先述したように「**セグメントの規模が十分にあること**」が意味のあるセグメンテーションの条件の一つなのです。

〈セグメンテーションとコスト管理の例〉

　ユニクロやカーブスの例では，基本的に取り扱う顧客セグメントは1つでした。しかし，セグメンテーションを実施した結果として，企業が複数の顧客セグメントを対象に製品ラインナップを取りそろえようとした場合，個々の顧客ニーズに対応させた多種多様な商品を開発・生産するためのコストがどうしてもかさみます。このようなコスト増大に対処するにはどうしたらよいでしょうか。

　主に自動車業界では，「部品の共通化」や「プラットフォーム（車台）の共通化」を行うことで，この問題に対処しています。

　たとえば，ダイハツでは10車種以上の軽自動車を商品展開していますが，実はすべて1つの共通の車台設計で作られています。図表5.4のようにミラやムーヴといった主力車種のために開発した1つの車台をさまざまな顧客セグメント向けの車種へと応用展開しています。はじめてクルマを買う女性向けにシンプルな装備で低価格のエッセ，子離れした熟年世代向けに格好よさと走りを追求したソニカ，お洒落さを重視する若い女性をねらったジーノ，子育て世代の主婦向けに車内の広さを追求したタント，といったセグメンテーションを実現させるために，車種ごとに専用の車台を開発することは，限られた開発資金と開発期間のもとでは不可能だからです（『日経ビジネス』，2006年12月11日，pp.34-35）。

図表5.4 セグメンテーションとコスト管理

1つの車台を様々な顧客層向け車種に
ダイハツ工業の軽自動車開発のイメージ

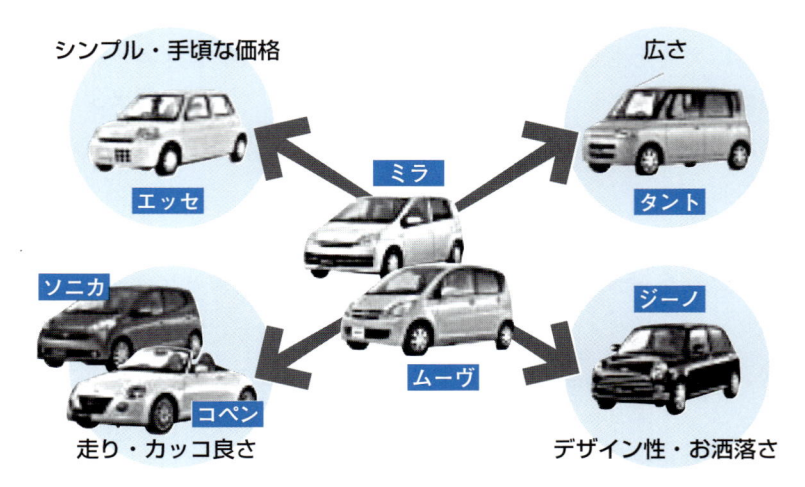

- シンプル・手頃な価格（エッセ）
- 広さ（タント）
- 走り・カッコ良さ（ソニカ、コペン）
- デザイン性・お洒落さ（ジーノ）

中央：ミラ、ムーヴ

（出所）『日経ビジネス』，2006年12月11日，p.34。

　このように車台の共通化ができれば，まったく新規設計の場合に比べて設備投資費用を約半分に節約できます。先行モデルで性能実験済みの車台ならば開発試験の費用が節約できるうえ，1台数千万円する試作車の台数も削減できます。さらに開発期間も数カ月は短縮できるといわれています（藤本，2003）。

　複数セグメントをねらったセグメンテーション戦略を実行可能にして収益を確保するためには，「資源の共有」や「段取り活動の共有」にもとづく**範囲の経済**を活用したコスト低減のための取り組みが不可欠なのです。

5.3　製品ライン・マネジメント

　スイスに本拠地をもつ世界最大の腕時計製造企業のスウォッチ・グループは，超高級腕時計から大衆向け低価格腕時計まで，幅広い製品ラインを抱えています。ブランパンやオメガといった高級ブランド商品をAクラス，ティソなどミドル・ブランド商品をBクラス，スウォッチに代表される低価格帯商品をCクラスに分類して，同社の1995年の売上と営業利益を示したものが図表5.5です。これを見ると売上高では30%程度のAクラス商品群が，営業利益において約65%もの大きな貢献をしていることがわかります。本章の最初で取り上げた不均衡現象がここでも見られます。

　しかし，スウォッチ・グループは最も利益率の高いAクラス商品だけに事業を集中特化させているわけではありません。たくさん売上を重ねても，さほど利益貢献度が高くないB・Cクラス商品の製造販売に力を入れています。この理由は何でしょうか。同社の代表取締役会長ニコラス・G・ハイエックは，低価格セグメントを重要視する理由として以下の3点をあげています（Slywotzky & Morrison, 1997）。

　第1のねらいは，高価な製品を買うお金のない若者を顧客として取り込むことにあります。現時点で若者にはお金がないかもしれませんが，年齢を重ねて将来お金に余裕ができたとき，若い頃から愛着のあるメーカー・ブランドのより高額商品を購入する流れを作り出すのが目的です。

　同様の取り組みは，たとえばファッション分野においてGIORGIO ARMANIがセカンド・ラインのEMPORIO ARMANI, ディフュージョン・ラインのARMANI COLLEZIONI, カジュアル・ラインのARMANI JEANSなどを展開し，若者層の取り込みをはかっていることにも見られます。

　第2のねらいは，低価格帯商品の大量生産に取り組むことによって，製造の自動化，品質の改善，経験の蓄積などすべてが改善できることにあります。

図表5.5 製品の売上と利益における不均衡

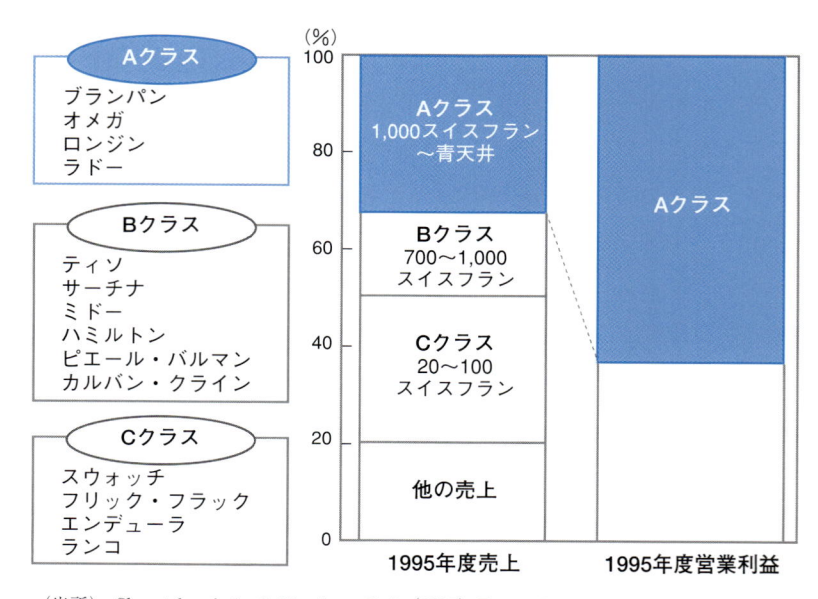

Aクラス
- ブランパン
- オメガ
- ロンジン
- ラドー

Bクラス
- ティソ
- サーチナ
- ミドー
- ハミルトン
- ピエール・バルマン
- カルバン・クライン

Cクラス
- スウォッチ
- フリック・フラック
- エンデューラ
- ランコ

Aクラス 1,000スイスフラン〜青天井
Bクラス 700〜1,000スイスフラン
Cクラス 20〜100スイスフラン
他の売上

1995年度売上　　1995年度営業利益

（出所）Slywotzky, A. J., & Morrison, D. J.（1997）*The profit zone: How strategic business design will lead you to tomorrow's profits*. London: Times Books, p. 131, Exhibit 6.5より筆者作成。

　年間数十個しか売れないような高額製品を作るだけでは，製造工程で発生しうる問題を見過ごす可能性があります。一方，年間数千個・数万個の大量生産を行うと必然的に製造工程での問題発見も容易になり，その問題解決を積み重ねていくことで品質の改善とコスト低減が進みます。累積生産量の増加とともに単位あたり生産コストが低減していく学習曲線効果を製品ライン全体の生産工程で獲得するのがその目的です。

　同様の取り組みは，たとえばトヨタ自動車のTOYOTA車とLEXUS車の間にも見られます。大衆向けに大量生産されるTOYOTA車の開発・生産工程で蓄積された品質改善やコスト低減に関する経験やノウハウをLEXUS車

の開発・生産工程へと横展開して活用することにより，トヨタは LEXUS 車の商品的な魅力アップとコスト削減を両立でき，収益力の向上に役立てています（『日経ビジネス』，2005 年 11 月 28 日，pp.38–39）。

　最後の重要な第 3 のねらいは，低価格帯商品の投入によって低価格セグメントを占有的に獲得してしまえば，潜在的な競争相手による高価格セグメント（最大の利益を生み出す領域）への進出を阻止できることにあります。どの新興メーカーも，技術的な蓄積や市場での評判の蓄積といった歴史的経緯がものをいう高級ブランド商品セグメントに一足飛びに参入して成功することは不可能です。新興企業は低価格セグメントに参入してコツコツと下積み経験を重ねながら徐々に能力を高めたのち，高価格セグメントへと進出していきます。つまり，スウォッチ・グループがあえて低利益率の低価格セグメントの商品展開に力を入れているのは，高価格セグメントにおいて将来の競合相手になりそうな潜在的なライバル・メーカーが成長してくる芽を早期につみ取ってしまうのが目的なのです。

○ アメリカの総合鉄鋼メーカーとミニミルの教訓

　スウォッチ・グループと異なり，新興勢力による低価格セグメントから高価格セグメントへの進出を許してしまった事例として，アメリカの総合鉄鋼メーカーの例があげられます。

　大手総合鉄鋼メーカーは，原料の鉄鉱石から一貫した製造工程を経て各種の鉄鋼製品を生産する高度な技術力をもっています。それに対する新興勢力として，1960 年代後半以降，原料のくず鉄（スクラップ）を大型の電気炉を利用して低価格の新しい鉄鋼製品へと作り変えていくミニミルという新形態の鉄鋼メーカーが多数出現しました（鈴木ほか，2004）。当然，1970 年代初頭の出現当初のミニミルが生産する製品の品質は低く，需要先としては高品質を求められない建築用の鉄筋を中心に製造販売していました。しかし，使用する原料がスクラップであることや製造技術の工夫によりミニミルの産

出製品は低価格を実現できていたため，次第に市場規模を拡大して，1970年代後半には大手鉄鋼メーカーから鉄筋市場を奪い取るまでに成長しました。

大手鉄鋼メーカーがミニミルの鉄筋市場への参入にどのように対応したかというと，そもそも鉄筋市場は粗利益率7％の低収益セグメントであり，大手鉄鋼メーカーにとっては必死に取り組んで採算のあうセグメントとはみなされず，このセグメントを喜んで放棄してしまいました。自分たち大手鉄鋼メーカーの主力市場は粗利益率30％の鋼板や粗利益率18％の形鋼の市場であるとして，高品質で高収益な上位セグメントでの事業に注力したのです。

この間，ミニミルは鉄筋市場での競争にもまれながらコスト低減と品質改善に努力して経験を積み上げました。1980年代半ばになると，ミニミルの技術力も向上して一つ上のセグメントである棒鋼・線材市場向けの製品も出荷できるようになりました。価格競争力があったので，この市場でもすぐに需要を獲得して市場シェアを伸ばしていきました。この動きに対して，大手鉄鋼メーカーはやはり前回と同様の対応を重ね，粗利益率が12％と相対的に低い棒鋼・線材市場セグメントを手放して，高収益をもたらす上位セグメントに照準をあわせ続けました。

その後，同様の展開が繰り返されて，ミニミルは技術力・製品品質の向上とコスト競争力を武器にしてさらに収益性の高い上位セグメントへと進出を果たしました。1980年代には形鋼市場を攻略し，1990年代にはついに鋼板市場に参入して大手鉄鋼メーカーのかつての主力セグメントを獲得するに至りました（図表5.6）。さながら大手鉄鋼メーカーは，軒下を貸したら母屋を取られてしまったのです。

この事例が示す教訓は，セグメンテーションを固定的にとらえすぎては危険であるということです。大手鉄鋼メーカーは収益性基準に従って，下位から上位までのセグメントを設定し，その時点における収益最大化の視点でセグメントの取捨選択を行っていました。しかし，ミニミルの技術力向上や顧客側の製品需要の変化などを予測して考慮に入れていたなら，収益性基準によるセグメントの取捨選択の危険性に気がついていたかもしれません。セグ

図表5.6　ミニミルによる上位セグメントの奪取

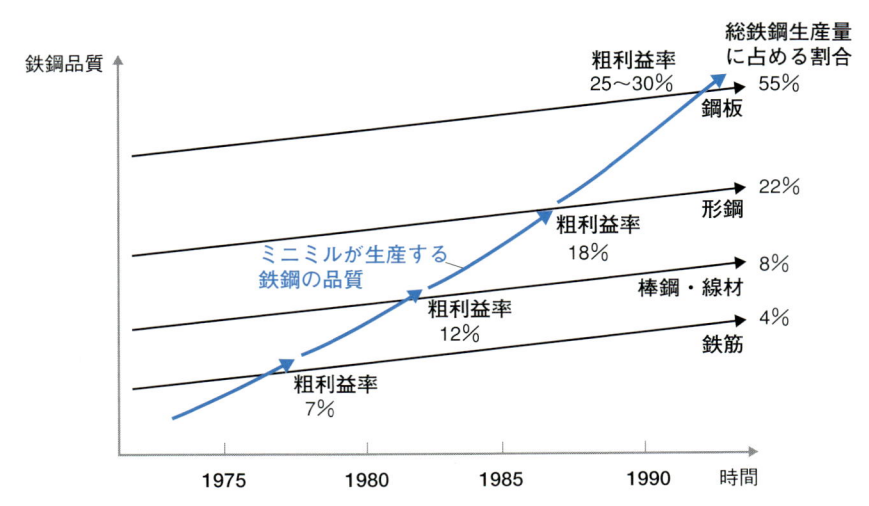

（出所）Christensen, C. M., & Raynor, M. E.（2003）*The innovator's solution: Creating and sustaining successful growth*. Boston, MA: Harvard Business School Press, p. 37, Figure2-2 より筆者作成。

メンテーションの実施基準には，「市場や技術や消費者の変化の動向をダイナミックに予測して対応できること」も重要な要素として求められるのです。

演習問題

5.1　本章では，ブロックバスター戦略の例として出版業界の事例を紹介しました。この戦略を実行している他業界の例を探してみましょう。

5.2　グリコはメンズポッキーという男性向けの菓子を販売しています。ポッキーを性別でセグメンテーションする理由について考えなさい。同様にまた，ほかのポッキー商品のセグメンテーションの実施基準についても調べてみましょう。

5.3 低価格セグメントの製品を販売することは重要な戦略です。しかし，このことはブランド価値の構築と矛盾しないでしょうか？ たとえば，LVMH（ルイヴィトン・グループ）が1,000円の大衆的なバッグを販売すれば高級ブランドとしてのイメージが崩れてしまうでしょう。どのような条件下であれば，企業は低価格セグメント製品を既存のブランド価値を傷つけずに販売できるか考えなさい。

第6章

顧客の「片付けるべき用事」を手伝う

顧客の観点から見た場合，市場の構造はとても単純だ。（テッド・レビットが言っていたように）彼らは何らかの用事を済ませたいだけなのだ。人々は「片付けるべき用事」に出くわしたとき，彼らのためにその用事を済ませてくれる商品を「雇う」というのがその本質だ。だから，マーケッターの仕事は，顧客の実生活の中でときおり起こる「片付けるべき用事」が何であるのか，そこで自社の商品がどのように雇われるのかを理解することである。もし，マーケッターがその「片付けるべき用事」を理解し，それを済ませられる商品，それに付随する購買・使用経験をデザインして適切なかたちで提供することができれば，その「片付けるべき用事」を済ませたい顧客は，きっとその商品を「雇う」であろう。

——（Clayton M. Christensen ほか，2005, p.76）

○ *KEY WORDS* ○

ソリューション，システム経済性，顧客我慢，
カスタマイゼーション，置換の経済

6.1　顧客の「片付けるべき用事」

「1/4 インチのドリルが売れるのは，人びとがそのドリルを欲しいからではない，1/4 インチの穴を空けたいからだ」というマーケティングで有名な格言があります。この言葉は，消費者はドリルという物理的な工具を買っているのではなく，ドリルがもたらす穴を空けるという機能を買っているのだということを私たちに思い出させてくれます。

また「我々は工場で化粧品を造り，化粧品店で希望を売っている」という化粧品メーカーの経営者の言葉もあります。消費者は化粧品が欲しくて買うのではなく，化粧品がもたらしてくれる「きれいになれる」という希望的な価値を買っているのです（Levitt, 1969）。

現実に「穴を空けたい」「顔をきれいに見せたい」というようなさまざまな「片付けるべき用事」を顧客は抱えています。これら「片付けるべき用事」をできるだけ効果的に，手軽に，かつ安くこなせるモノ（製品）またはヒト（サービス）を，顧客は「雇う」のです（Christensen & Raynor, 2003）。このように現実の顧客がおかれている状況を深く理解して，どのような「片付けるべき用事」を抱いているのかに目を向けることにより，自社の事業が顧客に提供している製品/サービスの本質的な価値を問い直すことが可能になります。

たとえば，一般的な食品スーパーでは，店頭に陳列するモノとしての食材をいかに回転率を上げながら大量に売りさばくかというのが共通の大きな課題です。このようにモノの大量販売という側面に目を向けると，結果的に安売り競争に向かいがちです。それに対して，スーパーの買い物客の視点に立ってみると，「今晩の夕飯のおかずは何にしよう」と悩みながら売り場をめぐる姿が見えてきます。顧客は卵や魚が欲しくて来店するのではなく，食事を作るという「片付けるべき用事」をこなすために来店しています。埼玉を

地盤に展開する食品スーパーのヤオコーは，このような顧客の悩みに対応して，店内にオープン・キッチンを設置して顧客に「クッキングサポート」という調理メニューの提案を積極的に行っています。地域密着を標榜する同社は，顧客の食事作りの悩みを解消するパートナーとして自らを位置づけることにより，単純な安売りに走ることなく，過去20期連続して増収増益を達成してきました（『日経ビジネス』，2009年2月23日，pp.88-89）。

メキシコの一地場企業から世界3大セメント・メジャーの一角を占めるまでに成長したセメックスも，顧客の「片付けるべき用事」を的確にとらえて成功した例です。生コンクリートには品質の劣化が激しいという弱点があります。ミキサー車に注入した瞬間から凝固し始めてしまうため，迅速に輸送して納入しなければなりません。しかし現実には，市街地の交通渋滞や天候などの理由から正確な配送計画が困難でした。需要者である建設業者は，建設現場の受け入れ準備が整う前に生コンが届いてしまったり，あるいは生コンが届かずに高賃金の作業員たちを遊ばせておくという事態に直面して困っていました。つまり，顧客である建設業者は，必要な量の生コンを必要なときに確実に届けてくれる正確な配送を望んでいたのです。

このニーズを的確に察知したセメックスは，貨物輸送会社，宅配ピザ屋，救急隊などを研究して，ミキサー車の行き先を適時変更できるシステムを開発しました。その結果，地域全体の配送パターンが最適化され，突然の注文にも応じられるようになりました。現在，セメックスは受注後数時間以内で生コンを届けることができ，数分以内に納入する場合もあれば，注文変更にも繰返し応じられるようになっています。このように配送の強みを手にした同社は，立方ヤードあたりいくらという数量・価格勝負に向かいがちだった生コンというコモディティー商品事業を高付加価値・高収益事業へと転換させることに成功し，世界的大企業へと変貌を遂げたのでした（McGrath & MacMillan, 2005）。

以上の例に共通していえる点は，顧客の「片付けるべき用事」が何かを的確に把握できた企業は，物理的な製品そのものを単独で販売するのではなく，

6.1 顧客の「片付けるべき用事」

それにソリューション（顧客の抱える問題への解決策）を組み合わせて顧客に提供しているということです。製品がコモディティー化してくると，製品レベルでのコスト削減や差別化の余地が少なくなり，やがて限界を迎えます。そのとき企業は，ソリューションによる高付加価値化を模索するのです。

○「あかり」という機能を売る例

　2002年当時，パナソニックは照明器具市場において50％超の市場シェアを獲得していました。ところが，照明器具に取り付けて使用するランプ/蛍光灯の市場シェアは約25％にとどまっていました。つまり自社製の照明器具に対して半分の市場シェアを他メーカー製のランプ/蛍光灯に奪われていたのです。典型的なコモディティー消耗品である蛍光灯は，製品レベルでの差別化が限界に達しており，ユーザー，とくに大量に蛍光灯を使用する事業所などでは基本的に価格によって購入商品を選別する傾向が強まっていたからです。

　このような背景のもとパナソニックは，製品単独を売る低収益な蛍光灯事業をより高付加価値・高収益なソリューション事業へと業態転換していく試みを展開し始めました。それが図表6.1に示す，蛍光灯レンタル・サービス「あかり安心サービス」です。これは事業所向けに「あかり」を売るサービスで，蛍光灯1本あたり300円程度を支払う従量制と，一定の範囲で何本でも交換できる定額制が用意されています。とくにゼロ・エミッション（廃棄物の産出ゼロ）をめざす企業では，事業所で使用不能になった蛍光灯の回収・処分の手間も省ける点が評価されて同サービスを契約する事業所が増加しました（2009年時点での契約数は約6,800件に達しています）。つまり，蛍光灯の所有権は，あかり安心サービス会社（パナソニック電工の代理店）にあるのでユーザーの事業所は不要になった蛍光管を自らの管理責任で廃棄処理する必要がなくなるというメリットがあります。ユーザーは，あかりの使用に対してのみ支払いをすればよいという仕組みができあがっています。

図表 6.1 あかり安心サービスのスキーム

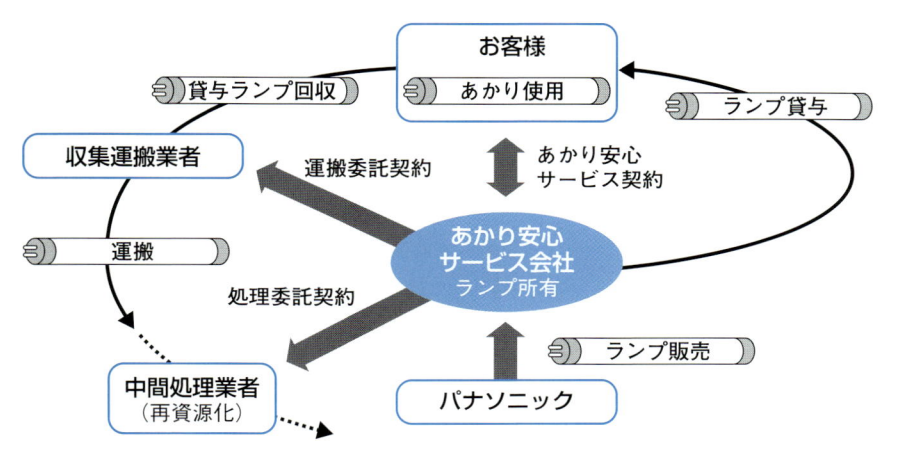

(出所) パナソニック (旧松下電器産業) 広報資料より。

　このようにパナソニックは,「あかり」機能と「環境負荷削減」機能をまとめてユーザーに提供するための「サービス・システム」の一構成部品として,蛍光灯という製品を位置づけし直しました。蛍光灯は売り切りの独立した消耗品ではなく,サービス・システムの他部分と一緒になってあかり機能と環境負荷削減機能を実現させるための一構成部品へと生まれ変わったのです(図表6.2)。その結果,他社との差別化ができあがり,パナソニックはユーザーからの値下げ要求に応えるだけの消耗戦から抜け出すことができました。そしてさらに,ユーザーの囲い込みへと一歩踏み出すことができたのです(宮崎,2004)。

図表 6.2　サービス・システムの一構成部品としての蛍光灯

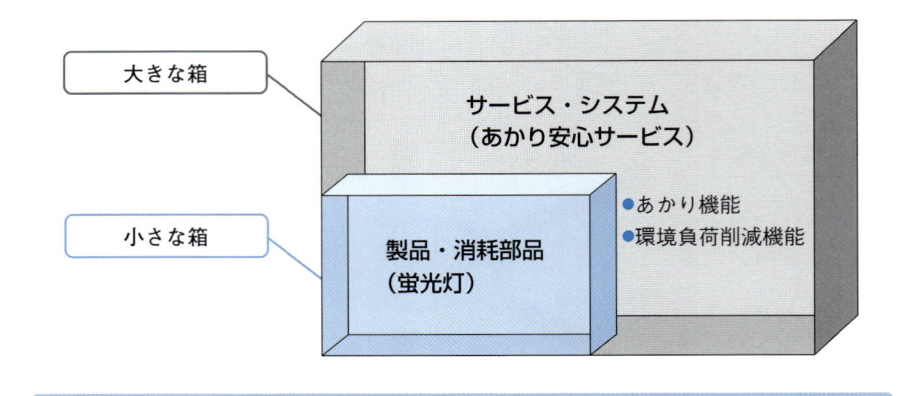

- 大きな箱 → サービス・システム（あかり安心サービス）
- 小さな箱 → 製品・消耗部品（蛍光灯）
- あかり機能
- 環境負荷削減機能

6.2　顧客のシステム経済性

　製品単品を売るのではなく，それをサービスと組み合わせて顧客に販売するソリューション事業を構想する際には，顧客のシステム経済性を考えることが重要になります。システム経済性は，企業にとっての経済性ではなく，あくまでも顧客にとってコスト低減をもたらす経済性を意味します。たとえ「片付けるべき用事」をすませられるからといっても，費用対効果から見て何らメリットがないソリューションを購入する顧客はいないわけですから，システム経済性の確保はソリューション事業の成立要件であるといえます。

　顧客がある製品を購入する場合，その製品価格が最も目に見える顕在化されたコストですが，実はその購入前後のプロセスにおいてさまざまな潜在的コストが付随して発生しています。購入製品の調達にかかるコスト，製品の利用時に発生するコスト，製品のメンテナンスにかかるコスト，製品の所有

に要するコスト，製品の廃棄のためのコストなど，購入時に製品価格を支払う以外にもさまざまなコストが顧客に降りかかってきます。たとえば，自動車を購入する場合，購入商品の選定のための手間や売買契約のための諸費用から始まり，税金，保険料，燃料代，駐車場代，車検費用，消耗交換部品代，リサイクル費用などを車両本体価格とあわせたトータル・コストで顧客は購入の可否を判断する必要があります。一説によると，自動車の場合は購入価格の5倍のトータル・コストを要するともいわれています（図表6.3）。

製品価格すなわち顧客の製品購入費用のみに焦点を当てて，価格引き下げ・コスト削減を追求するのでなく，上記のように顧客に求められるトータル・コストを見渡してサービス・システム全体で顧客にコスト低減メリット

図表6.3　製品購入費とトータル・コスト

	法人利用のパソコン(PC) PC1台当たりの年間支出：6,259ドル	鉄　道 鉄道会社の年間総費用：290億ドル	乗　用　車 1世帯当たりの年間支出：6,064ドル
100% 90 80 70	ネットワーク管理 ネットワーク関連の テクニカル・サポート ネットワーク機器	点検・整備 線路や操車場の運営・管理	その他 自動車ローン 修理・整備
60 50	周辺作業にかかる人件費やPCの不稼動による機会損失（ダウン・タイム，ファイル管理など）	列車の運行	自動車保険 ガソリン
40 30 20	管理 テクニカル・サポート	鉄道インフラ 貨物列車関連サービス	中古車の購入
10 0	PC（ハードウエア）	列車関連サービス 列車の購入	新車の購入
トータル・コスト	製品購入費の5倍	製品購入費の21倍	製品購入費の5倍

（出所）バウムガートナー，P., & ワイズ，R.（2000）「製造業のサービス事業戦略」『DIAMONDハーバード・ビジネス・レビュー』12月号，p.127，図1より。

を提供する考え方が，システム経済性です（Slywotzky & Morrison, 1997）。

つまり，製品価格が顧客にとってたとえ「お値打ち」な場合であっても，購入・使用・廃棄の消費経験プロセス全体で見てみると，割高になってしまい，その点に顧客が不満や問題を感じている場合があります。このようにシステム経済性の観点から見て，既存の顧客が抱える不満や問題を解消するこ

図表6.4　顧客の消費経験プロセス

購入	必要とする製品を探すのにどれだけ時間がかかるか？ 購入場所は行きやすく，訪れたいと思わせるか？ 安心して取引できる環境だろうか？ すぐに購入できるか，それとも待つ必要があるか？
納品	納品までの期間はどの程度か？ 簡単に梱包を解いて設置できるか？ 配送の手配は買い手に委ねられているか？　その場合，コストと手間はどれくらいか？
使用	使用するのに研修や専門家の助けがいるか？ 使わないときの保管は容易か？ 機能や特徴はどの程度優れているか？ 通常の利用者が求めるよりも，はるかに多くのオプションや大きな性能を備えているか？　余計な機能や付属品が付きすぎていないか？
併用	ほかの製品やサービスがなくても使えるか？ ほかの製品やサービスが必要な場合，そのコストはどれくらいか？ どの程度の時間を要するか？ 大きな骨折りを必要とするか？ 手に入れやすいか？
保守管理	メンテナンスの外部委託は必要か？ 保守や更改は簡単か？ 保守管理のコストは？
廃棄	製品の利用に伴い，廃材が出るか？ 楽に廃棄できる製品か？ 安全に廃棄するためには環境や法律の問題がからんでくるか？ 廃棄にはどれくらいコストがかかるか？

（出所）Kim, W. C., & Mauborgne, R.（2005）*Blue ocean strategy: How to create uncontested market space and make the competition irrelevant*. Boston, MA: Harvard Business School Press, p.123, Figure 6-3 より筆者作成。

とが，ソリューション事業を生み出すきっかけになります。

　先に紹介した「あかり安心サービス」の事例は，消費経験プロセスを見直すことで顧客のシステム経済性を向上させた好事例だといえるでしょう。つまり，従来は蛍光管というモノそれ自体を事業所が安く入手できたとしても，蛍光灯のあかりを維持・管理し，不要になった廃棄蛍光管を自ら処理する手間と費用が大きくかさんでいました。これら使用・保守管理・廃棄プロセスで顧客が直面する「片付けるべき用事」を一括して低コストで請け負うサービス・システムを構築することで，パナソニックはこのソリューション事業の立ち上げに成功したのです。

　もちろん使用や廃棄のみならず，顧客の消費経験プロセスの他部分においてもソリューションを提供することができます。顧客の消費経験プロセスの各段階［購入→納品→使用→併用→保守管理→廃棄］において，たとえば図表6.4のような自問自答を繰り返すことによって顧客が抱える不満や問題点を見つけ出しやすくなります。

6.3　未処理の「片付けるべき用事」の発掘

　既存の製品/サービス・システムにおける消費経験プロセスを再点検することで既存顧客のシステム経済性を向上させるソリューションを提供することの重要性については上述したとおりです。しかし一方で，現在提供されている製品/サービスによって取りこぼされている潜在的な顧客（未だ顧客になっていない非消費者）が抱える未処理の「片付けるべき用事」が実は存在しています。このような非消費者が抱える「片付けるべき用事」には2種類あります。

　1つは，顧客は「片付けるべき用事」を明確に理解しており，常々自分の手で何とか処理しているものの，世の中にその処理を肩代わりしてくれたり

手助けしてくれる適当なソリューションの提供者がいないため，半ばあきらめながら今日もひたすら自らの手で処理に励んでいる「片付けるべき用事」です。

2つめは，その存在が認知されていない「片付けるべき用事」です。一見，矛盾した日本語表現ですが，世の中には「片付けるべき用事」があることさえ未だ自覚していない人びとがいます。その潜在的な「片付けるべき用事」の存在に気づかせて，彼らを新たな顧客へと転換できれば，新たなソリューション需要を創り出すことができ，企業は事業の拡大につなげられます。

ここでは，世の中に埋もれている潜在的な「片付けるべき用事」を発掘して新たなソリューション需要を創出するために有用な着眼点として，以下の3つの「作戦（playbook）」を紹介します（Anthony, et al., 2006）。

〈①孫 の 手 作 戦〉

孫の手作戦（the back-scratcher）とは，顧客のかゆいところに手が届くような道具や支援策を提供することで新たなソリューション需要を生み出す作戦です。それにより顧客の「片付けるべき用事」を簡単に処理できるようにします。この発想は，顧客がある「片付けるべき用事」を処理できないことに隔靴掻痒の思いを募らせており，また競合他社がそのような顧客ニーズに応える能力がない場合にとくに有効です。

たとえば，かつてヤマト運輸が「クール宅急便」「ゴルフ宅急便」「空港宅急便」「宅配便タイムサービス」などを他社に先駆けて開発し，さまざまな荷物を簡単に発送して時間どおりに受け取れる「宅急便」の仕組みを作り上げたのはその一例です。これらのソリューションが提供される以前は，人びとは自らの手で苦労してゴルフ・バッグやスーツ・ケースをゴルフ場や空港まで運んでいました。誰も運んでくれないから自分で運ぶ，それが当たり前だったのです。明確に存在はしていたけれど未処理だった「片付けるべき用事」を解消したのが「ゴルフ宅急便」や「空港宅急便」のソリューションでした。「宅配便タイムサービス」も，今まで配達時に不在で荷物の受け取り

に不便を感じていた顧客の「片付けるべき用事」を解消するソリューションです。

ところで、「クール宅急便」は既存の未処理の「片付けるべき用事」以外の新しい「片付けるべき用事」の存在を人びとに気づかせました。地方の港町に住む祖父母や親が都会に住む子や孫たちに新鮮な魚介類を食べさせたくて、送るという「片付けるべき用事」は、各家庭への小口冷凍・冷蔵配送を可能にする「クール宅急便」というソリューションがあるからこそ、祖父母や親たちに発生する「片付けるべき用事」です。

〈②大変身作戦〉

第2は、肥大化した既存の製品/サービスをスリムで魅力的に変身させる大変身作戦（the extreme makeover）です。一度成功して市場を獲得した企業は、自社の製品/サービスの売行きに自信を深めて、より高付加価値の取れる高性能・多機能・追加オプション満載の商品を顧客に提案する傾向が見られます。このときシステム経済性の観点から見て、顧客の費用と便益のバランスが崩れてしまっていることがよくあります。そのような既存企業が競合相手として存在するときに、必要十分のソリューションを低価格で提供します。それにより従来は高くて手が出せずに「片付けるべき用事」を自らの手でこなしていた非消費者や、既存企業の割高なソリューションを不満ながらも採用していた顧客の獲得をめざします。この「作戦」は、ターゲット顧客が既存の製品/サービスに搭載された機能や性能のすべてを必要としているのでもなく、また喜ぶわけでもない場合、さらに競合他社が低価格帯の顧客を重視していない場合にとくに有効です。

たとえば、日本の家電メーカーが機能満載の大型ドラム式洗濯乾燥機の開発・販売を強化している背後で、常々取りこぼされてきた低価格帯の小型全自動洗濯機や二層式洗濯機などの需要を獲得して日本市場への参入に成功した中国家電メーカーのハイアールは、その好例です。ファミリー層向けのソリューション提案としては日本メーカーの提供する大型多機能家電はふさわ

しかったかもしれませんが，狭い居住スペースに住む単身者などにとっては決して喜ばれるソリューション提案とはいえませんでした。このような従来は満たされていなかった（過剰サービスだった）ソリューション提案を見直して，単身層の「片付けるべき用事」を費用対効果に照らしてより良く処理できたのがハイアールの小型家電なのです。

また，インドのタタ・モーターズが開発した「ナノ」という自動車は，助手席側のドア・ミラーがなく，ワイパーが１本で，ABSやエア・バッグがなく，最高時速は105km/hしか出ませんが，10万ルピー（約30万円以下）の超低価格車です。しかし，はじめて自動車を購入するインドの下層大衆にとっては必要十分の装備です。日本の自動車メーカーには決して創れないであろう，このような自動車が同国のモータリゼーションを加速させていくと考えられています。つまり，これまで自らの足で「片付けるべき用事」を処理していたインドの大衆「非消費者」に対して，彼らにも採用可能なほど低価格のソリューション提案を示したのが，タタ・モーターズなのです。

〈③ボトルネック解消作戦〉

第３は，従来は一部の顧客に限定されていた消費を大衆化するボトルネック解消作戦（the bottleneck buster）です。大量消費を妨げている障害（ボトルネック）を取り除き，非消費者を顧客に転換できるソリューション提案を行うのが，その目的になります。この「作戦」は，スキルや技術，利用手段がないことがボトルネックになって従来の市場に参加できない顧客がいる場合にとくに有効です。さらに競合他社が，これらの市場の将来性を見誤っている場合には，彼らが気づかないうちに新しい顧客を獲得できることもあります。

たとえば，かつてマイタケは一部の地域で秋に自生したものを採取して食べる以外では手に入らない希少なキノコでした。シイタケなどのように人工栽培して，市場に大量流通させる技術が確立されていなかったため，マイタケがとれる地域の人たちしか知らないような全国的には無名のキノコでした。

それゆえ多くの人びとがマイタケのおいしさを知らない非消費者でした。ところが，総合きのこメーカーの雪国まいたけが，不可能と思われていたマイタケの人工栽培に成功して量産技術を確立しました。これによってボトルネックは一気に解消し，人びとはおいしいマイタケを食べるという「片付けるべき用事」を知ることになりました。雪国まいたけのソリューション提案のおかげで，今日では全国どこでも一年中マイタケを安価に食べることが可能になり，私たち日本人の食生活をより豊かにしています。

企業は以上のような「**孫の手作戦**」「**大変身作戦**」「**ボトルネック解消作戦**」の各アプローチをとることで，現状の製品／サービスによるソリューションでは非消費者にとどまっていた潜在的顧客層に対して現実的に採用可能なソリューションを提案したり，潜在顧客自身が新たに発見し自覚したニーズに対してソリューションを提供する新事業を展開していくことができるのです。

6.4　顧客我慢とカスタマイゼーション

一般に顧客満足度を測定するときには，顧客が期待したことと，顧客が得られたと認知していることとの差を顧客満足として測定しています。

顧客満足＝（顧客が得られると期待しているもの）
　　　　－（顧客が得られたと認知しているもの）

しかし，顧客の「片付けるべき用事」に対して的確なソリューションを提供するために，企業は，顧客が本当に求めていることと，現状において顧客が不満ながらも受け入れたこととのギャップである顧客我慢を把握する必要があります。

顧客我慢＝（顧客が本当に求めているもの）
　　　　－（顧客が心ならずも受け入れたもの）

　とくに平均的な顧客像を想定して開発された大量生産型の規格商品では，さまざまな用途に対応させて機能設計がなされているため，個々の顧客にとっては実は不要な要素が混載されていることがあります。その結果，顧客は欲しい要素と欲しくない要素を一緒くたに受け入れることになり，顧客我慢が発生します。これは見方を変えれば，企業が生産または流通において資源を無駄にしていることを意味します。したがって，企業は顧客我慢に焦点を当てることで，顧客が求めてもいないことに経営資源を浪費する無駄を回避できるという点を理解する必要があります（Pine Ⅱ & Gilmore, 1999）。

○ カスタマイゼーションの4類型

　顧客我慢を取り除き，個々の顧客が本当に求めているソリューションを提供するためには，顧客ごとに商品そのものの機能やサービスあるいは提供方法を柔軟に変化させること，すなわちカスタマイゼーション（customization）が必要になります。カスタマイゼーションのための方法として，主に以下の4つがあります（Pine Ⅱ & Gilmore, 1999）。

〈①協働型カスタマイゼーション〉
　限定された選択肢や規格化された商品機能など，無理やり選ばされることによる顧客我慢が存在しています。これを解消するために協働型カスタマイゼーションでは，顧客と一緒に価値を創り出していくプロセスを提供して，顧客に「探索経験」をもたらします。たとえば，顧客が自分で必要十分な性能レベルのパーツのみを選択して組み合わせて発注できるオーダー・メードのパソコンや，自分好みの色柄デザインで体型にピッタリあう衣類などを顧客と企業が共同しながら製作するサービスなどがこれに当てはまります。こ

のように協働型カスタマイゼーションでは，顧客が本当に欲しい製品機能やサービスを顧客と企業との共同作業によって見つけ出すことが優先されます。

〈②適応型カスタマイゼーション〉

　顧客があまりにも多くの種類の商品や構成パーツを提示された結果，手に負えない選別に取り組まなければならない場合があります。協働型カスタマイゼーションでは検討可能な選択肢の増加がよりよく評価されますが，逆に多すぎる選択肢が顧客我慢を誘発することもあります。これを解消するために適応型カスタマイゼーションでは，顧客が自分で調節できる範囲の代替案・機能の組合せを提供して，顧客に「実験経験」をもたらします。たとえば，ファスト・フード店の店頭でメニュー表に何種類かの「理想的な」商品組合せ例としてセット・メニューを掲示することや，オーディオ製品の音質調整機能において代表的な音楽ジャンルごとに最適化された音質レベルがプリ・セットされていることなどがこれに当てはまります。このように適応型カスタマイゼーションによって，顧客は一定の範囲内にコントロールされた選択代替案のもとで実験を繰り返しながら自身の好みに沿ったものを見つけられます。

〈③顕在型カスタマイゼーション〉

　製品の機能面に対してではなく，製品の外見や見え方——どう包装されるか，どう提示されるか，どうやって提供されるか——に対して顧客我慢が発生していることがあります。これを解消するために顕在型カスタマイゼーションでは，規格化された商品・サービスであっても異なる顧客に対して異なった仕方で提示して，顧客にそれとわかる「自覚的な満足経験」をもたらします。たとえば，規格品の吊しスーツへの名入れサービス，ユニクロ商品に刺繍など手を加えたデコクロ，無味乾燥なメール通信サービスに個性的な特徴を付与するデコメールなどがこれに当てはまります。このように顕在型カスタマイゼーションでは，製品そのものをカスタマイズするのではなく，製

品の外見をカスタマイズすることによって，製品が「ちょうど自分向き」に衣替えされているという満足感を顧客に提供します。

〈④潜在型カスタマイゼーション〉

　顧客が商品・サービスを購入する際に，企業側から繰返し同じ作業を行ったり同じ情報を提供したりすることを反復的に要求されることへの煩わしさに対する顧客我慢があります。これを解消するために潜在型カスタマイゼーションでは，個々の顧客に商品内容がその人にあわせて変えられていることを知らせずにカスタマイズされた商品を提供して，顧客が気づかないうちに「潜在的な満足経験」をもたらします。たとえば，Amazon.com が行っているように顧客がオンライン・ストアにログインすると過去の購買履歴にもとづいておすすめ商品が紹介されていて，その気になればいちいち個人情報を入力することなく1クリックで発注・購入が完了できる仕組みや，高級旅館や料亭などが馴染み客の各種好みや記念日情報を把握しておいて，お得意様の来館・来店と同時に無粋な質問を繰り返すことなく適切なサービスを提供する接客などがこれに当てはまります。このように潜在型カスタマイゼーションは，蓄積した顧客情報を活用して，顧客が商品・サービスを購入するときの手続き的な繰返しの煩わしさを低減させます。

6.5　置換の経済

　顧客の「片付けるべき用事」それぞれに対応してカスタマイゼーションを実施することは確かに重要です。しかし，個別の顧客ごとに商品の機能を柔軟に変化させたり，あるいは深化し続ける顧客ニーズにあわせて商品の機能を継続的に進化させていくために，毎回個別に一から新製品開発を行っていては，企業として大きなコスト負担を強いられてしまいます。このようなメ

ーカー側のコスト負担を低減させるために役立つのが置換の経済（economies of substitution）という考え方です。

　置換の経済とは，新しい製品システムを一からすべて新規に設計するよりも，既存製品システムの構成部品の一部分を保持しながら，それらを積極的に流用した設計で新製品システムを実現するほうがより低コストですむことをいいます（Garud & Kumaraswamy, 2003）。つまり，置換の経済の考え方で新製品開発を行えば，従来蓄積されてきた既存知識や資源を設計の不変部分で再活用できるので，初期設計コストを低減できます。また，既存の実績のある構成部品を設計に活かすことで，そもそも構成部品の探索コストが不要になりますし，製品システム全体の統合コスト・検査コストも低減できます。さらに，製品の製造現場においても馴染みのある部品を組み立てて使用するのであれば，学習曲線効果の継続が期待できるので，生産コストの削減にもつながります。

　ただし，置換の経済を実現させるためには，①モジュラー型の製品設計がなされていること，②アップグレード可能性が製品設計上で確保されていること，これら2つの条件が必要になります。

　モジュラー型の製品設計とは，製品システムを構成する各構成部品が担う機能が明確に分担されていて，部品と部品を接続するインターフェイス・ルールが事前に明確に決められている（標準化されている）ような設計構造のことです。イメージ的にいえば，PC本体，ディスプレイ，キーボード，ソフトという構成部品からなるデスクトップ・パソコンにおいて，PCはデータ処理機能，ディスプレイは表示機能，キーボードは入力機能，ソフトは操作機能という機能分担がなされ，それぞれの要素どうしが標準化された接続方法でつなげられて使用可能になっていますから，モジュラー型の設計構造だといえます。このときユーザーは，いろいろなメーカーから提供されているさまざまなバリエーションの構成部品を自由に組み合わせて自分好みのデスクトップ・パソコン・システムを構築できます。このように構成部品間に互換性があって柔軟に取り替え可能な構造が，モジュラー型の製品設計の特

6.5　置換の経済

徴です。

アップグレード可能性とは，消費者のニーズが深化して移り変わったり，技術改善の最新成果を取り込む必要性が生じたりしたときに，それにあわせて既存の製品システムを変異させて進化させることができるような自由度を設計構造において事前に確保しておくことをいいます。たとえば，先のデスクトップ・パソコンの例でいいますと，仮に消費者ニーズがキーボード入力から別タイプのタッチパッド入力へと移り変わったとき，それにどの程度対応できるかは，インターフェイスの接続ルールにどの程度の自由度を確保できているかによります。キーボード入力だけのために最適化された接続ルールを使ってPC本体，ディスプレイ，ソフトが設計されていたとしたら，変化に柔軟に対応することができません。もしそうならば，企業は新たに別のパソコン・システムをゼロから開発して変化に対応する必要があるので，余計なコストがかかります。さらにユーザー側も入力機器の取り替えだけではすまずに，パソコン・システム一式をすべて新しく買い換える必要が生じます。この場合のアップグレード可能性は低いといえます。

アップグレード可能性を高めて置換の経済を活用している事例として，新世代という会社の体感型TVゲーム機があげられます（図表6.5）。かつての代表的なTVゲーム機はおよそ5年サイクルで新旧のゲーム機が世代交代して陳腐化していました。それに対して同社が開発したゲーム機は，ハードとしてのゲーム機の世代交代を半永久的に不要にするアップグレード可能性を考慮した設計構造をしています。具体的には，XaviX PORTと名付けられたゲーム機本体はテレビや小道具（グローブ，マット，ボールなど）との接続点にすぎない位置づけで単純な構造です。その一方で，個別のゲーム・ソフトを内蔵するシステム・カートリッジの中にCPU，映像プロセッサ，音声プロセッサなどを統合したチップ（頭脳部分）を搭載するという設計構造がとられています。つまり，システム・カートリッジを次々と新しくしていけば，本体はそのままでも，ゲーム・システムを常に最新の状態へと進化させ続けられるようなアップグレード可能性の高い設計構造が構築されている

図表 6.5　新世代の TV ゲーム機

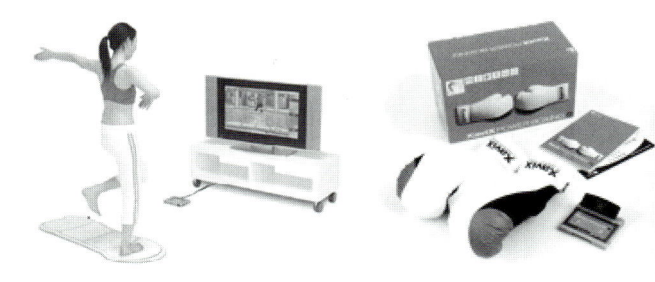

（出所）　新世代株式会社 Web ページより。

のです。

　以上のようなモジュラー型の製品設計とアップグレード可能性を基礎にした置換の経済を新製品開発で活用することにより，企業はコスト負担を引き下げながら多様でかつ移り変わりの激しい顧客ニーズに対応したカスタマイゼーションを実行できるのです。

演 習 問 題

6.1　電子レンジを購入する顧客が抱えている「片付けるべき用事」とは何か？考えてみましょう。

6.2　6.1で考えついた「片付けるべき用事」に対して，電子レンジ以外の代替的なソリューションがありうるかどうか考えてみましょう。

6.3　洗濯機の消費経験プロセス全体を見渡して，システム経済性の観点からユーザーにとってのコスト低減が可能な要素があれば指摘しなさい。

6.4　衣料品や家電製品などの販売で「下取りセール」が盛んに行われています。なぜ消費者は直接的な価格の割引・値引きではなく，下取りによる間接的な割り戻しに魅力を感じるのでしょうか。その理由を考えてみましょう。

6.5　「協働型カスタマイゼーション」「適応型カスタマイゼーション」「顕在型カスタマイゼーション」「潜在型カスタマイゼーション」それぞれに当てはまる事例を1つずつ考えてみましょう。

第7章

製品寿命を管理する

　世界のライバルのほとんどが淘汰されてしまいました。「TANITA」が体重計のブランドとして，国内で製造する会社として，生き残っているのは世間や業界の常識にとらわれないよう努力してきたからだと思っています。……（中略）……ある時，面白いことに気がつきました。近代以降の美術館オーナーをみると，時代によってオーナーの職種が違うのです。ある時は造船会社，その次の時代は鉄道関係者，そして次は自動車関係者が目立ちます。時代時代で成長した業種が違うのは当たり前ですが，私たちからみるとみんな「人の移動手段」で共通しています。ところが，当時の造船会社は鉄道が誕生しても船のことだけを考えていたのです。「次の移動手段は何か」とは発想しなかったのです。私たちも昔ながらの体重計だけにこだわっていてはいけない。体重計ではなく"人の体重を知る"ことを仕事にしてはどうかと思いました。恥ずかしながら社内では精度が高い体重計を作る技術に詳しい社員はいても，体重がそもそも何を意味するのか，私を含め誰も分かっていませんでした。88年頃から医療関係者，スポーツ医療の専門家に相談する中で，「体重が重いのが肥満ではない」という事実も初めて知ったほどなのです。それでも，こうした調査を通じて体脂肪という概念を知り，92年に世界初の体脂肪計を創り出すことができたのです。認知されるまでに時間がかかりましたが，使いやすくしたり，コストダウンをするなど"当たり前の努力"を重ね発表から3年目，2万円台になったら一気に普及し始めました。

―― （谷田大輔，2009，p.1）

○ KEY WORDS ○

製品ライフサイクル，上澄み価格戦略，成長志向価格戦略，
利益志向価格戦略，再成長ベクトル，側面マーケティング

7.1 製品ライフサイクル

　すべての製品には，寿命があります。「技術の成熟化」と「市場の成熟化」が，この問題と関係しています。前者は，技術研究開発への投資効率が低下していくことによって生じ，後者は，市場における「消費者意識や行動の変化」をその主な発生原因としています。

　つまり，技術の成熟化により，製品に使用されている技術の進歩率が低下していくことで，その技術のもつ性能特性が別の新しい技術のもつ性能特性と比較して見劣りしてしまうために新旧技術の代替が起きて，古い技術を用いた製品が世の中で必要とされなくなっていく場合があります。たとえば，無線通信技術が発達して携帯電話が世の中に普及したことにより，有線通信技術を利用した街中の公衆電話が消失していくという現象がその一例です。

　一方で，技術的な変化とは関係なく，市場の成熟化によって世の人びとの意識や消費行動が移り変わることによって既存の製品が不要になる場合もあります。

　たとえば，ウイスキーは高度経済成長期にビジネスマンの間で最も人気のあるアルコール飲料として，とくにバーなどにおいて少人数で語り合いながらたしなむ飲み物として需要が大きく伸びました。しかしながら1990年代以降，アルコール度数の高い飲料が敬遠され始め，若者のウイスキー離れが進み，居酒屋チェーン店などではチューハイやカクテルなどの飲みやすい低濃度のアルコール飲料を大勢でワイワイ飲む光景が増えました。このような消費者の意識や行動の変化が進んだ結果，ウイスキーの市場需要は大きく減少していきました（石井・廣田，2009）。実際，ウイスキーの代表銘柄であるサントリー「オールド」の出荷量推移を見てみると，図表7.1のような成長と衰退の軌跡を確認できます。1980年の1,240万ケースをピークに，年々出荷量の減少を続けて2005年には50万ケースになり，ピーク時の25

図表 7.1　サントリー「オールド」出荷量推移

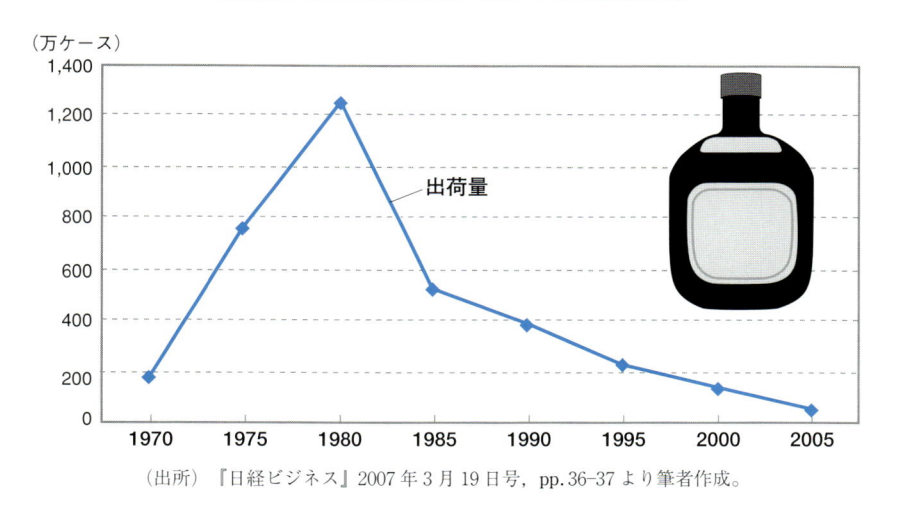

(出所)『日経ビジネス』2007 年 3 月 19 日号，pp.36-37 より筆者作成。

分の1にまで落ち込んでしまいました。

本章では，このような製品の寿命について，すなわち製品ライフサイクル (product life cycle) が提起する戦略的な課題について見ていきます。

◯ 一般的な製品ライフサイクルの特徴

典型的な製品ライフサイクルを表現すると図表 7.2 のように描けます。製品の市場投入後の時間経過とともに，売上高の伸び率の変化に応じて，導入期・成長期・成熟期・衰退期として 4 段階に分類できます。

一般的に，新製品の市場への導入期は，売上高の伸び率が小さく売上水準は低くなっています。事業が生み出す利益総額は小さく，事業立ち上げに要した初期費用や諸投資を考慮すれば赤字の状態です。したがって，営業キャッシュフローはマイナスになっています。

図表 7.2　典型的な製品ライフサイクル

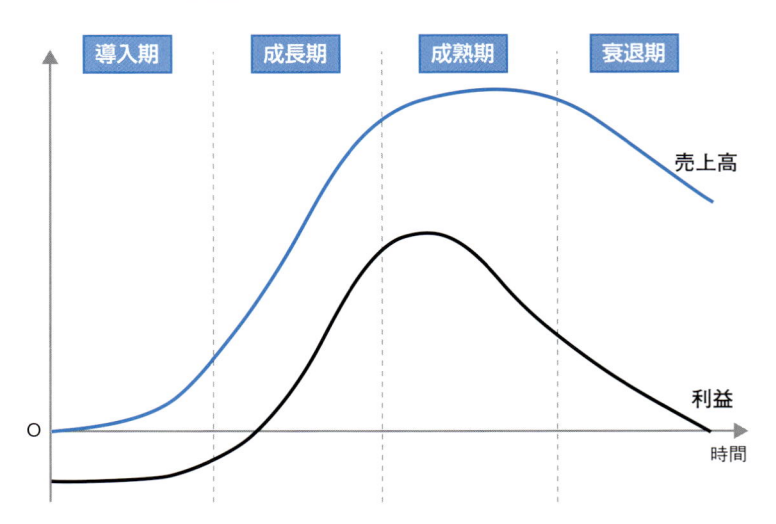

導入期　成長期　成熟期　衰退期

売上高

利益

時間

（出所）　Rowe, A. J., Mason, R.O., & Dickel, K.（1982）*Strategic management & business policy: A methodological approach*. Reading, MA: Addison-Wesley, p.116, Figure 7.1 を加筆修正。

　成長期は，最も高い売上高の伸び率を示し，売上が急激に上昇していきます。それに伴って事業としての利益も急拡大し，やがて利益総額は最高水準に到達します。営業キャッシュフローも緩和されていきます。

　成熟期では，売上高の伸び率が低下し，売上水準は安定的で緩慢な上昇傾向を示します。この時期になると利益総額は縮小に向かい始めます。その一方で，これまで事業の育成・拡大のために投入した投資設備の減価償却も進むため，操業コストが低下して利益率は高水準に達します。

　衰退期には，売上高そのものが実際に下降していきます。事業としての利益は低水準またはゼロを示し，営業キャッシュフローも低下していきます。いずれは製品が市場から必要とされなくなるため，事業の撤退を考慮し始めます。そのときまでに事業への投資回収が十分になされていることが理想で

図表 7.3 製品ライフサイクル時期別の特徴

	導入期	成長期	成熟期	衰退期
売上高	低水準	急速上昇	緩慢な上昇	下降
利益	僅少	最高水準	下降	低水準/ゼロ
キャッシュフロー	マイナス	緩和	高水準	低水準
顧客のタイプ	革新者	大衆消費者	大衆消費者	遅滞者
市場競争	ほとんどなし	増加	競合多数	減少
競争の軸	製品属性・性能	品質・量	価格・納期	価格
セグメンテーション	潜在	出現	細分化	衰退
製品差別化	少ない	バリエーションの増加，模倣も増加	ニッチ商品の増加	競争相手の撤退で減少
参入障壁	高い（特許で製品情報を保護）	低下（技術移転・模倣など）	上昇（資本集約度の増加）	高い（高資本集約度，低利益率）
製造工程のタイプ	ジョブショップ	バッチフロー	ラインフロー	連続フロー
製造工程の自動化	低位	中位	中位	高位
生産量	少量	拡大	大量	大量
規模の経済	少ない	高くなる	高い	高い
学習曲線の効果	大きい（効果が出れば）	非常に高い（生産量増加）	減少する	小さい

（出所）Doyle, P.（1976）The realities of the product life cycle. *Quarterly review of Marketing*（1976, Summer），および Hayes, R. H., & Wheelwright, S. G.（1979）The dynamics of process-product life cycles. *Harvard Business Review*（1979, March-April），などをもとに筆者作成。

す。

　以上のような4つの段階として，一般的な製品ライフサイクルを想定することができます。当然，企業としては図表7.3のように環境条件の異なる各時期ごとに取り組むべき課題と戦略が違ってきます（Kotler, 1991）。

〈①導入期の戦略〉

　新製品の市場を拡大させるための啓蒙活動を行い，人びとの製品に対する認知度を高めることが，この時期の重点課題です。流通業者などの取引先に対しては，集中的な販売促進活動を仕掛けたり，大幅に割引をするなどして，まずは新製品の取り扱いをしてもらうことに注力します。それにより最終消費者が新製品を目にして触れる機会を増やします。

　さらに直接，消費者に対して商品サンプルや割引クーポンなどを配布して認知度を高める工夫も効果的です。当然，広告宣伝の規模は大きくなります。広告内容は，新商品のもつ新奇な属性や機能を顧客に訴求します。なお，製品の新奇性が高く，使用技術が特許などで保護されていて市場への**参入障壁**が高ければ，競合相手もいないため競争はほとんどありません。

　主な顧客層は，先端的な商品への感度が高く，新しい物好きの革新者（早期採用者）といわれるタイプになります。彼らは新製品に対する需要の価格弾力性が小さく，高い買い物でも受け入れてくれます。それゆえ，企業は製品開発に要した初期投資を早期に回収することを目的にして，製品の価格は高めに設定する上澄み価格戦略をとることがあります。

　また，この戦略は，製品価格が外部調達する部品コストによって左右される状況下で，自社製品の生産量の増加に伴って生じる調達部品の生産コスト低下の恩恵を他社も得られる可能性があるときにも採用されます（高嶋・桑原，2008）。つまり，低価格で市場の拡張をめざすと，部品の調達がしやすい環境を作り出してしまい，潜在的な競合他社の市場参入を促してしまいます。これを避けるために，あえて高価格設定で新製品を独占的に販売するのです。

　その一方で，導入期をいち早く駆け抜けて，市場が大きく拡大していく成長期に到達することをめざして，導入期の製品価格を短期的に生産コストを下回るくらいの低価格に設定する成長志向価格戦略（浸透価格戦略）をとることもあります。製品価格を低価格に設定することで，革新者以外のどちらかというと**需要の価格弾力性**が高い一般消費者層に対しても市場を拡げやす

くなります。とくにこの戦略は，研究開発や生産施設への初期投資が巨額になる場合に採用されます。第3章で解説した「**規模の経済**」や「**学習曲線効果**」によるコスト低減効果を得るためには，市場拡大によって生産数量をいち早く増加させることが重要だからです。また，早期に累積生産量を積み上げることは，他社に先駆けて学習曲線を右下方向に滑り降りていくことにもつながりますから，潜在的な競合企業に対するコスト面での**参入障壁**の形成にも一役買います。

〈②成長期の戦略〉

　自社製品の市場への浸透をはかり，製品改良を重ねながら消費者の「ブランド選好」を構築していくのが，この時期の重点課題になります。

　価格設定の方法としては，自社製品の市場浸透を優先させて，生産コストの低減と歩調をあわせながら積極的に低価格化を追求する**成長志向価格戦略**を導入期から引き続きとる場合があります。この戦略は，産業内で技術移転や模倣が進展して市場への参入障壁が低下した結果，競合他社が増加して市場競争が激しくなるようなときに採用されます。低価格を武器に大衆消費者を惹きつけて市場浸透をはかり，累積生産量の拡大による学習曲線効果を最大限に活用して，競合他社の攻勢から逃げ切るという作戦です。

　一方，市場競争がそれほど激化しない状況下では，市場拡大によって得られた**規模の経済**や**学習曲線の効果**に由来するコスト低減の果実を得るために，ある程度の高さに価格をとどめて最大限の利益獲得をめざす**利益志向価格戦略**をとることも可能になります（図表7.4）。この戦略をとった場合の競合他社との競争は，価格競争ではなく，製品の品質や性能・機能面での差別化競争が中心になります。その結果，市場内での製品間にバリエーションが増加し，製品ブランドごとに顧客の選好が分かれ始めます。

　取引先の流通業者などに対しては，そもそも市場が成長している時期であるため，大規模な販売促進活動をする必要がなくなります。むしろ流通業者のほうから，取引を求めてくる場合もありえます。また，消費者との関係に

図表 7.4　価格戦略と学習曲線

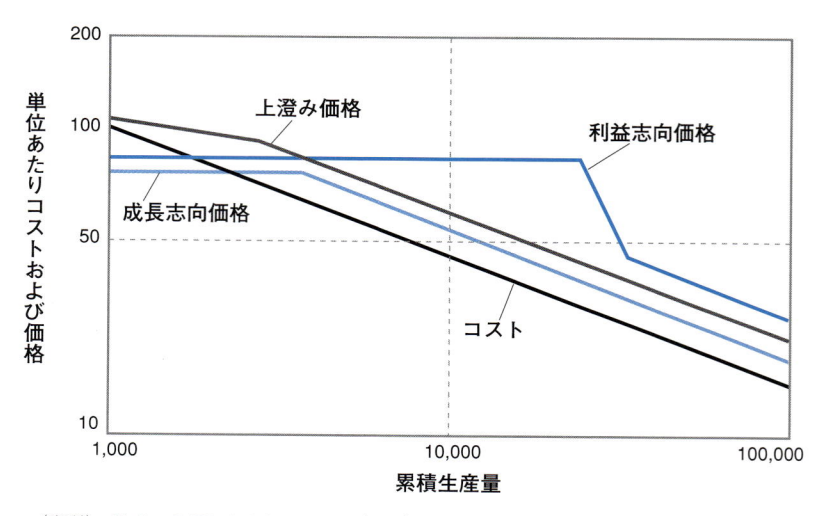

(縦軸：単位あたりコストおよび価格、横軸：累積生産量)
上澄み価格／利益志向価格／成長志向価格／コスト

（出所）Hofer, C. W., & Schendel, D.（1978）*Strategy formulation: Analytical concepts*. St. Paul, MN: West Publishing Company, p. 133 の Figure 5.7 を加筆修正。

おいても，需要が伸びている時期なので，あえて割引を提供せず，その分の原資を広告宣伝費に振り向けたほうが効果的です。広告宣伝の内容としては，ブランド属性に焦点を当てたものにして一般大衆の製品認知の促進をはかり，顧客による指名買いがなされるような状況を作り出すのが理想です。

〈③成熟期の戦略〉

　既存顧客を大切にして，それまで獲得してきた市場シェアを防衛すること，商品力の強化と差別化を推し進めてブランドの評価をより高めることが，この時期の重点課題になります。

　市場需要の伸張が停滞し始めるこの時期における価格設定の観点としては，市場に受け入れられる適正価格を維持することと，価格競争を避けつつも，

潜在的な競合企業が市場に新規参入できない程度に価格を抑えていくことが重要になります。そのために製造工程の自動化を推し進めるなど，生産コスト面での効率化をはかります。

一方で，流通業者など取引先との関係はより密接なものにして，大々的な販売促進活動を実施したりリベートを提供するなど，販売店での棚スペースの確保をめざします。それにより既存顧客の購買需要を維持します。

また，消費者向けの活動としては，他社製品との差別化を徹底して訴求する広告宣伝を展開してブランド力の強化をはかり，可能ならば他社製品のユーザーに対して自社製品への切り替えを促します。

〈④衰退期の戦略〉

市場需要の縮小に対応して，商品力に乏しい製品を廃止してバリエーションを絞り込み，生産性をより高めてコストを削減し，ブランドから利益を搾り取ることが，この時期の重点課題になります。

将来性がない市場から撤退するという判断を下した場合は，基本的に在庫をなくすことに注力し，広告宣伝の規模を縮小させて，価格は不良在庫のリスクを避けるために低く設定します。取引先との関係においても，大規模な販売促進活動を控えて，利益の上がらない流通チャネルを閉鎖します。さらに不必要な生産設備は買い手が見つかれば売却して現金化したり，人員の再配置や整理・削減を行って，経営資源を別の事業投資機会に振り向けやすくします。

ただし，衰退期だからといって，企業は必ず撤退を選択するわけではありません。それぞれの企業がおかれている状況によって行動が分かれます。たとえば図表7.5は，その企業が属する産業構造が有利な構造か不利な構造か，および企業に競争優位を確保できる強みがあるかないか，という分類で衰退期における企業の戦略代替案を示しています。

残存需要領域で競争優位を確保できる強みが自社にあり，潜在的な収益が見込めて撤退障壁が低いなど有利な産業構造になっている場合は，市場の掌

図表 7.5　衰退期：企業の戦略代替案

	残存需要領域で競争優位を確保できる強みがある	残存需要領域で競争優位を確保できる強みがない
有利な産業構造（潜在的収益が見込める，撤退障壁が低いなど）	リーダーシップ（or ニッチ） 競合他社を吸収合併したり，他社に退出を促して経営資源（工場や販路など）を引き受ける。その後，市場支配力を確立する。	刈り取り（or 売却・撤退） 追加投資を避けながら既存資産が生むキャッシュを最大化させる。商品数・販売チャネル数・対象顧客を整理してコスト削減する。
不利な産業構造（潜在的収益が望めない，撤退障壁が高いなど）	ニッチ（or 刈り取り） 安定的な需要が見込めて，他社が容易に参入できない特殊なセグメントを見きわめて，そこでの市場支配力を確立する。	即座の売却・撤退 その産業が衰退するという合意が業界内にできあがる以前，衰退の初期段階の（買い手がいる）うちに，事業を売却して撤退する。

（出所）Grant, R. M.（2005）*Contemporary strategy analysis*. 5th ed. Blackwell および Harrigan, K. R., & Porter, M. E.（1983）End-game strategies for declining industries. *Harvard Business Review*（1983, July-August）をもとに筆者作成。

握をめざして積極的に攻めていくリーダーシップ戦略をとります。

　一方，残存需要領域で競争優位を確保できる強みが自社になく，潜在的な収益が望めなくて撤退障壁が高いなど不利な産業構造になっている場合は，衰退の初期段階で他社が高値で買ってくれるうちに即座の売却・撤退戦略を実施してその事業から手を引きます。

　また，自社に何らかの強みがあるものの不利な産業構造である場合は，自社だけがもつ強みが最も効力を発揮するニッチ・セグメントを見きわめて，そこに経営資源を集中させて生き残りをはかるニッチ戦略をとります。

　そして，自社に特殊な強みはないけれども有利な産業構造である場合には，将来的な撤退を視野に入れて徐々に事業の縮小化をはかり，操業のコスト効率を高めながら現有資産が生み出す利益を搾り取る刈り取り戦略をとります。

7.2 ライフサイクル成熟化への対処法

　ここまでは売上高の伸び率の変化にあわせて導入・成長・成熟・衰退のライフサイクルが存在し，それを前提にした企業の諸戦略を述べてきました。以下では少し観点を変えて，企業が主体的に売上高の伸び率を維持あるいは上昇させていくための取り組み，いわば企業版アンチ・エイジング手法を紹介します。

　古くからいわれている「**市場の成熟化**」への代表的な対処法として，次の4つがあります（Levitt, 1965）。

①既存顧客がその製品をより頻繁に多く使用するように販売促進する。
②既存顧客がその製品をさまざまな用途で使用する方法を開発する。
③その製品の市場を拡大することで新規の顧客を創出する。
④その製品のまったく新しい用途と顧客を見つけ出す。

　これらは現在の顧客をターゲットにして売上を伸ばすのか，新規の顧客を獲得して売上を伸ばすのかという顧客の新旧による分類軸と，製品の現用途での使用を増やして売上を伸ばすのか，製品の新用途を開発して新需要で売上を伸ばすのかという用途の新旧による分類軸，2軸によるマトリックスとして整理できます。これを表現した図表7.6を本書では**再成長ベクトル**と名付けることにします。

　たとえば，①**使用促進**の例としては，歯磨きは朝晩の1日2回ではなく昼食や間食も含めた毎食後に必ずしたほうが虫歯・歯周病予防に効くということを訴求して歯磨き粉や歯ブラシの使用頻度を増やすキャンペーンや，「パンテーンデイタイムリペアエッセンス」という外出先でも髪のお手入れが可能な昼用トリートメント製品を開発して朝晩以外のトリートメント使用機会を提供しているP＆Gの取り組みなどがあげられます。

図表 7.6　再成長ベクトル

顧客＼製品	現在の用途	新規の用途
現在の顧客	①使用促進	②使用拡張
新規の顧客	③顧客開拓	④市場創造

　②使用拡張の例としては，単に人の体の重さを量るだけだった体重計に体脂肪を計る体脂肪計を組み合わせることによって健康管理という新用途を切り開いたタニタや，デジカメの普及によって急激な市場縮小に直面した写真フィルム現像プリントのDPE店が，新サービスとして顧客が撮り貯めた昔のプリントやネガ・フィルムや8ミリ・テープを預かってデジタル・データに変換・整理・再生加工する取り組み（北村，2009）などがあげられます。

　③顧客開拓の例としては，醤油を日本の味から世界の味へと脱皮させたキッコーマンが行ったように，アメリカ・ヨーロッパ・中国・アフリカ・南アメリカといった海外市場に販路を拡げることで新たな顧客を獲得する地理的な顧客拡大や，少子化による菓子需要の先細りに対応してグリコが試みている，企業のオフィスに100円ワンコインで買える「置き菓子」を設置するオフィスグリコのような購入世代の拡張のための取り組みがあげられます。

　④市場創造の例としては，被災時に食べるという新用途と自治体という新規顧客を生み出した「保存缶に入った非常食用菓子」があげられ，森永製菓やロッテはキャラメルやビスケットなどカロリーが高く栄養価も高い非常食用菓子を作っています。また，任天堂のゲーム機Wiiと同機対応ゲームソフトも「健康に役立つ」や「脳が鍛えられる」などの新用途を提案し，従来はゲーム機とは縁遠かった主婦や高齢者といった新規顧客の獲得に成功した例です。このWiiが興味深いのは，かつてはゲーム機で遊ぶ子どもの大敵であった母親を敵にしない商品コンセプトを創り上げた点です（岩田，2009）。

以上 4 つの志向性（ベクトル）のいずれかをとることで，企業は「市場の成熟化」に抗って売上成長の再活性化をはかれるのです。

○ 側面マーケティング

ライフサイクルの成長期・成熟期を通じて，当該商品は市場セグメンテーション・顧客ターゲッティング・製品ポジショニングを明確化していきます。つまり，顧客ニーズを特定化し，対象顧客層を限定し，自社製品が顧客に提供する用途や機能を絞り込んでいきます。その結果，「この商品はこういうものだ」という当該商品が提供する顧客価値が明確化・固定化され，市場への商品の普及が促されて市場が成長していきます。

しかしながら，このようなセグメンテーション・ターゲッティング・ポジショニングというSTP思考は，商品の可能性を縦方向に深掘りしてとらえるという性格上，異なる多くのニーズや顧客層や用途や機会が実は背後や側面に可能性として残存していることを見失いがちになるというマイナス面もあわせもっています。

このように視野狭窄的なSTP思考によって切り捨てられたニーズや顧客層や用途や機会にもう一度光を当てて，当該商品の別の可能性――新たなライフサイクル――を探求する試みが，側面マーケティング（lateral marketing）の考え方です（図表7.7）。すなわち，当該商品のライフサイクルの成熟化とともに人びとによって固定的にとらえられるようになった市場を側面マーケティングによる横方向への移動的な視点で再考する試みは，ライフサイクルの成熟化への有力な対処法になりうるといえます。

側面マーケティング実施上の市場レベルでの枠組みとして，「ニーズ（効用）」「ターゲット」「時間」「場所」「状況」「経験」に着目することが有効であるといわれています（Kotler & de Bes, 2003）。

たとえば，甘さや爽快感などの味覚的な効用を重視するのが主流の清涼飲料市場において従来は切り捨てられていた健康重視ニーズに目を向けてビタ

図表 7.7 側面マーケティングの視点

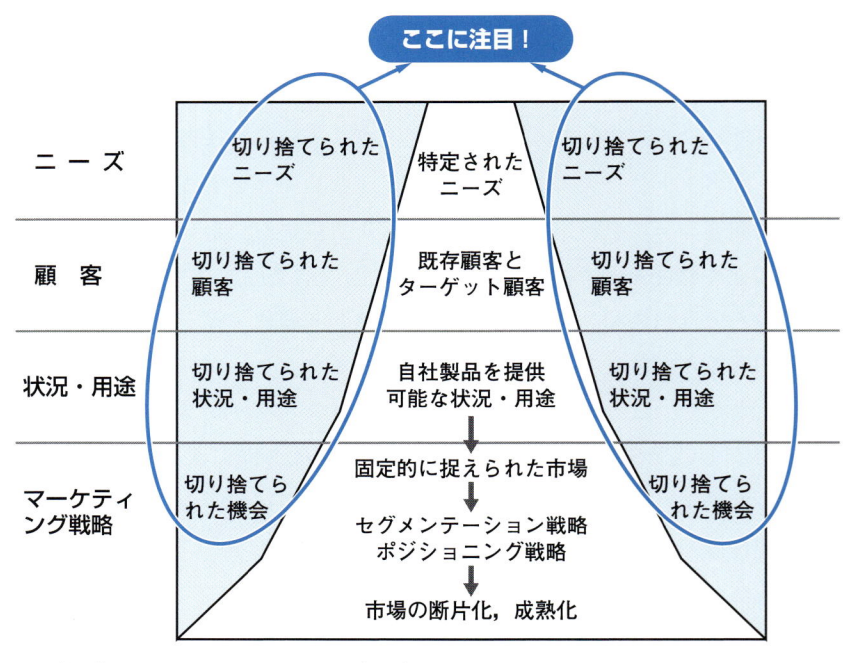

ここに注目！

	切り捨てられた ニーズ	特定された ニーズ	切り捨てられた ニーズ
ニーズ			
顧客	切り捨てられた 顧客	既存顧客と ターゲット顧客	切り捨てられた 顧客
状況・用途	切り捨てられた 状況・用途	自社製品を提供 可能な状況・用途	切り捨てられた 状況・用途
マーケティング戦略	切り捨てられた機会	固定的に捉えられた市場 ↓ セグメンテーション戦略 ポジショニング戦略 ↓ **市場の断片化，成熟化**	切り捨てられた機会

（出所）　Kotler, P., & de Bes, F. T.（2003）*Lateral marketing: New techniques for finding breakthrough ideas*. New York: John Wiley & Sons, p. 35 の Figure 2.7 を加筆修正。

ミン補給飲料を開発することや，着心地や吸汗性を主要な効用として重視する下着市場において従来は切り捨てられていたダイエット効果重視のニーズに目を向けて脂肪燃焼痩身下着を開発することなどは，新しい効用を提供する「ニーズ（**効用**）」型の側面マーケティングの例です。

　従来カミソリ市場の主要顧客は男性でしたが，そこで切り捨てられていた顧客層である女性に目を向けてムダ毛処理用の女性専用カミソリを作ることや，従来は子ども中心で大人は顧客扱いされていなかったサーカス市場にエンターテイメント性の高い大人が観ても楽しめるサーカスを導入したシル

ク・ドゥ・ソレイユなどは，対象とする顧客グループを変更した「**ターゲット**」型の側面マーケティングの例です。

　高い月会費を払ってわざわざ時間を作ってまで通う必要のあった従来型のフィットネス・クラブは多忙な人びとのニーズに見合っていませんでした。しかし，そこに目を向けて商店街や駅の地下街の一角に簡易な機械を設置して空き時間に気軽に運動できる「10分500円」のワンコイン・フィットネスのサービスを提供するビジネスの例があります。また，従来は朝晩の洗髪時に行うのが一般的だったトリートメント製品の市場において切り捨てられていた「昼の外出先でも髪のお手入れしたい」というニーズに目を向けて小型で化粧ポーチにも入る昼用トリートメントを開発した事例もあります。これらは，使用や消費の時機を変更する「**時間**」型の側面マーケティングの例といえます。

　かつて靴磨きといえば駅前の路上で行うのが一般的だったため街頭の落ち着かなさを敬遠する人たちは利用しませんでした。しかし，その不満に目を向けてBGMの流れるお洒落な店舗で贅沢な靴磨きを行う店舗型靴磨き屋があります。さらに，たいてい寒い冬に自宅にこもって1人で黙々と行うことが多い趣味の編み物や手芸は「人との交流を楽しむ」タイプの人たちには苦痛であり途中で挫折しがちである点に目を向けて，カフェでスタッフの指導を受けながらゆっくり楽しめる場所を提供するニット・カフェなどもあります。これらは使用・消費する新たな空間を設ける「**場所**」型の側面マーケティングの例といえます。

　商品が顧客によって消費される状況は，意外と固定化されています。たとえば，「お菓子は子どもが3時に食べる」という社会通念が存在しているとお菓子の消費機会は限定されてしまいます。そこで，商品の消費される状況に関する固定観念を変化させるために，バレンタインデーとチョコレート，受験と「キットカット」，大晦日と蕎麦，お正月とカレー，土用の丑の日とウナギなど，商品とイベントを関連づけて新たな消費状況を創り出すのが「**状況**」型の側面マーケティングの例です。

遊園地といえば絶叫マシンに象徴される遊具（ハード）の充実度が決め手だった従来の行楽市場では基本的に小・中学生向けが中心で，彼らに同伴した幼児や大人には楽しめる要素が少なかったものです。それに対して，東京ディズニーランドは最寄り駅のJR舞浜駅で電車を降りた瞬間から心ときめく夢の世界体験（ソフト）を来訪者全員に与えるべく空間演出に工夫を凝らしています。また，飲酒してバスなどの公共交通機関に乗るとほかの乗客に迷惑をかけてしまう恐れがありますが，「それでも車内で酒盛りをしたい」という願望をかなえるために，2階建てロンドンバスの車内をバーに改造して東京の夜景クルージング・パーティー体験を乗客（来店客？）に提供するサービスを始めたケースなどがあります。これらは新たな消費経験を顧客に提供する「経験」型の側面マーケティングの例といえます。

　以上のような側面マーケティングの枠組みを用いて既存の固定観念を破り捨てることで，従来の製品／サービスでは切り捨てられていたニーズや顧客層や用途や機会を再発見することが可能になり，企業はすでに成熟したと思い込んでいた事業を再活性化する手がかりをつかめるのです。

7.3　ライフサイクルの短縮化への対応

　経済産業省の『2007年度版ものづくり白書』に掲載されている調査結果によりますと，近年における「市場ニーズの多様化・複雑化」や「市場ニーズの変化のスピードの急速化」を主要因として，我が国の多くの産業分野において製品ライフサイクルの期間が短くなる傾向があることが確認されています。主力製品の現在のライフサイクル年数と5年前のライフサイクル年数を比較した場合，たとえば，繊維業界では76.5％，食品業界では72.6％，家電業界では59.9％にまで製品ライフサイクルの期間が短縮化していると同調査結果は示しています（経済産業省『2007年度ものづくり白書』p.55）。

実際，デジタル家電の新モデル発売サイクルは3カ月未満と短くなっています。

〈八ヶ岳マーチャンダイジング〉

　それでは，このようなライフサイクルの短縮化に対して企業はどのように対応すればよいのでしょうか？　一つの対応策としては，製品の延命策やアンチ・エイジング策を模索するのではなく，発想を切り替えて，製品の**短寿命を宿命**と受けとめ，自ら積極的に新製品の開発・市場投入を加速化させることです。女性下着メーカーのトリンプ・インターナショナル・ジャパンが行っている「八ヶ岳マーチャンダイジング」という取り組みが，その好例です（『日経ビジネス』，2006年5月29日，pp.30-33.）。同社は，毎週店舗に新製品を投入するという超短サイクルで新商品開発を行っています。図表7.8のようにショート・セラーを連続投入して製品ライフサイクル曲線の山頂を単峰で終わらせずに八ヶ岳のような連峰型にすることから名付けられました。

図表7.8　八ヶ岳マーチャンダイジング

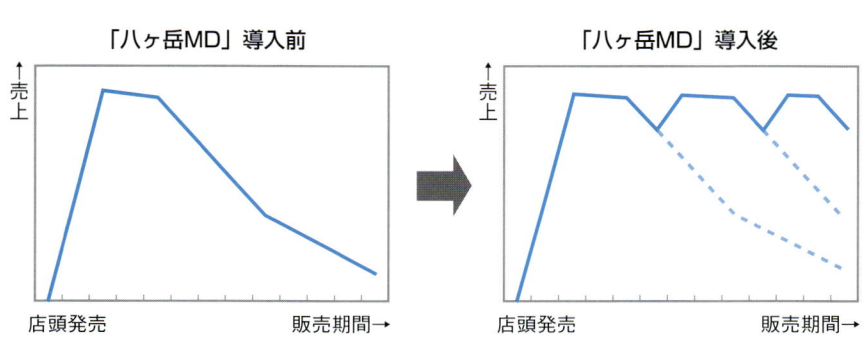

（出所）　トリンプ・インターナショナル・ジャパンのWebページより。

この取り組みによりトリンプの店頭には「いつ来ても新しい商品がある」状態が作り出され，商品の鮮度が高められました。同時に，売行きの悪い店から売行きのよい店へと在庫商品を素早く店間移動させたり，新製品の生産数量を絞り込み，生産は初回発注分のみで追加生産はしないという方針を定めました。その結果，「いま見ている商品は次回来店したときにはもうない」という来店客の飢餓感をあおる効果が得られたといいます。こうして同社は自らの手で商品を**計画的**に**陳腐化**させていく施策を打つことで，短縮化する製品ライフサイクルのもとでも売上の拡大に成功しました。

〈高初期値逓減型の売上パターン〉

ところで，製品ライフサイクルの短縮化は，本章の冒頭に示した図表 7.2 のような導入・成長・成熟・衰退の山型曲線の横幅が狭まって急峻な山型の形状になるばかりとは限りません。製品分野によっては，導入・成長期がなく，発売時が売上高の頂点であとは一気に売上が下降していくという右下がりの断崖状の曲線を描くこともあります。その一例として，図表 7.9 では 1999 年に発売された主要なゲーム・ソフトの売上パターンを示しています。

このような「高初期値逓減型の売上パターン」は，ゲーム・ソフトや音楽ソフトなどのように「即買いの意思決定」がなされる製品によく見られます。つまり，①1回の購入で終了，②シリーズものなど過去の商品と類似していて目新しさがない，③購買・使用経験がユーザーに蓄積されていてユーザーの好みが固まっている，④新製品の発売前から情報誌や事前広告などで製品情報が入手できる，⑤発売後に時間がたつと価値が減少していく（次々と新作が出る場合や最新の流行に意味がある場合）などの特徴をもつ製品は，消費者に即買いの意思決定を促すため，高初期値逓減型の売上パターンを形成しやすいのです（新宅・和田，2002）。

図表 7.2 に示した製品ライフサイクル曲線の形状は，あくまでも一般化された典型例です。それぞれの企業が取り扱う商品の特性や顧客の消費行動特性に応じて曲線の形状が変わります。したがって，業界が異なれば，企業

図表 7.9　高初期値逓減型の売上パターン

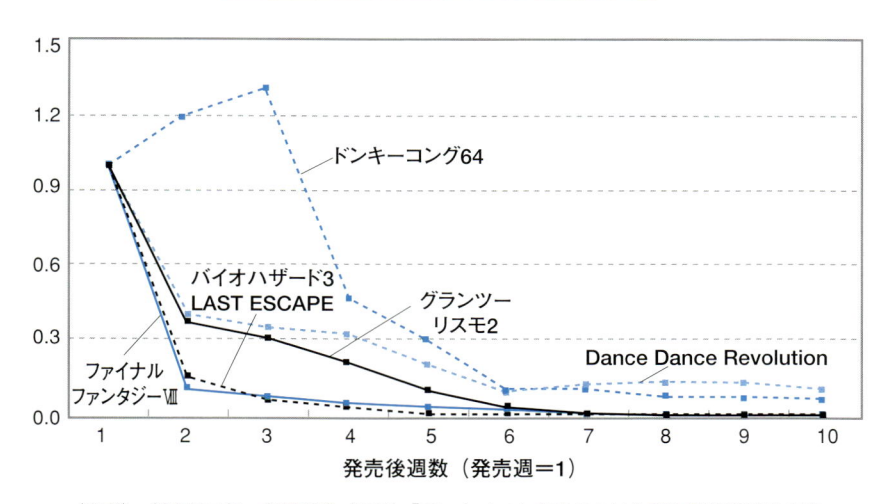

（出所）新宅純二郎・和田剛明（2002）「ゲームソフト市場における高初期値逓減型の売上パターン」メディアクリエイト総研編『2002 テレビゲーム産業白書』，p.18。
（備考）発売週の週間売上を1としたときの売上パターンを示す。

が採用すべき製品ライフサイクル戦略も異なるという点に注意が必要です。

演習問題

7.1　ケータイ電話は現代社会において，なくてはならないものになっています。ケータイ電話は製品ライフサイクルの中で，現在どの位置（導入期・成長期・成熟期・衰退期）にあるのでしょうか？　その位置だとあなたが判断した理由も含めて述べなさい。

7.2　製品ライフサイクルの議論は，ハードの製品のみならず，サービスに対しても当てはまります。たとえば，コンビニ業界のデータを収集してライフサイクル曲線を描いてみましょう。

7.3 　大幅な需要縮小に直面したと本章の冒頭で紹介したサントリー「オールド」が，2006年以降にどのような取り組みをして市場の再活性化をはかっているのか，その取り組みについて調べてみましょう。

第8章

業界標準を活用する

　デファクト・スタンダードが注目されるにつれて，規格をめぐる競争が派手に報道されるようになったが，企業にとって本当に重要なのは，規格競争の「勝ち」「負け」に目を奪われることではなく，そこで利益を上げる構造を作ることである。これは，上市前のコンソーシアムによる規格統一についても同様であり，規格統一の作業は，自分の取り分をいかに大きくするかという，水面下での熾烈な戦いなのである。……（中略）……こうした戦いは公的標準にもある。「社会全体の便益の向上」という大義名分をもって行われる公的標準化においても，その裏側には国や企業の利権・利益が絡んでいる。……（中略）……企業の悩みが，「デファクトをとること」から「デファクトで儲けること」に移行するにつれて，戦略の策定も一段と難しいものになってきた。デファクトをとるだけであれば，オープン政策を貫き，ユーザーと競合企業をうまく誘引できればそれでよい。しかし，オープン化の環境下において利益を上げる構造を考えていくには，他社や顧客から見えないような，付加価値の高い価値連鎖を作っていくことが必要である。

—— （山田英夫，1997，pp. 221-222）

○ *KEY WORDS* ○
デファクト・スタンダード，インストールド・ベース，
ネットワーク外部性，
スイッチング・コスト，オープン戦略

8.1　標準とは？

　クリームチーズ 150g，生クリーム 100g，牛乳 100g，バター 20g，グラニュー糖 80g，薄力粉 20g，コーンスターチ 15g，レモン汁 10g，卵 M サイズ 3 個……，これは直径 18cm 丸型のスフレチーズケーキをつくるためのレシピの記述です。たいていの人は何の困難も感じずに，当然のごとく上記の材料を必要量だけ計量して取りそろえられるでしょう。

　それが可能なのは，重さの単位（グラム），長さの単位（メートル），卵のサイズ（S・M・L）が標準として定まっているおかげで，私たちは文章化されたレシピの記述を読んだだけでレシピ作成者の意図した分量とまったく同量の材料をそろえて再現できるのです。これらグラム，メートルなどの度量衡は参照・定義の標準として，私たちの生活で役立っています。参照・定義の標準としては，通貨や専門職のライセンスなどもあります（図表 8.1）。

図表 8.1　標準の役割別分類

	技術設計の標準	行動能力の標準
参照・定義の標準	●通貨，度量衡 ●科学的性質 ●材料・製品の特質と寸法	●専門職のライセンス ●学位 ●法律の判例
最低限の標準	●安全基準 ●製品の品質	●法律，就職の条件 ●能力の証明
境界の互換性の標準	●境界の物理的設計 ●コード，ネジ ●信号周波数	●契約形式 ●外交手順，言語 ●商取引手続きの標準

（出所）　橋本毅彦（2002）『〈標準〉の哲学——スタンダード・テクノロジーの三〇〇年』講談社選書メチエ，p.206 より作成。

一方，標準のタイプとしては，消費者の健康や安全を守るため，あるいは生産者・取扱業者の信用や評価を維持するために設定された最低限の標準というものもあります。

　たとえば厚生労働省が定める「食品，添加物等の規格基準」によって添加物を使用できる食品・使用量の最大限度・使用制限が示されています。それにより食品による健康被害の抑止がはかられています。また，フランスのワインやチーズには生産地域や製造方法などを厳格に規定するAOC（Appellation d'Origine Contrôlée：原産地統制呼称）という品質基準・認証制度があり，粗悪品の流通を防止して製品品質とその信用・評判の維持に貢献しています。さらに自動車の燃費を測定するための試験方法（JC08モード）が国土交通省によって定められています。自動車の燃費の善し悪しは，ディーラーの店頭で消費者が一度試乗しただけでは判断できません。そこで一定の標準的な試験方法に則って測定された燃費数値を仕様としてカタログなどに掲載することで，消費者がさまざまな車種を燃費の観点から比較検討できるようになっています。これは標準を利用した「能力の証明」の例です。

　それから，境界（インターフェイス）の互換性の標準があります。たとえば，ケータイ電話の充電アダプターをもち歩いている人を時々見かけます。ケータイの電池がなくなると，行く先々で電源にコードを差し入れて充電する人です。その行為の善し悪しは別として，これが可能なのは一般の家庭用電源の電圧やプラグ形状といったインターフェイスが標準化されているおかげです。しかしケータイの機種が異なると充電アダプターも異なるため，つまり充電器は標準化されていないため，上記のような人は充電アダプターを必ずもち歩く必要があるのです。モノとモノとの接点，人と人とのコミュニケーションがあるところでは，境界の互換性が重要になります。ボルトとナット，ネジとネジ穴，単3や単4など乾電池のサイズ，電球や蛍光灯と照明器具など物理的な製品設計において境界の互換性の標準化がなされているおかげで，私たちは故障部品や消耗品の交換が容易にできます。また，ビジネスを行ううえでの標準的な契約形式や共通言語が確保されていれば，グロー

8.1 標準とは？

バルに事業活動が展開できます。それに対して，国ごとに商取引慣行が異なって手続き的な互換性がないと国別の対応が必要なためビジネスも効率的に行えません。

8.2　業界標準

　以上では標準の一般的な意義について説明してきましたが，以下では企業が標準をどのようにして事業戦略の中で活用するのかについて見ていきたいと思います。その際，議論の中心になるのが先の分類で示した境界の互換性の標準です。特定の業界内で確立された「支配的な境界の互換性の標準」が業界標準です。

　なお，日本語では文書化された標準を指して「規格」という言葉が用いられることがありますが，「規格」と「標準」いずれも英語では Standard ですから，どちらも同じ意味で理解して差し支えありません（新宅・江藤，2008）。

○　決まり方による業界標準の分類

　政府や国際的な標準化機関（たとえばISO：国際標準化機構やIEC：国際電気標準会議など）が承認した公的な標準のことをデジュール・スタンダード（de jure standard）といいます（"de jure"の英語読みはディジュリですが，邦文の専門書では"デジュール"が定着しているため，本書でもその表記に従います）。

　たとえばJIS（日本工業規格）やJAS（日本農林規格）は，日本国内における代表的な国家標準でデジュール・スタンダードです。デジュール・スタンダードの中には，法律で強制的に定められているものもあれば，機関によ

図表 8.2　標準の決まり方による分類

			正の効果	負の効果
公開標準	デジュール	強制標準 / 強制法規	市場強制力がある 寿命が長い	当該国内市場限定 企業関与困難
	デジュール／デファクト	合意標準 / 国際機関標準	市場影響大 信頼性高い	合意形成困難 改正困難
		国内標準	信頼性高い 地域特性可能	合意形成困難 改正困難
	デファクト	フォーラム標準 業界標準	短期間でハイレベルな標準 知財組み込みが容易	規格乱立の可能性 信頼性保証なし
非公開標準		単独標準 / 企業内標準	技術的自由度高い 技術秘匿性高い	市場拡大機能弱い 信頼性保証なし
		合意標準 / コンソーシアム標準	短期間でハイレベルな標準 技術秘匿性高い	市場拡大機能なし

（出所）　新宅純二郎・江藤学編著（2008）『コンセンサス標準戦略——事業活用のすべて』日本経済新聞出版社, p.7。

る認証を受けただけで強制力を伴わないものもあります。あくまでも制定の主体が公的機関であるという点での分類です。それゆえ，信頼性が高く寿命も比較的長いという特徴がある一方で，標準策定に至るまでの当事者間での合意形成に時間がかかったり，一度制定されると改正が困難であるという負の側面もあります。

　一方，市場での企業間競争の結果として，他規格を圧倒する高い市場占有率を獲得して，誰から認証を受けたわけでもなく，事実上の業界標準となっている標準のことを**デファクト・スタンダード**（de facto standard）といいます。たとえば古い例から紹介しますと，英文タイプライターのキー配列QWERTY（クワティ：これは現在のパソコン・キーボード配列にも見られ

ます），ビデオ・テープの VHS，パソコン用 OS の Windows，大容量の記録媒体であるブルーレイ（Blu-ray）などが代表例としてあげられ，いずれの規格も市場競争を制した結果として事実上の業界標準，デファクト・スタンダードの地位を獲得しました。デファクト・スタンダードの特徴としては，技術力の高い企業は自社の知的財産を標準に組み込むことで技術的自由度や特許料収入を獲得できる利点がある一方で，公的な認証がないために信頼性の保証がないことや，業界内で複数の異なる規格が乱立した場合には消費者の混乱や買い控えを招いて当該製品の市場拡大が遅れる可能性があるなど負の側面もあります。

　近年，技術進歩の早い分野における標準作りでは，合意形成に時間のかかる標準化機関によるデジュール・スタンダードの策定を待っていては時代遅れになる恐れがあるため，デファクト・スタンダードによる標準化が優先されています（高松，2000）。他社に先駆けて実物の製品を市場投入して，先行的に実績を積み重ねながらデファクト・スタンダードの地位を獲得していくやり方です。

　しかし実際には，技術の高度化・複雑化に伴って一企業単独で完成品を開発して市場拡大を推進することが困難な場合もあります。その際は，複数の関連企業が集まってフォーラムやコンソーシアムを結成するコンセンサス標準（合意標準）という形態がとられます。フォーラムとは合意に至った標準を一般に公開する形態で，コンソーシアムとは標準化作業に参加したメンバー以外には標準を非公開とする形態です。規格間の競争プロセスを伴うデファクト・スタンダードや合意形成に時間を要するデジュール・スタンダードとは異なり，これらコンセンサス標準には短期間でハイレベルな標準作りが可能になるという利点があります（新宅・江藤，2008）。

○ デファクト・スタンダードの成立要件

　デファクト・スタンダードは市場での競争を勝ち抜いた結果として業界標

準の地位を獲得した標準です。以下では，企業が自社の提唱する標準をデファクト・スタンダードにするために理解すべき点を整理します。

〈インストール・ベース〉

人びとの間でやりとりするサービス（たとえば通信技術）や個人間を流通させて使用するタイプの製品（たとえば文書作成ソフト）では，より多くの人が採択した規格（境界の互換性の標準）がより魅力的になるため，ある規格が一旦優勢になると，ほかの規格は新たなユーザーを獲得することが困難になるという現象が発生します。つまり，「製品・サービスの総ユーザー数」を意味するインストール・ベース（installed base）の多寡が，業界標準になる規格を決定づけます。業界内で最も多いインストール・ベースを獲得した特定の規格が，市場を独占できる可能性をもつのです。

一般的にインストール・ベースが決定的に影響力をもつようになるユーザー数であるクリティカル・マス（critical mass）は，国内世帯普及率で2〜3％であるといわれています（高松，2000）。これは図表8.3に示される

図表8.3　普及曲線とクリティカル・マス

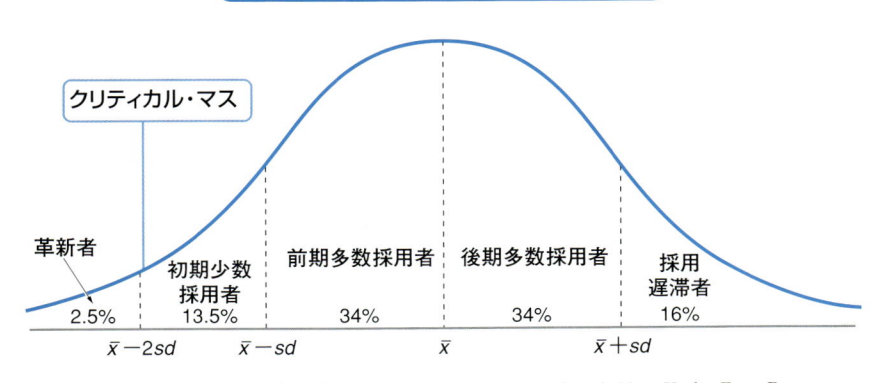

クリティカル・マス

革新者	初期少数採用者	前期多数採用者	後期多数採用者	採用遅滞者
2.5%	13.5%	34%	34%	16%
$\bar{x}-2sd$	$\bar{x}-sd$	$\bar{x}$	$\bar{x}+sd$	

（出所）Rogers, E. M.（1995）*Diffusion of innovation*. 4th. ed. New York: Free Press, p.262 の Figure 7-2 に加筆。

ような新製品導入後の時期別採用者数の推移を表す普及曲線（diffusion curve）でいうところの初期少数採用者が当該製品のユーザーになる時期と重なっています。つまり，マニアックで新しい物好きの革新者だけが使用する製品という位置づけをいち早く脱して，一般的な顧客層にいち早く到達できた規格が業界標準として普及する可能性を獲得できます。

〈ネットワーク外部性〉

境界の互換性の標準は，必然的に要素間をつなぐネットワークを背後に形成しています。それゆえ，より多くの人が採択した標準がより魅力的になるというネットワーク外部性（network externality）の効果が，業界標準の形成プロセスにおいて作用します。厳密にいうと，ネットワーク外部性には直接的効果と間接的効果の2種類が存在します（Katz & Shapiro, 1985）。

ネットワーク外部性の直接的効果とは，ネットワークの規模であるインストールド・ベースの大きさが当該ネットワークに加入しているユーザーの便益を直接的に増大させるという効果です。

たとえば，高校生と小学生の年の離れた兄弟それぞれに親がケータイを買い与える状況を想定してください。高校生の兄はケータイを手にすることで，同様にケータイをもつ多くの友達と活発にコミュニケーションをとれるため大きな便益を得られます。それに対して，小学生の弟は周囲にケータイをもつ友達がほとんどいないため無用の長物と化す可能性が高いでしょう。さらに弟は親からケータイで監理される場面が増えるためマイナスの効用さえ発生するでしょう。むしろ弟は周囲の多くの友達がもっているのと同じ携帯型ゲーム機を買ってもらい，みんなと通信対戦型ゲームで遊べるほうがより高い便益を得られるので喜ぶかもしれません。このようにユーザーがその標準を使用する際の便益の高低は，同じ標準を採用しているユーザー数がどのくらいいるのかというネットワーク規模の大小によって大きく左右されます。

一方，**ネットワーク外部性の間接的効果**とは，製品/サービスとともに使用される補完財の種類や数が豊富であったり魅力的である場合にユーザーの

得られる便益がより増大するという効果です。典型的な例は，パソコンとアプリケーション・ソフト，ゲーム機とゲーム・ソフトのようなハード製品とソフト製品の組合せによく見られます。パソコンやゲーム機はソフトがなければ役立たずのがらくたです。ソフトもそれを実行できるハードがなければ無価値なデジタル・データです。これらは互いに相手の機能を補完的に高めあう補完財の関係にあります。このとき特定のハードを利用するユーザーの便益は，そのハード上で実行可能なソフトの種類や数が豊富であればあるほど，多様な利用価値が生まれて高まります。

　1つのゲームしか遊べないゲーム機よりも何十種類ものゲームで遊べるゲーム機のほうが魅力的ですから，新たにゲーム機を購入する顧客は後者のゲーム機を選びます。その結果，ソフト・タイトル数が豊富なゲーム機のインストールド・ベースがさらに増加します。また，ソフト製作会社側も当然ながら，自社商品を数多く販売したいので潜在顧客の多いインストールド・ベースが大きいゲーム機向けの新作ソフトを次々に開発するようになります。こうしてソフト増加→ハード増加→ソフト増加→ハード増加……という互いに相手の価値を高めあう好循環が形成されます。これがネットワーク外部性の間接的効果の威力です。

　以上のようなネットワーク外部性の効果を実証している例が図表8.4です。これは1990年代後半に家庭用ゲーム機業界で一人勝ちしてデファクト・スタンダードとなったゲーム機のプレイステーションとそれに敗れてしまったセガサターンのハード売上台数と発売ソフト・タイトル数の累積数の推移です。図中の矢印で示された1996年6月頃，ハードとソフト両方においてプレイステーションがセガサターンを少しだけ上回るようになり，以降はその差が一気に拡がっていった様子が確認できます。その背後で作用していたのが，ネットワーク外部性による「ロックイン効果」だと考えられます。

〈スイッチング・コスト〉

　一時的にある標準がユーザーによって採用されたとしても，それが短期間

図表 8.4　ネットワーク外部性の実例：家庭用ゲーム機業界

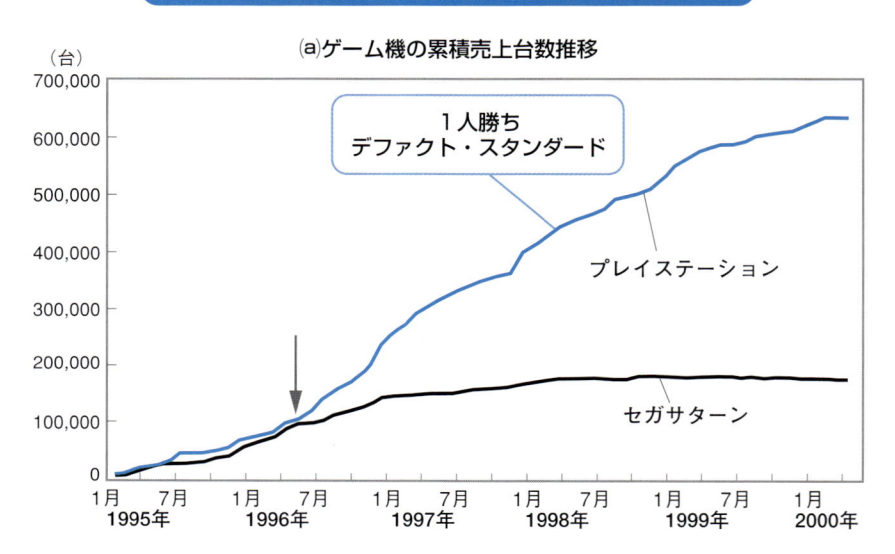

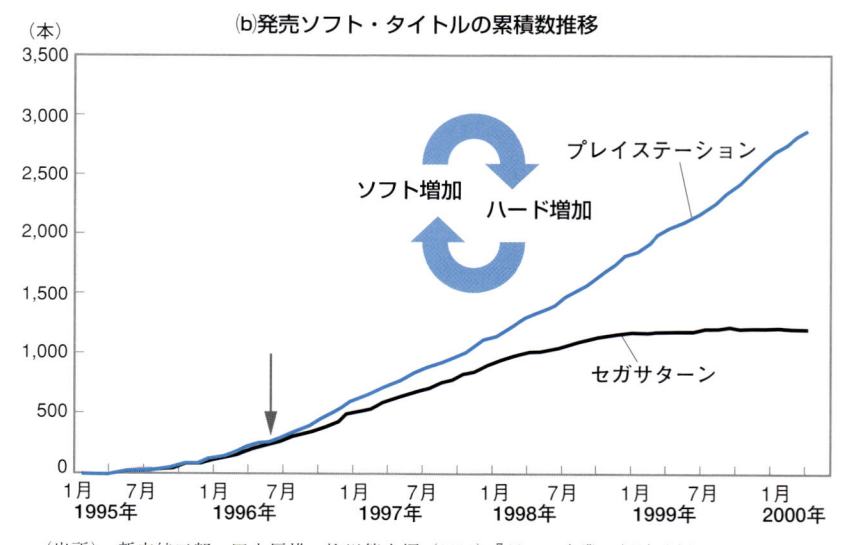

(a) ゲーム機の累積売上台数推移

1人勝ち
デファクト・スタンダード

プレイステーション

セガサターン

(b) 発売ソフト・タイトルの累積数推移

ソフト増加　ハード増加

プレイステーション

セガサターン

（出所）　新宅純二郎・田中辰雄・柳川範之編（2003）『ゲーム産業の経済分析――コンテンツ産業発展の構造と戦略』東洋経済新報社，p.51 図 2-2(b) および p.52 図 2-3(b) に加筆。

8　業界標準を活用する

のうちに別の標準の採用へと簡単に乗り替えられてしまうようでは，デファクト・スタンダードの地位を維持できません。そのようなときに重要になるのが，スイッチング・コスト（switching cost：乗り換えコスト）です。

スイッチング・コストとは，ユーザーがほかの標準に切り替えるときに発生する有形・無形のコストのことです。代表例として，(1)**金銭的コスト**：ハードの買い直しやキャンセル料の発生など，(2)**手間**：手続きや使用方法の習得し直しなど，(3)**心理的なコスト**：人間関係やイメージ的な好き嫌いなど，(4)**情報収集のコスト**：情報収集に費やす時間など，(5)**リスク**：乗換先の商品が必ずしも気に入るとは限らないなど，の5つがあげられます（清水，2007）。

先にデファクト・スタンダードの例としてブルーレイディスク（BD）をあげましたが，その対抗規格で敗れ去ったHD DVDのデッキやソフトを早々と購入してしまったユーザーは，将来的にBDに乗り換える際にはスイッチング・コストとしての金銭的コストを負担する必要があります。また，英語入力キーボードのデファクト・スタンダードであるQWERTY配列に慣れ親しんだ人が，フランス語を入力する必要に迫られた場合，フランス語標準キーボード配列のAZERTY配列の利用に習熟する手間というスイッチング・コストを伴います。しかし，カナダ式のフランス語キーボード配列はQWERTY配列に準拠しているので，上記のような人が乗り換える際のスイッチング・コストを下げられます。これらはほんの一例ですが，さまざまなスイッチング・コストが存在します。

企業としては，スイッチング・コストの構造を意識的に操作することでデファクト・スタンダードの獲得および維持をはかる必要があります。

〈オープン対クローズド〉

企業が自社規格のデファクト・スタンダード化をねらう場合，他企業に自社規格の技術情報を無償で公開して同じ規格にもとづいた製品の製造・販売を積極的に推進してもらうことを促す，オープン戦略という考え方がありま

す。これは開発時の技術情報は無償提供したとしても，製品の製造・販売時には一定の特許使用料を請求できる仕組みであるため，規格開発企業にとっては市場拡大とともに定常的な収入増が見込める利点があります（高松，2000）。

かつてのビデオ・テープでデファクト・スタンダードとなったVHS規格は，開発企業の日本ビクターが松下（現パナソニック）・日立・三菱・シャープなどの大手家電メーカーにVHS規格製品の製造・販売を精力的に働きかける仲間作りを行い，オープン戦略で成功した有名な事例です（佐藤，1999）。

実際，オープン戦略をとることで同じ規格を採用する仲間の企業が増えれば，製品の生産量・販売量も増加するため，使用する原材料レベルでの**規模の経済**や**学習曲線効果**が生起して製造コストおよび販売価格の低下を実現できます。またマーケティング分野での製品の露出機会も増加して製品に対する消費者の認知度の向上が促されるため，市場拡大の速度を加速できます。この点は，規格のオープン化の度合いと市場拡大速度に関する製品比較を行った図表8.5の結果に端的に表れています。

ただし，オープン戦略にもいくつかの欠点があります。第1に規格をオープンにした結果として同種の製品を作る他企業と市場需要を分けあうことになるため，規格の提唱企業は独占的な収益の獲得をあきらめなくてはなりません。第2にオープン規格による同一技術を各社が利用するため，規格の提唱企業であったとしても技術面での差別化による競争優位の確保が難しくなります。第3に近年著しい技術の高度化・複雑化の下では複数の企業が技術を出しあって共同で規格を定めていく必要性が高まっているため，オープン戦略で市場拡大を促進しても一企業の懐に入る特許使用料が希薄化してしまい大きな収益性が見込めません。その一方で，技術情報の開示による自社のコア技術やノウハウの社外への漏洩というリスクも存在します。

以上のようなオープン戦略の問題点を勘案して，あえてオープン化による市場拡大速度は追わずに，一社単独で自社規格の業界標準化をめざす**クロー**

図表 8.5　オープン化の度合いと市場拡大速度

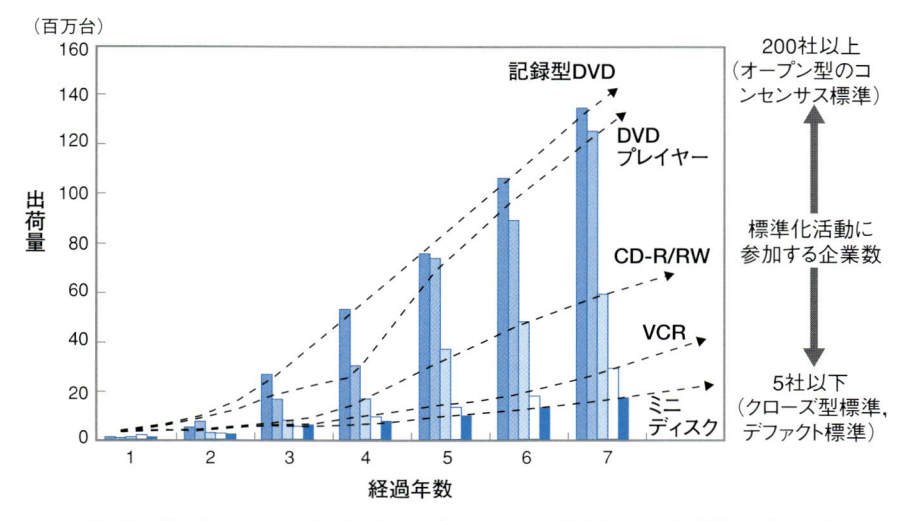

(百万台)

縦軸:出荷量　横軸:経過年数

グラフのラベル:記録型DVD、DVDプレイヤー、CD-R/RW、VCR、ミニディスク

右側の注釈:
- 200社以上（オープン型のコンセンサス標準）
- 標準化活動に参加する企業数
- 5社以下（クローズ型標準，デファクト標準）

(出所) 新宅純二郎・江藤学編著 (2008)『コンセンサス標準戦略——事業活用のすべて』日本経済新聞出版社，p.131。

(注) 100万台が出荷された年を1年目とする。各規格で1年目としたのは，記録型DVD：2001年，DVDプレイヤー：1998年，CD-R/RW：1996年，VCR：1978年，ミニディスク：1995年。

ズド戦略をとるという考え方も事業戦略上はありえます。自社規格の業界標準化をめざす企業は，オープン戦略とクローズド戦略のどちらを採用すべきなのかという選択に際して，図表 8.6 を参照しながら以下の3つの事柄について整理検討する余地があります（淺羽，2000）。

① 他社に対する自社の相対的能力

ライバルが追いつけないほどの技術的優位性を自社がもつ場合。一社単独でも市場拡大の分岐点となるクリティカル・マスを超えられるほどの強力な販売力やブランド力を自社がもつ場合。他社と比較して自社がこれらの能力をもちあわせているならばクローズド戦略を採用し，もちあわせなければオ

図表 8.6　オープン戦略−クローズド戦略の選択

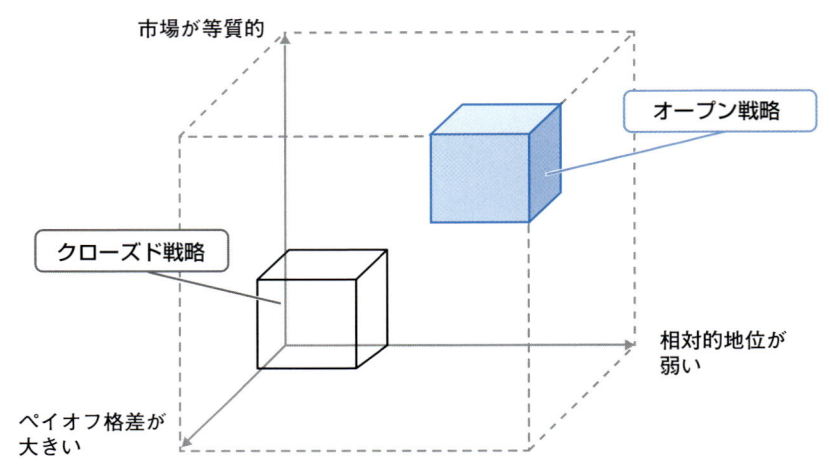

- 市場が等質的
- オープン戦略
- クローズド戦略
- 相対的地位が弱い
- ペイオフ格差が大きい

（出所）　淺羽茂（2004）『経営戦略の経済学』日本評論社，p.195 の図表 12-3 に加筆。

ープン戦略を採用するほうが賢明です。

②　市場の消費特性

消費者の好みが分散していて異質な場合。競合製品それぞれが別の消費者の嗜好を満たせば，複数の規格製品が市場セグメント別に併存していくことが可能になります。この場合には，あえて市場全体をカバーする統一的な規格を作り上げる必要度が低いため，個別企業はクローズド戦略を採用します。それに対して，市場内の消費者の好みが均一な場合には，早期の業界標準の確立に向けてオープン戦略の採用が試みられます。

③　市場の競争特性

クローズド戦略を採用して各社が業界標準化をめざして激しく争った先の勝負結果において大きなペイオフ格差（勝てば莫大な利益を得られるが負けると甚大な損失を被る）が予想される場合。また規格間で競争を続けること

で消費者側の買い控えが発生して市場の立ち上がりが遅れるなどにより業界全体の利益を減少させることが明らかな場合。このようなときにはオープン戦略を活用して規格採用企業の仲間作りを行うことで競争がもたらす弊害を取り除き，市場拡大の加速化をはかることが好ましいといえます。

8.3　業界標準と企業の投資回収

　パソコン用 OS の Windows シリーズでデファクト・スタンダードを獲得して一社単独で大きな利益を獲得したマイクロソフトの事例に見られるように，かつては業界標準の獲得そのものが企業の利益獲得に直結していると考えられがちでした。しかし現実にはマイクロソフトのような例は例外的です。企業はデファクト・スタンダードを獲得しても利益獲得につながらず，事業としての投資回収が困難となる場合が多々あります。その主な原因として以下の4つがあげられます（山田，2007）。

　①規格の短命化：技術革新のスピードが速まった結果，一旦は業界標準を獲得したとしても，その規格に取って代わる新たな規格がすぐに登場する「規格の短命化」が進んでいるため，業界標準を獲得した企業は自社製品を高価格に設定しながら悠長に市場を拡げていくことが困難になりつつあります。つまり，低価格化によって一気に市場拡大をはかる必要に迫られているのです。

　②成熟期の消滅：とくに技術革新の速い分野においては製品ライフサイクルの成熟期に市場が急速に縮小してしまうことがあります。次世代規格の登場と，それによる旧世代規格の代替が同時に進行するためです。その結果，本来ならば投資回収が期待できる成熟期において，旧世代規格の製品は着実な投資回収をしにくくなるという状況が生まれます。

　③共同開発：技術の高度化・複雑化が進んだ現代においては，一社単独で

は標準技術を開発できないため，複数の企業による連携や共同開発が一般化しています。その結果，自社が関与する技術がめでたく業界標準になって市場が拡大したとしても，そこからは独占的な特許料収入が得られません。

④**オープン化**：情報化社会の進展とともに豊富な情報をもつ賢いユーザーが増加しており，特定の企業による「囲い込み」が忌避される傾向が強まっています。複数メーカーの各種製品を自由に組み合わせて使用したいというユーザーの増加により，オープン規格への支持が集まっています。オープン規格は製品技術面での差別化がしにくいため，製品の高付加価値化が望めません。

以上4つの理由から，業界標準の獲得それ自体が必ずしも企業にとって利益獲得につながらないのです。

○ 業界標準獲得後の投資回収方法

しかし，企業がどのような**ビジネスモデル**（収益を上げる仕組み）を採用するのかを明確に意識したうえで業界標準の獲得をめざすのであれば，利益の獲得も可能になります。たとえば，以下の5点があげられます（山田，2007）。

第1の方法は，製品を販売した時点で確実に利益を上げるというものです。技術革新の早期化と規格の短命化によって，時間をかけた投資回収が困難な状況下においては，次から次へと新製品を高スピードで開発し続ける並行開発体制の組織化と同時に，現行規格製品の販売で確実に利益を出せるような厳格なコスト管理が重要になります。**スピードの価値**による差別化と**規模の経済**にもとづく低コスト化の組合せが，そこでの主要課題となります。

第2の方法は，補完財を同時に販売して利益を上げるというものです。一般的にハードよりもソフトのほうが高利益率だといわれています。ハード製品あるいはOSのような基盤ソフトで業界標準を獲得しただけで満足するのではなく，それらハードとともに使用されるアプリケーション・ソフトなど

の補完財も同時に販売して儲ける仕組みを構築するのが，ここでの課題です。

　第3の方法は，本体で後から利益を上げるというものです。たとえばソフトの分野で見られるように，初期バージョンを無償配布してユーザーに使い慣れてもらい，一定の時間をかけてユーザーのスイッチング・コストを高めた後に，全機能を搭載した最新バージョンを定価販売するというやり方です。ユーザー数の増加によるネットワーク外部性の直接的効果の獲得とユーザーのスイッチング・コストの固定化をいかに行うのかが，ここでの課題です。

　第4の方法は，消耗品やアフター・サービスで後から利益を上げるというものです。たとえば，カミソリの柄を安価に提供しながら替え刃の需要で高収入を得たり，プリンタ本体を廉価で販売しながらインク・カートリッジを高めの価格で販売するなどのやり方です。製品本体を低価格で顧客に提供して普及させることによるインストールド・ベースの拡大と，消耗品やメンテナンスなどで後から利益を上げる仕組みを構築するのが，ここでの課題です。

　第5の方法は，ユーザーから見えない部分で利益を確保するというものです。これは一般ユーザーが購入する完成品レベルでの業界標準の獲得には自ら乗り出さないという考え方です。完成品を生産するために必要不可欠な素材・部品・製造設備・機械・知的財産権などを完成品メーカーに供給するサプライヤーの立場に自社がなることで稼ぐというやり方です。完成品メーカー同士の業界標準化競争を一歩下がった場所から眺めて，結果がどちらに転んでも自社が有力サプライヤーになれる立ち位置を確保するのが課題です。

◯ 戦略的な標準化による価値獲得

　そもそも標準化を行うということは，技術的な均一化を推し進めることなので製品の差別化を行いにくい状況を生み出します。とくにオープン化と標準化が組み合わさった場合には，複数の企業がともに同じ製品を造りながら市場拡大を行っていくことになるので，差別化よりも低コスト化による競争に焦点が当てられることになり，結果的に企業の収益性を低くしがちになり

ます。しかし，標準化を戦略的に活用することで，市場拡大のメリットと自社の得意技術が生み出す差別化の優位性を同時に獲得できる可能性があります。その好例としてインテルのCPU（パソコンの中央演算処理装置）事業があげられます（立本，2007）。

　インテルはCPUの中核技術に関する部分は非公開を徹底して独自仕様とすることで自社CPUの差別的な優位性の獲得をはかる一方で，パソコン・システムの中でCPUを取り巻く他部品とのインターフェイスの標準化を積極的に推進してきました。システムバスのPCI規格，マザーボード形状のATX規格，周辺機器バスのUSB規格をはじめ，メモリやHDDやグラフィックバスなど多様な周辺部品とCPUのインターフェイスの標準化を推進しました。その結果インテルは，①パソコンを構成する他部品と切り離してCPUの技術的な世代交代を自社ペースで自由に進められる一般的なパソコン設計構造を手に入れ，②USB規格などの高いCPU性能を絶対的に必要とする新機能の採用と普及によってユーザーがより高い性能の新型CPUを需要する下地づくりに成功し，③台湾メーカーと協力してATX規格のマザーボードの大量生産・大量供給を実行したことで完成品パソコンのコモディティー化を実現できました。つまりインテルは「戦略的な標準化活動」を通じて，低価格かつ高性能な完成品パソコンが世の中へ普及するための環境条件を自ら創り出すことで，自社のCPU事業の成長と高収益化を達成したのです。

　一方で，企業の競争優位獲得をめざした「戦略的な標準化」の対象は，製品技術だけとは限りません。製品を評価する試験方法に関する規格の標準化も考えられます。たとえば，日本の鉄鋼メーカーは日本鉄鋼連盟の標準化センターという機関を通じて，日本の鉄鋼製品の品質的な優位性を明示化できるような製品試験方法の国際標準化活動に積極的です（富田ほか，2007）。このように自社製品の性能をより有利に評価できる試験方法が業界標準になれば，製品レベルでの差別化を側面支援できるというメリットがあります。

○ 業界標準化競争に敗れそうな場合の対処方法

　本章の最後に，運悪くして自社技術が業界標準化競争に敗れ去りそうな場合の対処方法について述べます。時は19世紀末，アメリカでは「電流の争い」と呼ばれる業界標準化競争が起きていました。発明王エジソンが開発したDC（直流）電力供給システムとウェスチングハウスのAC（交流）電力供給システムの争いです。結果は，広範な地域に効率的な電力供給を可能にする優れた技術特性をもつACシステムの電力ネットワークが業界標準の地位を勝ち取りました（宮崎，2002）。この事例において注目すべき点は，業界標準化競争の比較的早い時点においてDCシステムを推進するエジソン自身も純粋な技術者の視点から見て対抗馬のACシステムがもつ技術的な利点を認めていたにもかかわらず，彼がACシステムの普及を妨げる抵抗活動を繰り広げたことです。エジソンは特許侵害訴訟の提起のみならず，AC電流を使って犬を感電死させる奇妙な実験を披露してその危険性を訴えたり，ACを利用した電気椅子を開発して罪人の死刑執行に使用してもらうなど，ACシステムに対する徹底的なネガティブ・キャンペーンを行いました。こうして，業界標準化競争の期間をエジソンは故意に長引かせました。その理由は，彼がこれまでDC技術の開発と普及のために費やした多大な投資を現金化して回収するための時間稼ぎにありました。彼には，その回収資金を別の新しい実験や事業の立ち上げに振り向けたいという動機があったのです（David, 1992）。

　この事例が示すように，自社技術が業界標準化競争に敗れそうな場合には，既存の投資分を回収するための収穫戦略を準備する必要があります。

演習問題

8.1　あなたの身の回りにある「境界の互換性の標準」の例を探しなさい。

8.2　今契約中のケータイ電話の通信会社を別の会社に切り替えようとした場合

に，あなたが負担しなくてはならないスイッチング・コストとしてどのようなものがあるか考えなさい。

8.3　企業はデファクト・スタンダードを獲得するためにクローズド戦略を採用するのか，それともオープン戦略を採用するのかを決定しなければならない。しかし，もし複数の企業が同時にクローズド戦略を採用した場合，どのようなことが起こるのだろうか？　考えられる可能性を記述しなさい。

第9章

「出会い」の場を提供する

　今日，フォーブズ誌の世界富豪リストを眺めてみれば，カタリストを開発・運営することで一財産を築き上げた多くの人たちを見いだせるでしょう。eBayの創案者であるピエール・オミダイア（Pierre Omidyar）やGoogle創設者のラリー・ペイジ（Larry Page）とセルゲイ・ブリン（Sergey Brin）らのような人たちは，インターネット革命の力を価値あるカタリストの創造へとつなげることによって富有になりました。しかし，オールド・エコノミー（旧来型の産業）の中にもしっかりと根付いたカタリストが数多くあります。買い物客と商店主という2つの顧客グループを出会わせるカタリストであるショッピング・モール，これによって財産を築いたのがアルフレッド・ターブマン（Alfred Taubman）です。他にも，シルビオ・ベルルスコーニ（Silvio Berlusconi），ルパート・マードック（Rupert Murdoch），そしてケネス・トムソン（Kenneth Thomson）のような人たちは，広告収入に支えられたテレビと新聞によって富を築きました。それらは面白いコンテンツを提供することによって一群の顧客（読者/視聴者）を惹きつける傍らで，彼らの「目玉」を他の一群の顧客（広告主）に販売するというカタリストなのです。……（中略）……カタリストとは，(a)何らかのかたちで相手を必要としながらも，(b)お互いに自分自身では相手を引き寄せ合って価値を獲得できず，(c)相互間の価値創造反応を促進させるためには仲介役に頼らざるをえないような，(d)2つ以上の顧客グループ，を相手に取引している事業体のことです。
　──（David S. Evans & Richard Schmalensee, 2007, pp. 3-4）

○ *KEY WORDS* ○
プラットフォーム型ビジネスモデル，カタリスト，
サイド内ネットワーク効果，サイド間ネットワーク効果，
市場の二面性

9.1　プラットフォーム型ビジネスモデル

　本章では，人びとに「出会い」の場を提供することで価値を創出するビジネスの形態として，プラットフォーム型ビジネスモデルを紹介していきます。

　飲食店などが使用する業務用食材をインターネット上で取引する卸市場サイトの国内最大手であるMマートが，プラットフォーム型ビジネスモデルの特徴を最もよく現している典型例です。

　飲食店などの食材を購入する側の企業は，登録料・手数料など不要で「買いたいとき」に無料でMマートのサイトを利用できます。一方の食材販売

図表9.1　Mマート：業務用食材卸市場サイト

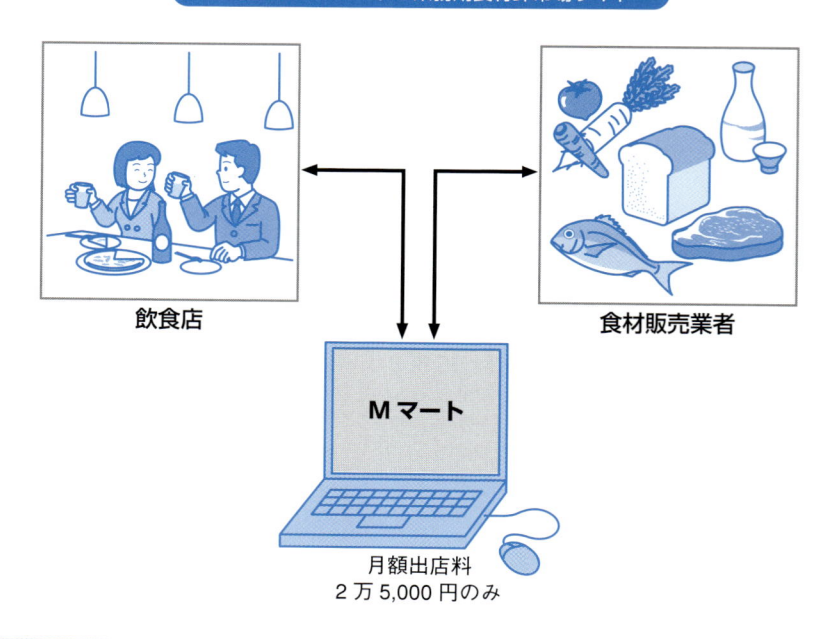

飲食店　　　　　食材販売業者

Mマート

月額出店料
2万5,000円のみ

業者は，月額2万5,000円の出店料を支払うだけでMマートを利用して商売ができるという仕組みです。Mマートは2000年に起業して以来，順調に規模を拡大してきており，同社のWebページによると2008年時点でのMマートにおける買い手企業数は5万5,176社，1カ月のMマート内の平均取引高は2002年比で45倍以上に急拡大しています。このように急成長を遂げたMマートを飲食店と食材販売業者の両者が利用する魅力として以下の点があげられます。

まず買い手としての飲食店がMマートを利用するメリットとしては，①必要な食材を必要な量だけ安く仕入れられる，②買いたい商品（売り手）を全国規模で簡単に見つけられる，③サイト内での情報交換がメニュー開発に役立つ，④価格・品質・納期を売り手に直接照会できる（サイトを介さない直注文もMマートは認めている），⑤入会金や取扱手数料は一切不要である点があげられます。同社を起業した村上孝嶺は，飲食店経営で長年の経験があり，仕入れ業務に関わる問題点や煩わしさを熟知していたため，買い手企業の便宜を優先する卸市場サイト作りを行っています（『日経ビジネス』，2009年3月16日，p.150）。

次に売り手である食材販売業者がMマートを利用するメリットとしては，①商品を欲しがっている買い手を全国から見つけられ，売れ筋の把握もできる，②ほとんどの商品の送料は顧客がもつ，③原則として代引き現金決済なので即入金で取りはぐれがない，④市場での流通価格を実験的に調査できる（いくらで売れるか価格変更が容易），⑤顧客の生の声をフィードバックしてもらえ，商品製作に活かせる，⑥新規顧客の開拓営業やお得様になった客との直接取引が認められている点があげられます。また，同社が出店企業を募る際の殺し文句「広告作成や営業マン採用が25,000円でできますか？」に示されているように，人件費や広告費，配送費などのコスト削減をしながら販路を拡大できる可能性が，売り手企業を惹きつけるMマートの魅力です。

この事例が示すように，従来はバラバラで互いに出会うこともなく，結果的に取引が生まれなかった者どうしを互いに結びつける「出会い」の場を構

築して，潜在的な取引機会を顕在化することで社会的かつ経済的な価値を創出するのが，プラットフォーム型ビジネスモデルの真骨頂です。

ツー・サイド・プラットフォームの考え方

ここでいうプラットフォーム（platform）とは，異なる2種類の顧客グループを互いに結びつけて，1つのネットワークを構築するような製品/サービスのことを意味します。その際，プラットフォームは2種類の顧客グループ間の取引を促すようなインフラと取引ルールを提供します（Evans, et al., 2006）。それゆえ，プラットフォームを提供する企業はカタリスト（catalyst：触発者）とも呼ばれます（Evans & Schmalensee, 2007）。これを図示すると，図表9.2のように描けます。

このとき一般的には，異なる2種類の顧客グループそれぞれにおいて価値の評価基準や収益・コスト構造が異なる市場の二面性（two-sided market）が存在します。それゆえカタリスト（プラットフォーム提供企業）は，片方の顧客グループに対してコスト負担を求める一方で，もう片方の顧客グループは利用を無料化したり低料金に設定するなどの優遇をします（Eisenmann, et al., 2006）。実際，先のMマートの例においても，買い手企業は無料でサイトを利用できるのに対して売り手企業は出店料金を支払わなければならない仕組みになっていました。常識的に考えて，入店する際に客が入店料金を支払うのはおかしな話です。やはり買い手企業を優遇してたくさん集めることが，サイトに出店する売り手企業にとってのMマートの魅力を高めることにつながりますから，このような料金システムになっているのです。同様にいくつかの伝統的なツー・サイド・プラットフォーム（two-sided platform）と優遇される側の顧客グループを例示したものが，図表9.3です（Evans, et al., 2006）。

図表9.2　プラットフォーム型ビジネスモデル

顧客グループ①　　　カタリスト　　　顧客グループ②

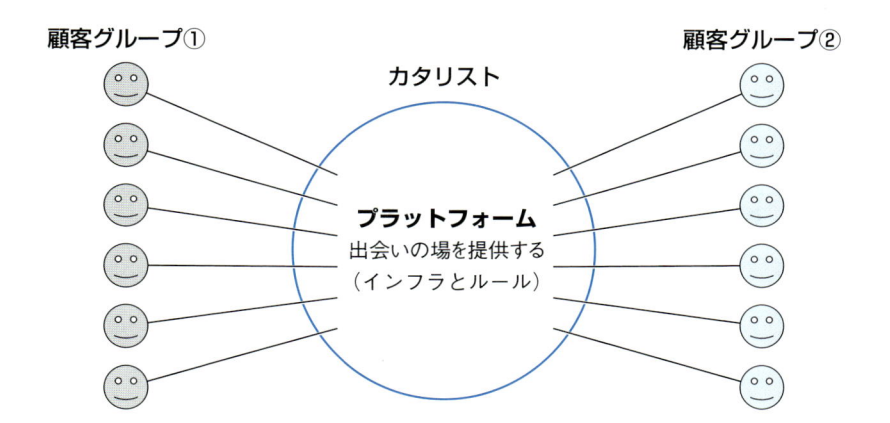

プラットフォーム
出会いの場を提供する
（インフラとルール）

図表9.3　どちらが優遇されているか？

プラットフォーム	2種類の顧客グループ	優遇される側
不動産仲介業	買い手/売り手	買い手
賃貸住宅紹介	借家人/所有者	借家人
新聞・雑誌	読者/広告主	読者
民間テレビ放送	視聴者/広告主	視聴者
ショッピングモール	買物客/商店主	買物客
クレジット・カード決済	カード保有者/小売店	カード保有者

優遇・価格設定の仕方

　複数の顧客グループのうちどちらに課金してどちらを優遇すべきかということについては，主に2つの考え方があります（Eisenmann, et al., 2006）。

〈①価格志向の顧客グループを優遇〉

　自らの支払コストの高低に敏感な（価格弾力性の高い）顧客グループと，それほど支払コストを気にかけない（価格弾力性の低い）顧客グループの2つのグループが存在する場合，カタリストは前者の価格志向の顧客グループを優遇します。なぜなら価格面での優遇につられて価格志向の顧客グループの顧客数が増加すれば，「出会い」の相手を求めているもう片方の顧客グループにとってもこのプラットフォームを利用する魅力度が高まるからです。そのうえで，カタリストは後者の価格弾力性の低い顧客グループに対して課金して収益を確保すればよいのです。

　一例をあげますと，PDF形式の電子文書を作成・閲覧するためのソフトであるAdobe「アクロバット」というプラットフォーム型製品のユーザーには，文書を作成する書き手とそれを閲覧する読み手の2種類がいます。アクロバットにはPDF文書閲覧専用の無料ソフトとPDF文書作成用の有料ソフトがあり，前者は読み手に対して無償配布されますが，後者は書き手が対価を支払って購入しなくてはならない仕組みになっています。このような価格設定は，「代金を支払ってまでPDF文書を読みたいと思わない」読み手のもつ価格志向と，「たくさん読み手がいるのなら多少の対価を支払ってでもPDF文書を作成したい」書き手のもつ非価格志向の違いをたくみに活用したものだといえます。

〈②品質志向の顧客グループを優遇〉

　高品質を相手に要求する顧客グループと，それに応えて自らの品質を保証する必要性のある顧客グループが存在する場合，カタリストは前者を優遇する一方で後者に高い支払条件を課します。そうすることで当該プラットフォームに参加する顧客グループの品質を維持できるからです。

　たとえば，結婚を考える男女に対してプラットフォームを提供している結婚紹介サービス業においては，相手に対する品質要求の厳しい女性会員が優遇されており，一般に男性会員の会費が高めに設定されています。つまり男

性会員は，結婚を真剣に考えているということと安定した職と家計収入をもつということを高い会費を継続して負担することで間接的に証明しています。こうして「質の高い」男性会員が登録する結婚紹介サービスという評判を獲得できれば，結果的に当該サービスに登録を希望する女性会員の数や質も高まるのです。

　また，同様の構造はゲーム機業界にも見られます。ゲーム機は，ゲーム・ソフト開発企業とそのゲームで遊ぶユーザーの間にプラットフォームとして介在しています。このときゲーム・ソフト開発企業は，カタリストであるゲーム機メーカー（任天堂など）とライセンス契約を結ぶとき，厳しい条件と高いロイヤリティー（実施許諾料）を課されます。そうすることで，ゲーム機メーカーは品質の低いゲーム・ソフトを粗製濫造する可能性のある企業を排除できます。ゲームは体験消費型の製品ですから，ユーザーは実際に購入して体験する前に先だって完全な品質の判断ができません。したがって，ゲーム機のプラットフォームとしての魅力や信頼を高めるためには，上記のような品質保証の仕組みが必要不可欠なのです。

○ ネットワーク効果

　複数の顧客あるいは顧客グループが「出会う」プラットフォームは，ネットワーク効果の影響を受けて，その価値を高めたり低めたりします。このとき生じるネットワーク効果として，次の2種類が見られます（Eisenmann, et al., 2006）。

　第1は，サイド内ネットワーク効果です。これは顧客の数が増えると，その顧客が属する顧客グループ全体にとって，プラットフォームの価値が向上あるいは下落する現象です。サイド内ネットワーク効果がプラスに作用する例としては，同じゲーム機（あるいはオンライン・ゲーム・サイト）のユーザー数が増加すればするほどそれで遊ぶ楽しみが増加する場合や，楽天市場などのインターネット・モールの利用客が増加して各出店企業に対する評価

レビューが蓄積すればするほどネット・ショッピングの信頼性や魅力が高まる場合などがあげられます。その一方で，サイド内ネットワーク効果がマイナスに作用する例としては，郊外型ショッピング・モールに来店客が殺到してしまった結果として大混雑の店内で落ち着いて買い物ができなかったり駐車待ち渋滞が発生してすべての顧客が互いに不快な思いをする場合があります。また，賃貸住宅紹介業者にアパートの貸し手が数多く登録して供給過剰になってしまった結果として同業のアパート所有者間で借り手の奪いあいや家賃値下げ競争が起きる事態などもこの例です。

　第2は，**サイド間ネットワーク効果**です。これは片方の顧客グループに属する顧客数が増加すると，別のもう片方の顧客グループにとって，プラットフォームの価値が向上または下落する現象です。サイド間ネットワーク効果がプラスに作用する例としては，特定のクレジット・カードを使える小売店が増加すればするほどそのカード保有者がクレジット決済を便利に感じて利用する機会が増加する場合や，あるテレビ番組の人気が高まって視聴者数が増加すればするほどスポンサー企業にとってそのテレビ番組を通じたCM広告効果が高まる場合などがあげられます。その一方で，サイド間ネットワーク効果がマイナスに作用する例としては，雑誌に出稿される広告の数が増加すればするほど雑誌本体に占める記事の割合が低下しつつも雑誌が分厚く重たくなって読者に不快感を与える場合があります。また，結婚紹介サービスに登録する男性会員数が多くなりすぎて男女比が崩れてしまった結果として女性会員は選択肢の多さに悩んで逆に唯一の相手探しが難航する場合（そのような彼女はサービス提供業者にとっては長期優良顧客ですが……）などもこの例です。

　以上の2種類のネットワーク効果は，前章で紹介した**ネットワーク外部性の直接的効果と間接的効果**に類似しているように見えます。しかし，以下のような重要な違いがあります（Parker & Van Alstyne, 2005）。デファクト・スタンダードの獲得プロセスで作用するネットワーク外部性の効果は，あくまでもワン・サイドの単一市場ネットワークを想定した議論です。つま

り，1人の人物が，たとえばDVDデッキとDVDソフトというハードとソフト（あるいは本体と補完財）の両方を購入するというかたちでの単一顧客グループを相手にした市場取引で見られるようなネットワーク効果を取り上げた議論です。それに対して，本章で紹介したサイド内/サイド間ネットワーク効果とは，複数の別々の人物（異なる顧客グループ）が「出会いの場」であるプラットフォームを介して互いに市場取引を行うようなインター市場ネットワークに見られる現象を取り上げた議論です。

〈プラットフォーム型ビジネスの見分け方〉

　ちなみにワン・サイドかツー・サイドかを見分けて，その製品/サービスがプラットフォームとしての特性を有しているかどうかを見分ける簡単な方法は，当該製品/サービスが複数の異なる顧客グループを取引主体として「惹きつける努力をしているか」どうかを見ることです。

　たとえば，小売業界におけるスーパーは商品の供給者と買い物客を店頭で確かに出会わせているかもしれません。しかし，これはワン・サイドのビジネスでプラットフォームを形成していません。スーパーは店の売上を伸ばすためにニーズのある商品をさまざまな供給者から仕入れて店頭に並べ，必死に買い物客の来店を促します。このときスーパーは買い物客を惹きつける努力を惜しみませんが，商品の供給者を惹きつける努力は基本的に行いません。供給者はスーパーが支払いをきちんとしてくれるかぎり商品を卸します。むしろ供給者のほうが自社商品の買い手であるスーパーを惹きつける努力を逆に行っています。つまり，「供給者→スーパー→買い物客」という一方向の取引関係であり，スーパーは顧客グループが一つのワン・サイド・ビジネスです。

　他方，同じ小売業界でもショッピング・モールを展開する企業は，プラットフォームを形成しています。ショッピング・モールの主な収入源は，モールに出店した店舗からの出店料です。このときショッピング・モールは空きスペースを作らないようにするために，顧客であるテナントを惹きつける努

力を懸命に行います。さらに，ショッピング・モールが獲得する出店料を高めに維持するためにはモールへの来場客（買い物客）を増やしてモール全体の人気を高める必要があります。そのために買い物客に対しても，駐車場整備・空間演出・イベント開催など，快適な買い物経験を提供して，彼らを惹きつける努力を行う必要があります。

　このようにショッピング・モールは，テナントと買い物客という2つの異なる顧客グループを同時に惹きつけて両者を出会わせる努力をしているので，ツー・サイド・プラットフォームであるといえます。

○ プラットフォームが提供する主要な機能

　プラットフォームがユーザーに提供する主要な機能として，以下の3つがあげられます（Evans & Schmalensee., 2007）。

〈①エンづくり機能〉

　プラットフォームには，従来は出会うことがなかった，あるいは出会うのが困難であったような異なる顧客グループどうしを結びつけて両者間の取引を促進させるというエンづくり機能があります。たとえば先に取り上げたMマートの例でいいますと，同社が売り手と買い手を引き合わせる交流会を開催すると，食材の買い手である飲食店のほうが「必死になって売り手を探している」そうです（村橋，2008）。一般的な商売では，売り手のほうが買い手を探すものですが，その逆です。それだけ従来の飲食店業界では，食材を調達しようと思ったときにどこの誰から仕入れたらよいのか，また既存の仕入れ先は本当にベストな取引相手なのか，皆目見当がつかない状況だったのです。そこにMマートが登場して食材卸販売業者の「可視性を高める」場所としての卸市場サイトを提供しました。その結果，飲食店と食材卸販売業者の両者がMマートによって結びつけられ，取引が促進されたのです。

〈②観客動員機能〉

　プラットフォームには，何らかのテーマに沿って同質的な顧客（読者・視聴者・検索者など）を寄せ集めて効果的な情報提供や広告を行えるようにする観客動員機能があります。たとえば，Googleに代表されるインターネット検索サービスは，この機能を広告出稿企業に提供しています。検索者が「本」という単語を検索すると，検索結果の上方に設置されたスポンサーリンクにたとえば「本ならアマゾン」という広告リンクが表示されます。つまり，本に興味がある人びとが検索者として集まってきたところに，ちょうどタイミングよく本屋の広告情報が提示されるのです。同様に民間テレビ放送も，主婦向け健康情報番組や子ども向けアニメ番組などさまざまな切り口で番組編成を行って比較的同質的な属性をもつ視聴者の耳目を集める（視聴率を高める）ことで，広告出稿企業に対して効果的な広告宣伝の機会を提供しています。

〈③コスト削減機能〉

　プラットフォームには，顧客が共通に活用できるインフラやルールを整備して提供することで顧客自身が行う設備投資・開発投資を軽減させたり取引や作業の効率を向上させるなどのコスト削減機能もあります。たとえば，ショッピング・モールというプラットフォームの顧客グループの一つである出店企業を考えた場合，出店企業はモール施設を共同使用することにより，建物設備・トイレ・駐車場などを自前ですべて準備する必要がないため設備投資費用を削減できます。またモール全体として広告を打つことで広告費用の軽減も可能です。同様のことはネット上のプラットフォームでも見られます。Mマートでは「広告作成や営業マン採用が25,000円でできますか？」を売り文句にしていましたが，出店企業はMマートのプラットフォーム機能を活用すれば新規顧客開拓のための営業員を雇う人件費や広告費などのコスト削減に活かせます。

以上3つの主要機能は，いずれもプラットフォームの規模が拡大していくことでより強化されます。しかしながら，単純に規模が拡大すればよいというものではありません。誰もがすぐに気づくことですが，プラットフォームに参加するユーザー数が増加すればするほど，参加者どうしが最適な相手を見つけ出すのにより時間がかかったり困難になる可能性があります。ユーザーが探索に要する手間やコストが増大するのです。したがって，プラットフォームを運営するカタリストは，参加者が理想に近い相手を見つけ出せるのに十分な規模のプラットフォームを構築しながらも，効率的な探索手段やマッチングの仕組みを考案することで，規模拡大に伴う探索コストの増大を抑える必要があります。実は，効率的な探索手段とそれに関わるノウハウがカタリスト企業のコア・コンピタンス（core competence）であり，ライバルのカタリスト企業との競争において重要な強みになるのです。

○ マルチ・サイド化

　これまでプラットフォーム上で出会う顧客グループが2種類であると想定したツー・サイド・プラットフォームの事例を紹介してきました。しかし，理論的にも実践的にも顧客グループを2種類だけに限定する必然性はありません。多数の顧客グループが集うマルチ・サイド・プラットフォーム（multi-sided platform）という形態がありえます。その代表例が，携帯電話通信サービスです（図表9.4）。

　たとえば，NTTドコモの提供する携帯電話通信サービスの主要顧客として，ケータイ・ユーザー，携帯端末メーカー，i-modeコンテンツ・プロバイダーがいます。周知のようにドコモはこれら3者間にカタリストとして介在することで，サイド内/サイド間ネットワーク効果を巧みに起動させながら日本の携帯電話通信サービスの普及と魅力向上を牽引してきました。そして近年は，ケータイに電子マネーやクレジットによる決済機能を搭載することで，もう一つ別の顧客グループとして小売商店を取り込んでいます。その

図表 9.4　マルチ・サイド化と新市場への進出

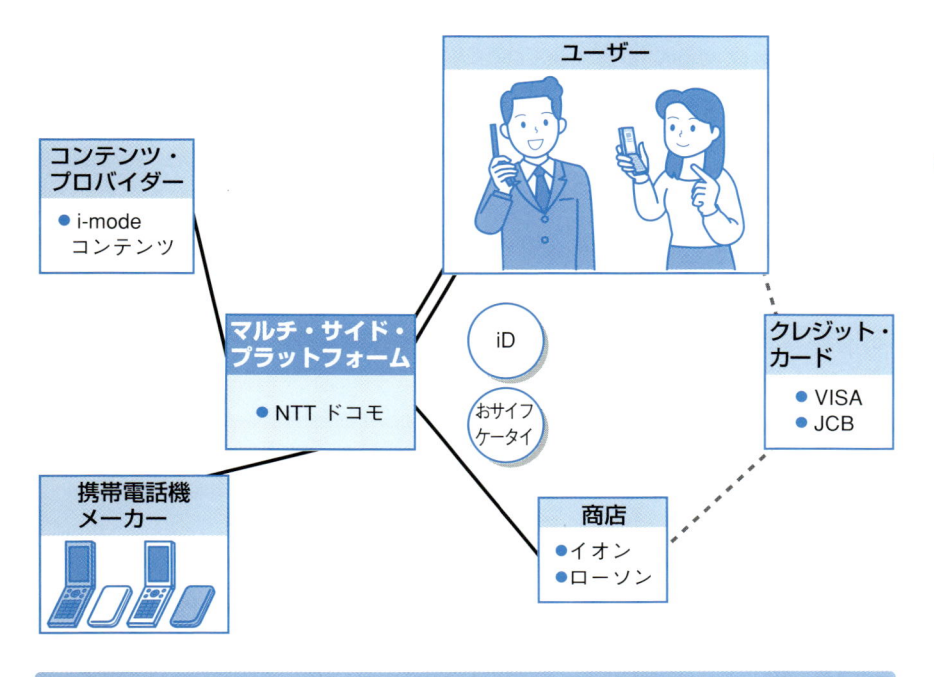

- ユーザー
- コンテンツ・プロバイダー
  - i-mode コンテンツ
- マルチ・サイド・プラットフォーム
  - NTT ドコモ
- 携帯電話機メーカー
- iD
- おサイフケータイ
- クレジット・カード
  - VISA
  - JCB
- 商店
  - イオン
  - ローソン

結果，携帯電話通信サービス会社とクレジット・カード会社との間で従来は思いもよらなかった競争が始まっています。このように強力なプラットフォームを構築できれば，次々と新規の顧客グループを獲得するマルチ・サイド化をカタリストは仕掛けられるのです。

9.2　プラットフォーム形成の方法

それではどのようにしたらプラットフォームを形成できるのでしょうか？

ここではウィークエンドホームズ社（以下 WHC と略）の事例を見ながら，プラットフォームの形成プロセスについて論じます（宮崎，2008）。

〈WHC の事業概要〉

　WHC の主力事業の内容について一言で表現するならば，「全国約 2200 人の建築家（設計事務所）という国内最大規模のネットワークを活かした建築プロデュース業」（同社紹介パンフレットより）です。さらに具体的に表現するならば，同社創業者である森本剛が各種雑誌のインタビュー記事で述べているように，建築版「出会い系サイト」として，WHC は 2000 年に設立されました。同社のビジネスモデルを示すと図表9.5のようになります。

図表 9.5　ウィークエンドホームズ社：建築版「出会い系サイト」

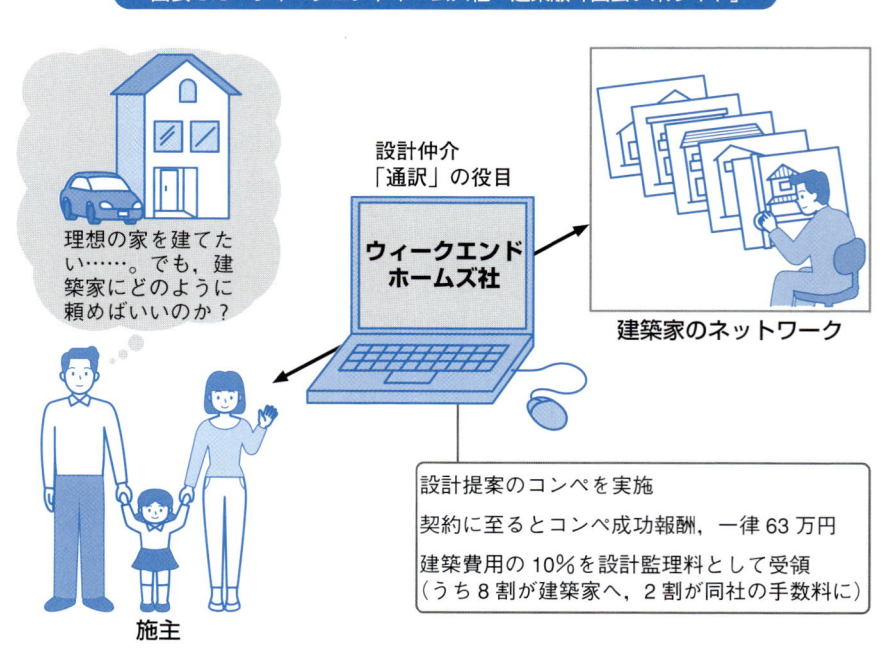

理想の家を建てたい……。でも，建築家にどのように頼めばいいのか？

施主

設計仲介「通訳」の役目

ウィークエンドホームズ社

建築家のネットワーク

設計提案のコンペを実施
契約に至るとコンペ成功報酬，一律 63 万円
建築費用の 10％を設計監理料として受領
（うち 8 割が建築家へ，2 割が同社の手数料に）

このビジネスモデルは，2つの異なる顧客グループ（施主と建築家）を相手に，その両者が出会う場としてのプラットフォームを提供していくというものであり，ツー・サイド・プラットフォーム型ビジネスモデルの典型例です。WHCは「設計コンペ」を実施することで施主と建築家を結びつけます。ただし，設計コンペをいくら行っても，最終的に施主から契約を取れなければWHCの報酬はゼロであり，またコンペに参加した建築家へのリターンもありません。施主への課金の仕組みとしては，契約に至るとコンペの成功報酬として一律63万円をWHCが受け取り，また，以後に発生する建築費用の10%を設計監理料として受領するが，そのうち8割が建築家へ2割が同社の手数料へという割合で配賦されるというかたちになっています。

〈誰と誰を引き合わせるか？〉

　プラットフォームを形成するにあたり，最も重要な点が「誰と誰を引き合わせるか？」です。WHCの場合は施主と建築家ですが，両者はそれぞれ特有の悩みや問題を抱えている顧客グループでした。たとえば，「ハウスメーカーのお仕着せ住宅ではなく，自身の生活に見合った最大限の満足を得られる個別注文住宅を建てたい」「一生に一度の買い物として理想の家を建てたい」「しかし，建築家の知り合いはいないし，建築家というのは敷居が高そうだ。どうやって建築家に頼めばよいのだろうか……？」という潜在的な問題を抱える施主がプラットフォームの片側にいました。また他方の側には，「現在の日本には約30万人の一級建築士がいるが，これは供給過剰気味であり，自ら営業する術をもたない彼らのほとんどは開店休業状態」「感性が鋭くすばらしいデザインを提案できる反面，営業やプレゼンテーションが苦手な人が多いため，豊富な知識とスキルを盛り込んで設計したすばらしい図面を発表できないまま世に埋もれていく」という問題を抱えた建築家がいました。

　WHCは，施主と建築家の両方が抱える問題点を，両者の間に「設計仲介役＝施主と建築家の通訳」として入ることで解消する仕組みを作り上げたのです。つまり，プラットフォームの形成においては，問題を抱える複数の潜

在的顧客グループを発見する「着眼点のよさ」が重要になります。

〈プラットフォームの形成努力〉

　運よく，複数の潜在的顧客グループを発見できたとしても，実際に彼らをプラットフォーム参加者にするのは決して容易ではありません。実際，創業間もない頃のWHCには，建築家と施主のどちらにもツテはなかったため，プラットフォームを形成するまでに多大な努力が必要でした。

　まず，創業者の森本らは，WHCに参加登録する建築家を集めることから着手しました。「建築版出会い系サイト」のコンセプトに共鳴する建築家を集めるために，彼らはWHCのビジネスに参加を呼びかけるメールを1晩に200通，総計で数千通にものぼるメールを建築士事務所宛に送り続けたといいます。同時にまた，大学の建築学科を訪ねて，教授に直談判をして教え子を紹介してもらったりしながら，徐々に参加者を増やしていきました。結果，立ち上げまでに約150名の建築家が登録し，WHCのプラットフォームの片側が成立する目途が立ったのです。

　一方，施主としての顧客の獲得のためには別の取り組みが必要でした。実績も何もない会社に対して大切なマイホームの建築を依頼する顧客は，なかなか見つかりません。WHCは，そんな不安やリスクを抱える顧客心理を取り除くため，ベンチャー企業を応援する経済誌や各種協会が主催するビジネス・プラン・コンテストに応募して，同社のビジネス・プランで10を超える賞を受賞するという実績作りをしました。これが主催者のクレジットつきでマスコミに紹介され，また新たな取材を受けて，それがさらに記事になることで知名度が上がっていくという，広報活動の好循環を創り出しました。事実，施主顧客から最初の問合せがあったのは，経済誌が主催する大賞を受賞した翌週でした。また，実際に契約に至ったのは2番目の問合せでしたが，これも雑誌で同社の存在を知った顧客からでした。さらに2003年4月からテレビ東京系列で放映開始された「完成！　ドリームハウス」に制作協力することで，同社の知名度は一気に高まりました。

基本的に同社は，広告を一切行いません。その代わり，マスコミからの取材を社長の森本をはじめ全社的に積極的に受け入れる広報活動に力を入れています。実績のなかったWHCは，このように第三者からのお墨付きを得る広報活動を展開していくことで，施主としての顧客がもつ不安感を取り除いて信頼感を獲得する工夫を凝らしたのでした。

　また，WHCが創業した2000年頃は，建築業界・住宅業界全体を通してさまざまな不祥事や悪質業者の存在が明るみに出てきた時期でした。住宅の品質や安全性が気になる顧客の懸念に対応して，大手ハウスメーカーに劣らぬ保証体制（設計完成保証，設計賠償責任，瑕疵保証，工事完成保証，10年躯体工事保証）を同社は整備しました。また，完全な情報開示がトラブルの芽を事前につみ取るとの考えから，WHC，施主，建築家，施工者の間で情報共有するためのシステムである「PEQCS」を自社開発しました。この「PEQCS」によるネット上での情報共有は，建築過程で起こりがちな「言った/言わない」というような施主と業者間のコミュニケーション不足が原因で起こりやすいトラブルをなくし，顧客満足の向上に寄与しています。

　こうしてWHCは，積極的な広報活動によって潜在顧客への認知浸透と信頼醸成を行うと同時に，品質重視・安全性志向の顧客に応えられる社内的な制度や仕組みを整備することで，プラットフォームのもう片側の顧客グループである施主の取り込みにも成功したのです。

〈プラットフォーム参加者を定着させるインセンティブ・システム〉

　WHCのプラットフォームにも**市場の二面性**があります。しかし，その二面性は設計コンペの成立（契約の成立）の前後で構造が異なります。端的にいうと，コンペ成立前までは，建築家側にコスト負担があり，施主側が優遇されます。ところが，コンペ成立後は，施主側にコスト負担が移り，建築家側が優遇されるのです。以下，それぞれの時点におけるインセンティブ・システムを整理してみます。

　まず施主は，WHCに設計を依頼すると，担当者に親身になって相談に乗

ってもらいながら設計コンペを実施しますが，ここまですべて無料です。「パートナーを選ぶ喜び」やさまざまな提案図面を参考にできる点を加味すれば，この時点での施主側の優遇は明らかです。それに対し，建築家側は図面や模型の作成やプレゼンテーションまですべて自己負担でコンペに参加します。また建築家は，WHC に対して月額最大 1 万円の登録会費（各種コースにより月額料金は異なる）を支払っています。したがって，コンペ成立前は建築家側にコスト負担があります。それでも建築家からすれば，顧客を集めてもらえる（WHC の成約率は 90% にのぼる）うえに，他人の図面を見て勉強する機会や，自身の図面発表の場を与えられるというメリットがあるため，WHC の設計コンペに参加するのです。

　それに続いてコンペ成立・契約の成立後は，当然施主が建築資金の出し手になります。設計監理料の 8 割が建築家に支払われることからわかるように，建築家が優遇されます。とはいえ施主側は，きちんとした工期管理・費用管理・要望反映がなされることで十分に納得感を得られます。さらに WHC は積極的な広報活動を通じて，完成物件の各種メディアへの紹介を行います。場合によっては，完成物件が建築関連の賞を受賞することも珍しくなく，それがさらに広報の効果を上げます。このように建築家は，建築過程のみならず完成後も自身の能力をアピールできるメリットがあります。

　以上から同社のインセンティブ・システムには 2 つの構造特性があることがわかります。

　第 1 は，設計コンペの成立前後において金銭的に優遇される側が入れ替わる「優遇のシフト」が存在する点です。これはプラットフォーム型ビジネスで実施可能な課金方法として，参加者がプラットフォームに参加する権利を得るために支払う「登録（アクセス）料金」とプラットフォームを利用するときに発生する「利用料金」の 2 分類が成立することを意味します（Evans & Schmalensee, 2007）。これに従って WHC における課金方法を整理すると図表 9.6 のようになります。WHC も建築家も，施主がプラットフォームに参加してはじめて収益が上がります。それゆえ施主のプラットフォームへ

図表9.6　ウィークエンドホームズ社の課金構造

課金方法	参加者	設計コンペ成立前	設計コンペ成立後
登録料金	施主（優遇）	なし	なし
	建築家	あり	あり
利用料金	施主	なし	あり
	建築家（優遇）	なし（実費負担）	なし

の参加を促すために，登録（アクセス）料金の面における施主の優遇が行われています。一方，WHCのプラットフォームで家を建てるための利用料金については，基本的に建築家の側が優遇されて，施主側に設計監理料という課金がなされます。このように適切な収益機会・顧客獲得機会を建築家側に提示することで，WHCは優秀な建築家が同社のプラットフォームに有料ながらも登録し続けるインセンティブを提供しているのです。

第2のインセンティブ・システムは，建築家個人の能力アピールや名声の獲得という非金銭的な機会の提供です。この実現のために，WHCはメディアを積極的に活用する「企画広報」という仕組みを採用しています。その結果，同社の企画広報がさながら潤滑油の役目を果たしながら「メディア注目度アップ→登録建築家増加→施主顧客増加→高い成約率→完成物件増加→メディア注目度アップ→登録建築家増加→……」という好循環を創り出すことで，プラットフォーム参加者の維持とさらなる拡大がはかられているのです。

演習問題

9.1　大学がプラットフォーム型ビジネスを展開して収益を上げるとしたら，どのような潜在的顧客グループどうしを出会わせたらよいだろうか？　あなたの考えを述べなさい。

9.2　トヨタなどの自動車メーカーは，数多くの部品メーカーと取引をして調達した部品を組み立てた完成車をユーザーに提供しています。このビジネス形態が，なぜプラットフォーム型でないのか，その理由を説明しなさい。また，自動車メーカーがプラットフォーム型ビジネスを行う方法を考案しなさい。

＊注　本文中のウィークエンドホームズ社（WHC）は，2010年1月に株式会社ウィークエンドに社名変更しました。

第 10 章

新製品を創り出す

　私が提唱する「オープン・イノベーション」とは，外部の知識を内部の知識と統合して新たな価値を創造するイノベーションのことです。役に立つ知識は自社内だけではなく，社外のネットワーク上にも数多く存在します。「知識」には，大学や研究所，取引先，顧客，そして第三者機関などが含まれる。そして外部の知識を活用するためには，まず知識の目利きができる知性が社内にあることが求められます。情報化の時代，役に立つ知識はすぐに普及する。どんなに優れた大企業も，知識を会社の内側だけに閉じこめるのはもはや不可能です。こうした環境下では，違う知識同士を有機的に統合する能力が求められる。内外の知識をつなぎ，組み合わせて新しいシステムや仕組み，プラットフォームなどを一緒に創造する能力のことです。

　　　　　　　　　——（Henry Chesbrough, 2009, p. 32）

○ KEY WORDS ○

テクノロジー・プッシュ，デマンド・プル，
リード・ユーザー法，ユーザー起動法，
ユーザー・イノベーション，オープン・イノベーション

10.1　新製品アイデアの生まれる場所

　企業が競争優位を獲得するために他社と差別化を行うときの強力な方法の一つが，新製品の開発です。従来は存在しなかったような新製品を創り出して，潜在的な顧客ニーズを他社に先駆けて獲得できれば有効な差別化が行えます。本章では，企業が新製品を開発するときに，自社内の研究開発資源だけに頼るのではなく，顧客や他企業などが有する社外の知識や技術を積極的に取り入れていくことの重要性について見ていきます。

○ 伝統的な新製品開発の考え方

　一つはテクノロジー・プッシュ（technology push）と呼ばれる考え方です。この方針のもとでは，企業が自ら研究開発を行って技術の種（シーズ）を育て，それを応用した新製品を設計・商品化して市場に投入していきます。単純化して書きますと「研究開発→製品開発→販売」という流れです。多くのメーカー系大企業では，中央研究所などの名称を冠した大規模な研究開発施設を擁しています。そこで開発された画期的なシーズを次々に応用して開発した新商品を世の中に広めていくのです。また，これらの研究開発施設の設置は，かつての高度経済成長期において消費者の日常生活で満たされていないニーズがまだたくさん残されていて「作れば売れる」時代背景のもとで業績を上げて大企業へと育ったメーカーが，テクノロジー・プッシュの方針に沿って効率的に新製品開発を進めていく中で生み出した組織的な工夫でもありました。

　しかし，経済成長率が低下して消費者ニーズも飽和化していくにつれて，テクノロジー・プッシュの方針が引き起こす問題が目につくようになりました。技術先行の新製品開発では，時として開発技術者の「よいものを作る」

という思い入れや信念が空回りしてしまう，顧客ニーズを無視した「売れない製品」を作り出してしまう危険性があります。とくに成熟した消費社会では，消費者側も多数の消費経験を重ねており，メーカー側のお仕着せ的な新製品には魅力を感じなくなっています。つまり，消費者ニーズを的確に反映させた新製品開発が必ずしも行われないテクノロジー・プッシュのやり方では，経済的な成果を追求する企業の新製品開発活動として不十分なのです。

このような問題点に対処するために提唱されてきた新製品開発のもう一つの考え方が，デマンド・プル（demand pull）です。「売れる製品がよい製品」であるという考えのもと，新製品開発に先立って何よりもまず消費者ニーズを市場調査によって把握し，それに合致する新製品を開発するというのがデマンド・プルの方針です。単純化して書きますと「市場調査→製品開発→販売」という流れです。このようにして消費者ニーズを織り込んだ新製品開発を行うことで，テクノロジー・プッシュのように「売れない製品」を生み出す危険性を低下させることが可能になります。

しかしながら，デマンド・プルの考え方にも問題点が残されています。とくにデマンド・プルの前提となる市場調査には数多くの限界があります（Ogawa & Piller, 2006）。たとえば，①市場調査を実施するうえで調査対象者が消費者全体を適切に代表したものになっているかどうかというサンプリング上の問題，②調査時に調査対象者に示される新商品案の説明内容に現実感が薄いため適切な回答を引き出せない，③調査対象者の回答結果と実際の購買行動との間には乖離があるため販売数量や利益の正確な予測までは不可能，④試作品を作ってテスト販売を実施すれば予測精度は上げられるが多大な経費を要するのでその実施は事実上困難，⑤消費者になじみ深い既存カテゴリー製品の開発には市場調査を利用できるがまったく新規の製品開発には不向きである，などの指摘があります。このような限界点を抱える市場調査を新製品開発の起点に据えるデマンド・プルの最大の欠点は，シーズを活かして技術者の夢を具体化させるテクノロジー・プッシュと比較した場合，消費者に「はっ！」という驚きを与えられるような画期的に新しい製品（イノ

ベーション）を生み出せないということです。

　以上のように伝統的な新製品開発の考え方であるテクノロジー・プッシュとデマンド・プルには，ともに一長一短があります。

◯ 新製品アイデアの源泉としてのユーザー

　上記のテクノロジー・プッシュとデマンド・プルという 2 つの伝統的な新製品開発の考え方に見られた問題を解消するためのアプローチとして，「ユーザーを新製品開発活動の中に取り込む」という方法が近年提唱されています。その代表的なものとして，リード・ユーザー法（LU 法：Lead User method）とユーザー起動法（UD 法：User-Driven method）の 2 つを本章では紹介します。

〈リード・ユーザー法（LU 法）〉

　リード・ユーザー（lead user）とは，一般の人びとであれば数カ月後や数年後に直面するような将来的な状況にすでに慣れ親しんでおり，その将来的な状況下で発生するであろう先端的なニーズを，現時点においてすでに抱え込んでいるユーザーのことです（von Hippel, 1986）。たとえば，これから日本は高齢化社会を本格的に迎えようとしていますが，現在の高齢者たちは，高齢化社会で生起すると思われるさまざまな先端的なニーズをすでに抱え込んでいるため，ある意味，将来を先取りしているリード・ユーザーの候補になりうるとみなせます。この点に気がついた住宅メーカーや日用品メーカー，保険会社などは実際に高齢者向けの新商品開発を進めています。

　このとき，製品に対する評価（「よい」「悪い」「満足」「不満」など）は，ユーザーが実際に使用してみなければ具体的には行えません。ユーザーが製品を使用することによってはじめて，当該製品に対する不満が顕在化され，新しいユーザー・ニーズの発見につながります。こうして明らかになった不満やニーズを解消・充足するという課題を与えられた企業は，さらなる新機

能を付加したり設計上の工夫を凝らした新製品の開発に取り組みます。製品の「使用→評価→問題発見→新製品開発」という上記の一連のプロセスを「使用による学習（learning by using）」といいます。この学習プロセスを企業が効果的に取り込めれば，新製品開発活動も促進できます。そのとき役立つのがリード・ユーザーです。なぜなら，リード・ユーザーは先端的な製品をいち早く徹底的に使用するヘビー・ユーザーでもあるため，既存製品への不満やニーズを数多く知っており，一般的なユーザーよりも豊富な使用経験や知識をもちあわせているからです。このような特徴をもつリード・ユーザーを企業の新製品開発活動の中に取り込んで，彼らのもつ経験と知識を参考にして新製品の開発を行うのがLU法（リード・ユーザー法）です（Lilien, et al., 2002）。

かつてのデマンド・プルのような伝統的な新製品開発方法では，当該製品のターゲットとなる平均的ユーザー層を対象に市場調査を行い，その結果から新製品コンセプトの創出や市場規模の推定を行います。それに対して，LU法では，メーカーがリード・ユーザーの特徴をもつユーザーを探し出して彼らを新製品開発活動の中に取り込みます。いかにして「尖った」先端的ユーザーを見つけ出すかが重要になります。リード・ユーザーを見つけ出す方法としては，ピラミッド・ネットワーキング（pyramid networking）という手法が提案されています（von Hippel, et al., 1999）。これは一種の「芋づる式」の探索手法で，特定のトピックや専門分野に強力な関心を寄せている人物は，自分自身よりもその事柄についてより造詣が深くて知識とスキルに優れたエキスパートの存在を知っている，という一般的に見られる事実を利用して，より先端的なユーザーを探り当てるというものです。

以上のようなLU法を新製品開発で応用している代表的な企業として，アメリカの3Mがあります。同社における従来型の市場調査を使った新製品開発とLU法を使ったそれとを比較した実証研究によりますと，LU法による開発成果の高さが示されています。具体的には，LU法を利用した開発製品は従来型の市場調査法によるものと比較して新規性と独自性がより高く，販

売実績もその2倍以上に達していたとのことです（Lilien, et al., 2002）。

〈ユーザー起動法（UD法）〉

　UD法とは，製品アイデアの創造や製品化の可否の決定をユーザー起点で行う新製品開発手法のことです（小川，2006）。UD法は，あくまでも消費者自身が自らの存在を積極的に企業側に伝えて商品アイデアを発信するという点で，メーカーが新製品開発の起点となる従来型の新製品開発方法やメーカー側からリード・ユーザー側に働きかけを行うLU法とは異なるものです。

　UD法の基本的な手順は次の通りです。①消費者自身がUD法を採用する企業のインターネット上の掲示板に自分が欲しいと思う商品のアイデアを書き込む，②追加的意見の提示，投票，購入希望といった形で，書き込まれたアイデアに対するほかの消費者からの反応や評価が寄せられる，③UD法を採用する当該企業は，そうした消費者からの反応を基礎に製品化の可能性を探る，④企業が製品化可能だと判断する企画についてはそれを実現するために必要な最小購買者数（ロット数）と販売価格を決定し，それらを商品サンプルとともにインターネット上に公開し，購入希望者を募集する，⑤その結果，当該商品案に対する購入希望者数が最小必要ロット数をクリアすると正式に商品化が決定され，製造・販売が行われる，という新製品開発プロセスを経ます（小川，2006）。

　UD法を活用した新製品開発の典型例が，2000年代前半に良品計画が運営する「無印良品ネットコミュニティー」で実施された新製品開発プロジェクトです（ただし，現在の無印良品ではここで紹介する新製品開発手法は実施されておらず，同手法はエレファントデザインが運営する「空想無印」へと引き継がれています）。そこではUD法の手順に沿って，新製品開発が行われました。すなわち，顧客から投稿・提案された新製品アイデアについて，メーカーと顧客コミュニティーが共同して，その開発設計を洗練させていき，最低生産可能数量（利益の出せる量）を超える注文が集まった時点で商品化を決定し，実際に生産・販売を開始する，という流れです（図表10.1）。

図表 10.1 無印良品における UD 法の活用事例

ユーザー提案の商品化までの流れ

1 アイデアを投稿 → 2 アイデアに投票 → 3 デザインに投票 → 4 プロジェクト進捗 → 5 購入の予約 → 6 商品化決定

実際に商品化された商品例

壁　棚　　　　　持ち運びできるあかり　　　体にフィットするソファ

（出所）　無印良品ネットコミュニティーWebページより。

　UD 法によって開発された商品はいずれも新規性と独自性の高いものでした。たとえば，「壁棚」はピン痕が壁に残らない固定ピンを利用した多機能棚で賃貸住宅居住者のニーズにかなっています。「持ち運びできるあかり」はコードレスでもち歩ける充電式の照明器具で，枕元に置いたり，ハンガーにぶら下げたりと多様な使い方ができます。「体にフィットするソファ」は洋室の床に座ってくつろぐためのもので座る角度を変えれば普通に座ることももたれかかることもできる省スペース型の多機能ソファです。さらに興味深い点は，これら UD 法で開発された商品の販売実績が好調だったことです。従来方式で開発された無印良品の取り扱い商品アイテム数は約 5,000 アイテムで，その 1 アイテムあたりの平均年商は約 3,000 万円でした。それに対して「壁棚」の年商は 7,000 万円，「持ち運びできるあかり」の年商は 6,900

万円，そして「体にフィットするソファ」の年商は7億3,400万円でした（小川，2006）。

このように無印良品においてはUD法による新製品開発が高い成果を残せましたが，すべての新製品開発にUD法を適用するのがふさわしいとは限りません。UD法の適用条件として，次の4点が指摘されています（小川，2006）。①その製品の機能を引き出すにあたってユーザーの使用環境との適合性が重要な場合，②消費者の当該製品に関する使用経験が豊富で製品入手時の状態を消費者が想像するのが容易な場合，③当該メーカーが提供するブランドに対して顧客コミュニティーが形成されていてユーザーの自主的な活動が活発に行われている場合，④製品化にあたって早期の大量販売実現が求められるほど巨額の固定費（技術開発や金型開発の費用など）が必要とされない場合，の4点です。

〈LU法とUD法の比較〉

ユーザーの知識やアイデアを新製品開発に取り込むことがLU法とUD法の共通点ですが，両者には以下のような違いがあります（小川，2006）。

起点：LU法ではメーカーが最初にユーザーに対して働きかけるのでメーカー起点の新製品開発です。一方，UD法ではユーザー側が自ら積極的にメーカー側に対して新商品アイデアの提案を行うのでユーザー起点です。

調査対象単位：企業が新製品開発を行うときの顧客の調査単位として，LU法では個々のリード・ユーザーに焦点を当てます。一方，UD法ではユーザー・コミュニティーという顧客の集団を調査単位に設定します。最初のアイデアを提示するのは1人のユーザーであっても，それに対して他ユーザーが修正案，追加案や洗練案を提示したり，投票により意見分布や需要分布を確認できるなどの「集合的顧客コミットメント（collective customer commitment）」の存在がUD法の特徴です（Ogawa & Piller, 2006）。

需要顕在化の時期：LU法では開発と生産が終了した後の販売活動によってはじめて新製品の需要量が明らかになります。つまりLU法では事前に新

製品に関する市場規模の推定が必要となります。一方，UD 法ではユーザーによる商品案への投票活動や購入予約が新製品開発プロセスの途中で行われるため，生産・販売に先立って部分的な需要量が可視化されるという利点があります。

　ユーザーの見つけやすさ：LU 法では今後支配的になる市場トレンドを特定し，そうした将来トレンドに現時点で直面しているリード・ユーザーを特定し，接触し，協力を得ることが必要ですが，それを実現する作業は容易ではありません。一方，UD 法では新商品案をもつユーザーが自らインターネットを通じて自身の存在をアピールしてくれます。また提示されたアイデアがどれほど他ユーザーの支持を得ているか，市場トレンドに合致しているかについてもインターネット・コミュニティーの反応からわかります。したがって，UD 法は LU 法よりもユーザーの探索が容易であるといえます。

10.2　ユーザーとメーカーの関係

　LU 法や UD 法に見られたように，そこでは企業の新製品開発活動の中でユーザーが重要な役割を果たしています。このように本来は製品を購入する立場にあるはずのユーザーが，自ら新製品を開発するイノベーターの役割を担う現象のことをユーザー・イノベーション（user innovation）といいます（von Hippel，1988）。

　従来型の新製品開発プロセスにおいては，「ユーザー・ニーズの識別」→「技術的な開発・問題解決」→「プロトタイプ試作」→「製品化」のすべての段階をメーカー企業側が行うという前提で考えられていました。ところが，ユーザー・イノベーションによる新製品開発プロセスにおいては，「ユーザー・ニーズの識別」→「技術的な開発・問題解決」→「プロトタイプ試作」までの段階をユーザー側が実施し，残された「製品化」の段階をメーカー側

図表 10.2 ユーザー・イノベーション：製品形態と普及パターンの違い

ソフト製品の場合：直接的な普及が可能

リード・ユーザーとユーザー・コミュニティー（新製品開発） → 一般大衆ユーザー

ハード製品の場合：メーカーを介して普及

リード・ユーザーとユーザー・コミュニティー（新製品開発） → メーカー（大量生産・大量販売） → 一般大衆ユーザー

（出所）von Hippel, E.（2005）*Democratizing innovation.* Cambridge, MA: MIT Press, p.126 の記述を参考に筆者作成。

が実施するという新たな分業関係が成立しています（椙山，2000）。

さらに極端な場合，情報関連製品（ソフト）の新製品開発プロセスでは，最終段階でメーカーが関与する必要性すらなくなってきている事例もあります。たとえば，オープン・ソース・ソフトウェアの開発に見られるように，ソフト製品の開発・普及・保守・消費のすべてをユーザー・コミュニティーの力だけで実現できる場合があります。事実上，完成したソフト製品はインターネット上で流通コスト負担を伴わずに無数のユーザーに頒布可能ですから，製造や販売機能を提供するメーカーの機能が求められなくなります。

しかしながら，有形製品（ハード）の新製品開発プロセスにおいては，今後もメーカーが関与する余地があります。新製品の開発と初期の普及段階はユーザー・コミュニティー内の力だけで行えるかもしれませんが，規模の経済が大きく作用する量産体制の確立や全般的な普及・販売活動を遂行するためにはメーカーのもつ力が必要不可欠だからです（図表 10.2）。

以上の点を踏まえて考えるならば，ユーザー・イノベーション型の新製品開発プロセスにおいてメーカーが自らのもつ機能を発揮して収益を上げるた

めには，主に次の3つの方策があげられます（von Hippel, 2005）。

〈①「ユーザーが開発した製品の製造を行うことで収益化をはかる」方法〉

　メーカーはユーザーが生み出した有望な新製品アイデアを他社に先駆けて見つけ出し，それを量産化して利益を上げます。さらに複数の独立したリード・ユーザーが開発したアイデアをいくつか組み合わせて，より魅力的な新製品を創り出して製造します。その際，メーカーの競争優位の源泉として，リード・ユーザーの探索能力と新製品アイデアの将来性を見きわめる能力の高さが重要になるでしょう。また一方で，メーカーは自社ブランドによる量産・量販に必ずしもこだわらずに，ユーザー顧客からの特注品の受託製造に特化して生産機能を提供するという選択肢もあります。その場合は，競合他社よりも早く，良質で，安価に顧客の望む製品の製造サービスを提供して自社を差別化していくことが大切でしょう。

〈②「ユーザーあるいはユーザー・コミュニティーに対して彼らが使用するツール・キットや基盤製品を販売して収益化をはかる」方法〉

　ユーザーが自ら新製品を開発するといっても，ゼロの状態からすべてを作り上げられるわけではありません。彼らも何らかの道具や機材を使用・消費します。メーカーはこれらを提供することで，ユーザーの開発設計活動を支援することができます。このような観点に立てば，ハード製品のみならず，ソフト製品の分野においてもメーカーの関与が可能になります。当然ソフトウェア・プログラムは無の状態からできあがりません。コンピュータ機材やプログラミング・キットなど各種のハードとソフトを利用してはじめてソフト製品ができあがるからです。このような方策をとる場合，メーカーはユーザー・コミュニティーを資金的・技術的に支援したり，あるいは自らコミュニティー運営に乗り出すなど，ユーザーとの密接なつながりを構築して彼らからの信頼を勝ち取ることが重要になるでしょう。

〈③「ユーザーが開発した製品に対して補完的な製品を供給したり補完的なサービスを提供することで収益化をはかる」方法〉

　どのような製品も単独で十分な機能を発揮することはめずらしく，補完製品・追加部品・アクセサリー類と一緒に使用することによってより優れた機能を実現できます。メーカーはユーザーが開発した製品のもつ機能を補ったり向上させるような補完製品を製造して利益を上げます。たとえば，ユーザー・コミュニティーで開発された「体にフィットするソファ」本体にかぶせてさまざまな色柄や風合いを楽しめるカバー商品群を無印良品がメーカーとして独自に企画開発して付随的な収益機会を獲得することはその例です。またメーカーは，基本的に開発機能しかもたないユーザー・コミュニティーが不得意な広告宣伝や販売などの補完的サービスを請け負ったり，保守サービスやアフター・サービスの提供や消耗部品の製造販売を行うことで長期的に収入を見込めるビジネスを展開していくことも可能です。

10.3　オープン・イノベーション

　2008年に開催された北京オリンピック。競泳部門で世界トップクラスの水泳選手たちが身につけて次々と記録更新を達成して話題になったのが，イギリス企業のスピードが開発した「レーザー・レーサー」という水着でした。興味深い点は，同社がこの水着を開発するにあたり，ユーザーである選手たちの協力を得たことは当然として，ほかにも数多くの社外の研究者・専門家や企業と幅広い協力関係を構築して活用したことです。同社は，水中の抵抗を減らすための技術開発でアメリカのNASAやイギリスのノッティンガム大学やニュージーランドのオタゴ大学と，生地の開発でイタリア企業のメクテックスと，超音波溶接技術でポルトガル企業のペトラテックスと，熱力学分野でアメリカのオプティカル・ソリューションズと，伸縮性の高いファス

ナー部分の製作で日本のYKKと，というように世界規模で社外機関との協力体制を構築して水着を開発しました（『日経ビジネス』，2008年7月21日，pp. 12-13）。このように企業内部のアイデアと外部（他社など）のアイデアを有機的に結合させて新しい価値を創造する営みをオープン・イノベーション（open innovation）といいます（Chesbrough, 2003）。

　図表10.3の(a)図が示すように，従来は研究開発マネジメントの形態として「研究」→「開発」→「商品化」のすべての段階を原則として一企業の内部で閉じた形で完結させるクローズド・イノベーション（closed innovation）が主流でした。自社内で研究プロジェクトをいくつか立ち上げて将来の製品に応用可能な基礎技術をコツコツと研究します。運がよければ，それら複数の研究プロジェクトの中から製品化の見込みのある一つの技術が生み出され，その技術を応用した新製品の開発と設計を社内の新製品開発プロジェクトとして実施します。その結果，新技術を応用した新製品開発に成功したならば，その新製品を市場に売り込むためのビジネスモデルを社内の事業化プロジェクトとして検討します。こうして社内で生み出した技術シーズの芽をすべて一企業の自助努力によって育成して商品化させていく取り組みが，クローズド・イノベーション型の研究開発マネジメントの特徴です。

　それに対して，近年その有効性が論じられているオープン・イノベーション型の研究開発マネジメントでは，(b)図が示すように，「研究」→「開発」→「商品化」のすべての段階における企業の境界線が希薄化しています。社内の研究プロジェクトで生まれた技術にもとづいて新製品を開発して商品化していくという基本的な流れはクローズド型と一緒ですが，企業の境界を乗り越えて社外とのやりとりが織り込まれている点が異なります。具体的には，①社外のアイデアや技術を見つけて理解して選別し，有望ならば取り込んで活用する，②社外のアイデアや技術では不足している部分を社内で新たに開発する，③社内と社外のアイデアや技術を統合し，新たな製品システムを創造する，④社内で有効に活用できない研究成果のアイデアや技術を社外に切り出して，それを有効に活用できる企業に譲渡して利益を得る，という方針

図表10.3 クローズドからオープンへ

(a)クローズド・イノベーションによる研究開発マネジメント

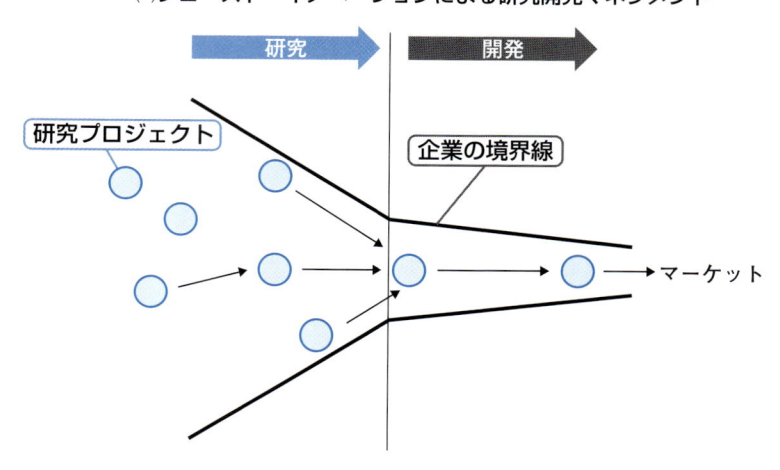

(b)オープン・イノベーションによる研究開発マネジメント

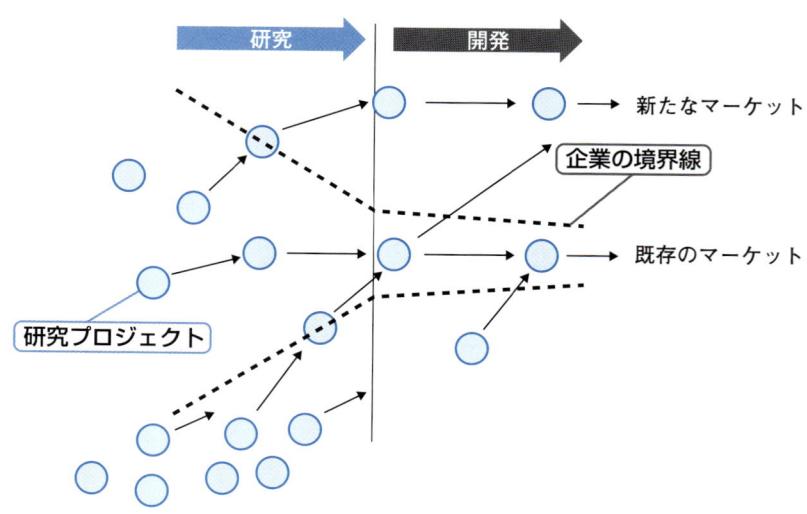

(出所) Chesbrough, H. (2003) *Open innovation: The new imperative for creating and profiting from technology*. Boston, MA: Harvard Business School Press, p.xxii の Figure I–2 および p.xxv の Figure I–4 を加筆修正。

がオープン・イノベーション型の研究開発マネジメントの特徴です。

○ コネクト＆ディベロップ：P&G の事例

　オープン・イノベーションを大規模に活用している企業の事例として，P&G があげられます。同社は，コネクト＆ディベロップ（C&D：Connect and Develop）と称して，社外で生み出されたイノベーションを発掘して自社に積極的に取り込むことで社内の新製品開発プロセスを活性化させる取り組みを行っています。2000 年に同社の CEO（最高経営責任者）に就任したアラン・G・ラフリーが，「P&G のイノベーションの半分を外部調達する」という目標を掲げたことで C&D が始まりました。その背景には，より強力な研究開発能力の追求がありました。P&G には競合他社に比べても多い約 9,000 人の研究者がいます。そのため高い研究開発能力を有していることは事実ですが，しかし，世界に目を転じると，同じ分野で同等の能力をもつ研究者がおよそ 150 万人存在しています。そして，この 150 万人と同等の成果を 1 万人に満たない社内の研究開発陣に期待するのは間違っているのではないかと考えたのです。そこで，外部の 150 万人の研究者たちにいかに接触して協業を通じてイノベーションにつなげていくのかが重要な課題になりました（ウィードマン，2008）。この課題に対応するために考え出されたのが，図表 10.4 に示す C&D の枠組みでした。

　具体的には，世界各地に配置された約 70 人のテクノロジー・アントレプレナーと呼ばれる P&G の幹部社員が，社外の情報収集や人脈の構築に携わります。彼らは，学術文献や特許データ・ベースなどを徹底的に探索すると同時に，他企業や大学の研究所を訪問したり，技術見本市・展示会や販売店の店頭に赴いて技術的な情報を幅広く収集します（『日経エレクトロニクス』，2009 年 3 月 23 日，p.74）。こうして得られた情報を整理して，連携する P&G の研究者たちに提供するのが，彼らの役目です。また P&G では，世界中の技術者が会員登録している技術者コミュニティーの Web サイトや

図表10.4 コネクト&ディベロップの枠組み

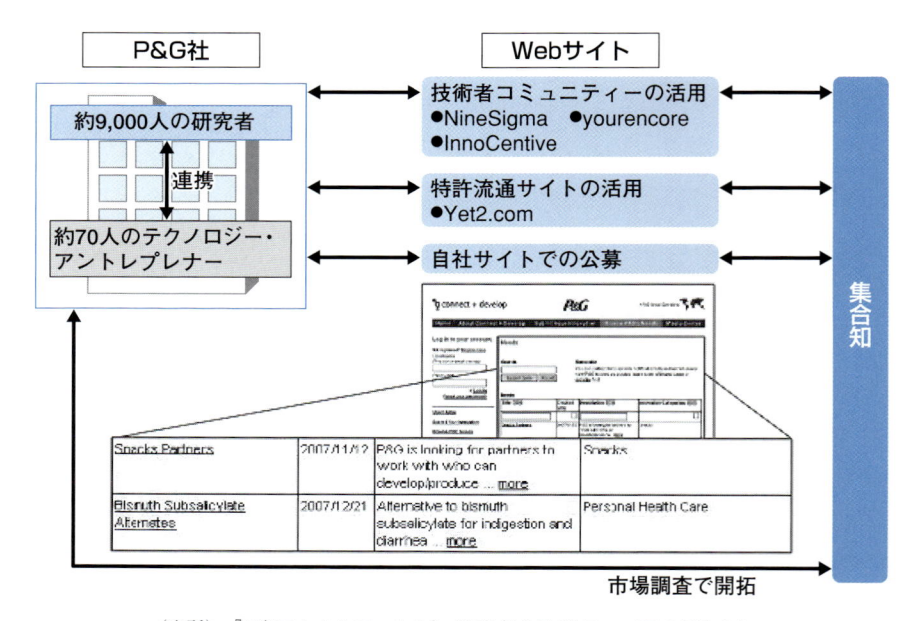

P&G社
- 約9,000人の研究者
- 連携
- 約70人のテクノロジー・アントレプレナー

Webサイト
- 技術者コミュニティーの活用
  - NineSigma ●yourencore
  - InnoCentive
- 特許流通サイトの活用
  - Yet2.com
- 自社サイトでの公募

集合知

市場調査で開拓

Snacks Partners	2007/11/12	P&G is looking for partners to work with who can develop/produce ... more	Snacks
Bismuth Subsalicylate Alternates	2007/12/21	Alternative to bismuth subsalicylate for indigestion and diarrhea ... more	Personal Health Care

(出所)『日経エレクトロニクス』，2009年3月23日，p.75の図9より。

知的財産の技術移転を手がける特許流通サイト，そして自社サイトでの技術の公募など，インターネットを介した技術情報の収集も積極的に行っています。

　P&GはこのC&Dの枠組みを利用して，世界中から有望な技術アイデアを発掘し，社内に取り込んだうえで，それを自社の研究開発・製造・マーケティング・購買に関する優れた能力によって改良を施すことで，新しい製品をより安くより迅速に開発し，市場投入して利益につなげることをめざしています。つまり，「技術アイデアを外部調達する」といっても，コスト削減を目的に外部者に業務移管を行う一般的なアウトソーシングの発想とはまったく異なります（Huston & Sakkab, 2006）。社外から取り込んだ優れた技

術アイデアに対して，自社の得意な要素や強みのある資源を付け加え，さらに洗練させてその価値を高めることで収益化をはかるのが，単純なコネクトにとどまらずディベロップを伴うC＆Dの考え方なのです。

　P＆GがC＆Dを実践して成功した例として有名なのが，「スウィッファー・ダスター」というホコリ取り用の掃除用品の商品化です。同社は当初，自前で新しいダスターの開発をめざしていましたが，日本でユニチャームが優れた商品をすでに販売していることを知り，彼らとの協業関係を築くことにしました。その結果，P＆Gはユニチャームからコア技術のライセンス供与を受けて，ロイヤリティーを支払って商品化することとし，実際にアメリカ市場での販売で成功を収めました。同じ日用品を販売するP＆Gとユニチャームは日本市場において競合関係にあります。しかし，日本以外の海外市場においては，この件を通じて重要なパートナーになりました（ウィードマン，2008）。たとえ競合企業であろうと，有望な技術アイデアをもつものが社外にいるならば，それをうまく取り込んで活用するのがC＆Dの考え方です。

　ダスターの例ではP＆Gが競合企業から技術導入をはかりましたが，逆にP＆Gが競合企業に対して技術供与することで成功を収めた例が，「破けないゴミ袋」の商品化です。これはアメリカ市場において洗剤など日用品分野で昔から競合していたクロロックスとのジョイント・ベンチャーにより実現しました。当初，P＆Gの社内に密閉ラップとポリ袋に関する特許技術があったものの既存事業では利用できなかったうえに，2001年頃は財務危機のただ中で，新ブランドと新規事業を立ち上げるには資源が不足していることが明らかであったため，社内でこれら有望な技術を活用するめどが立ちませんでした。そこで同社は他社との提携で技術の活用をめざすこととし，その結果，すでにゴミ袋分野での事業経験と販売ルートをもちあわせているクロロックスとのジョイント・ベンチャーを立ち上げるという結論に達しました（Chesbrough, 2006）。

　このように，自社に備わっている能力と不足している能力，他社に備わっ

ている能力と不足している能力，それらを比較検討しながら収益化に向けて最適な協業体制を構築していくのが，C&Dの考え方です。これはまさにオープン・イノベーションの実践例であるといえます。

◯ イノベーションの外部調達コスト

　社外のイノベーション成果を調達すると一口にいっても，実は調達対象の完成度合いによって，調達コストが異なります。世の中には，半熟のアイデアから製品化できそうなアイデア，そしてすぐにでも上市できそうな製品まで，さまざまな状態のイノベーション成果が存在します。これらの諸状態に応じて調達にまつわる課題とコストを模式的にまとめたのが，図表10.5です。

　図では4つの変数（探索範囲，リスク，スピード，調達コスト）が，アイ

図表10.5　外部調達の連続体

半熟のアイデア	製品化できそうなアイデア	すぐにでも上市できそうな製品
探索範囲＝広い リスク＝高い スピード＝遅い 調達コスト＝安い	探索範囲 リスク スピード　　｝中程度 調達コスト	探索範囲＝狭い リスク＝低い スピード＝速い 調達コスト＝高い
特許ブローカー， 発明キャピタリスト	イノベーション・ キャピタリスト	ベンチャー・ キャピタリスト

イノベーションの仲介者

（出所）Nambisan, S., & Sawhney, M.（2007）A buyer's guide to the innovation bazaar. *Harvard Business Review,* 85(6), p.111 の図をもとに筆者作成。

デアの完成度合いに応じてどのレベルをとるか，その変化をまとめてあります。企業が外部から半熟で未完成なアイデアを調達しようと考える場合には，革新的なアイデアを見つけ出すための探索範囲を広くとり，実際に製品化できるかどうかという高いリスクを負い，アイデアを製品化して上市するまでのスピードが遅くなることを覚悟する必要がありますが，アイデア購入時の支払価格は安くすむため調達コストは下げられます。一方，完成度が高くてすぐにでも上市できるアイデアを調達する場合には，検討対象とするアイデアの範囲は狭くてすみ，製品化のためのリスクは低く，上市に至るスピードを速められますが，購入時の支払価格は高くつくため調達コストが高まります。

したがって，企業がイノベーションを外部調達する際は，リスクとコストとスピードの面でバランスのとれた中程度の完成度をもつ「製品化できそうなアイデア」をイノベーション・キャピタリストなどの仲介者を利用して見つけ出し，調達するのが望ましいといえます（Nambisan & Sawhney, 2007）。

演習問題

10.1 メーカーがリード・ユーザーとともに新製品開発を進めるメリットは何か説明しなさい。

10.2 新製品開発手法におけるLU法とUD法の違いは何か説明しなさい。

10.3 クローズド・イノベーションに対してオープン・イノベーションが優れている点をあげなさい。

10.4 世の中にユーザー・コミュニティーとしてどのようなものが実在しているか，調べてみましょう。

第 11 章

業務範囲を仕分ける

販売店の責任を果たすには，何事も自前で取り組むことが大切と考えています。番組もコールセンターの応対も，会社の思いを共有する社員がすべて手がけることで，お客様に私たちの姿勢が伝わりやすくなるからです。……（中略）……顧客に対応する自社の社員への投資も忘れてはなりません。ES（従業員満足）は CS（顧客満足）に直結します。ジャパネットでは役職者研修や新人研修など社内研修を充実させています。……（中略）……お客様へのサポートも社員に対するフォローも，お金はかかります。でも，その投資があるからこそ，巡り巡って，企業の成長につながるのです。

―― （高田明，2010，p.1）

「選択」とは，利益のでない事業を捨てることを指す。あるいはたとえ利益が出ていても，将来性のない事業からは撤退する。一時的な利益ダウンは避けられず，事実そうなった。よく驚かれるが，この点が当社の収益構造改革の特徴の一つである。……（中略）……一方の「集中」とは，逆に将来性のある事業を育てようということだ。撤退した事業で使われていたヒト・モノ・カネの経営資源を，育成すべき事業に集中投下する。

―― （吉川廣和，2007，p.73）

○ KEY WORDS ○
価値連鎖，垂直統合，機能分化，動学的取引コスト，
スマイル・カーブ，シナジー

11.1　自社の業務範囲を決める

　本章では，企業が収益性を高めるために自社の事業活動範囲をどこまで手がけるかという問題を取り上げます。業務範囲を拡大させることは「統合」の問題として，逆に絞り込むことは「分化」の問題として議論できます。

○　価値連鎖と機能統合/機能分化

　価値連鎖（value chain）とは，企業活動におけるさまざまな機能が個別的に価値を創出して付加していく一連の流れを付加価値の連鎖として総体的に把握することで，機能間の関係性におけるムダや不適合を発見して業務効率の改善に役立てたり，競合企業と比較して自社の強みや弱みがどの機能にあるのかを再確認して競争優位を構築するために利用する，一種の分析フレームワークです（Porter, 1985）。

　具体的なイメージとして，製造業における一般的な価値連鎖を示すと図表11.1のように描けます。この図では，左側を川上，右側を川下として右方向の付加価値連鎖の流れを描いています。図の上側に技術研究，商品開発・設計，生産，営業・マーケティング，流通・販売，アフターサービスなど主要な機能が描かれ，各活動が相互に依存しあいながら左から右へと商品に付加価値をつけていく様子を表現しています。さらに図の下側には，上の主活動がスムーズに流れるように背後で支える支援活動として，たとえば人的資源の管理や投入要素の調達活動や情報システムの管理などの業務を描いてあります。

　このように，自社が取り組んでいる事業活動の内訳を機能別に描いた価値連鎖の図表を見直してみることにより，自社の強みにもとづいた戦略を立てやすくなります。同じ製造業の企業であったとしても，まったく同じ価値連

図表 11.1　価値連鎖：製造業の例

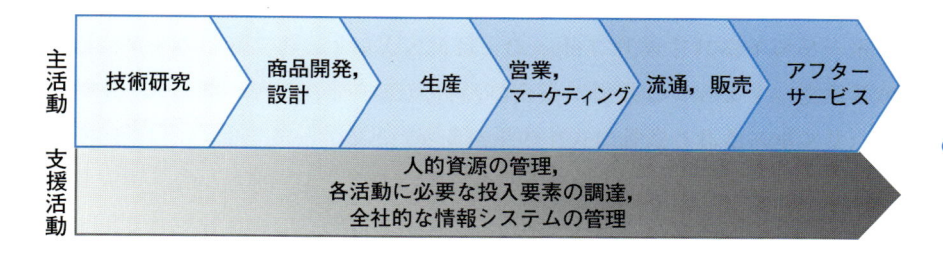

主活動：技術研究 → 商品開発, 設計 → 生産 → 営業, マーケティング → 流通, 販売 → アフターサービス

支援活動：人的資源の管理, 各活動に必要な投入要素の調達, 全社的な情報システムの管理

鎖が描けるとは限りません。ある企業では調達活動と生産活動に強みがあるならば，それを活かして低コストで低価格商品を展開することが考えられますし，また別の企業ではマーケティングと販売活動に強みがあるならば，ブランドの構築に力を入れて商品の差別化を展開することが考えられます。

重要なことは，価値連鎖を描くことによって自社の既存の事業活動においてどこから多くの価値が生み出されているのか，それを実現させている強みは何なのかを明らかにすることです。そうすることで企業として，どこに資源配分を厚くして将来的に注力するのかという意思決定がしやすくなります。

また，価値連鎖を考えたときに，主活動・支援活動のすべてを自社の事業活動として手がけるという選択肢と，自社が得意な機能分野にだけ集中特化して事業活動を営むという選択肢の2つの方向性がありえます。前者のように事業活動が複数の機能分野にまたがっていることを機能統合（functional integration）といいます。後者のように事業活動を特定の機能分野に集中させて取捨選択することを機能分化（functional disintegration）といいます。

◯ 垂直統合/垂直分化

企業活動の「統合」と「分化」という現象は，価値連鎖における機能面だ

けでなく，企業間の売買取引関係の側面からも見ることができます。このとき，企業が取引関係にある他企業（あるいは取引先と同様の業務内容）を取り込んで事業活動領域を拡大していくことを**垂直統合**（vertical integration）といいます（図表 11.2）。たとえば，①加工・組立メーカーが，自らの生産活動で使用する原材料・部品の調達先である原材料・部品メーカーを買収したり，あるいは同等の原材料・部品を外部から調達せずに自社内で内製する場合，②加工・組立メーカーが，製品の出荷先である小売・販売業者を買収したり，あるいは自ら販社や直営店を設立して販売業務に乗り出すような場合が，ここでいう垂直統合です。とりわけ①の例のように川上にさかのぼって売り手の業務を統合することは「**後方統合**」と呼ばれ，逆に，②の例のように川下に進出して買い手の業務を統合することは「**前方統合**」と呼

図表 11.2　垂直統合：製造業の例

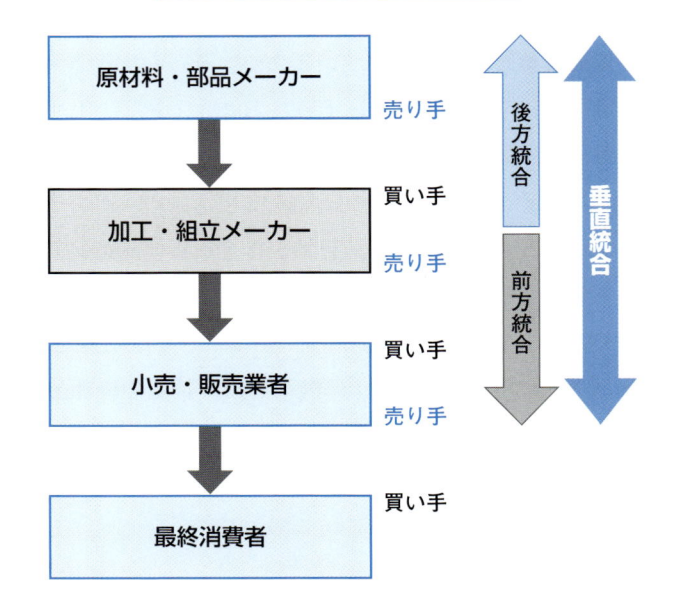

原材料・部品メーカー　売り手
↓
加工・組立メーカー　買い手／売り手
↓
小売・販売業者　買い手／売り手
↓
最終消費者　買い手

後方統合／前方統合／垂直統合

ばれます。

　ちなみに企業が市場シェアの拡大をめざして自社と同様の事業活動を営む競合他社を吸収合併する統合の形態は，垂直統合と区別して水平結合（consolidation）と呼ばれています。

　一方，自社の強みと弱みを検討した結果，事業活動領域を強みのある製品/サービス分野だけに限定して，そこに事業活動を集中特化させることを垂直分化（vertical disintegration）といいます。特殊部品の専業メーカーや専門量販店になることがその例です。産業内で明確な分業関係が成立しており，企業間の市場取引が可能な場合に，企業は垂直分化を実行できます。

　以上では，「機能統合/分化」と「垂直統合/分化」を概念的に分けて説明しましたが，現実の企業行動に見る「統合/分化」現象には両方の要素が複雑に絡みあって存在します。たとえば，メーカーが供給業者や販社を垂直統合する場合にも，単に売り手企業や買い手企業の業務を自社内に取り込むだけでなく，従来は担っていなかった部品の開発・設計・生産機能や最終消費者を相手にする販売機能などの機能統合をも必然的に行わなければなりません。それゆえ，次節以降では，企業が「統合する理由」と「分化する理由」ついて，機能面および垂直面（取引関係面）の両方から探ってきます。

11.2　統合の理由

　統合が潜在的に抱えるデメリットとして，①ほかの機能を取り込むための追加投資が必要なため，資金が固定的な資産として凍結されてしまう，②組織が拡大して管理が複雑化し，官僚化や部門利益の追求といった弊害が起こる可能性がある，③企業内取引が増加して外部市場との競争がないため，コスト削減や品質アップの動機づけが減る恐れがある，④複数の機能間の統合

化を推し進めると,環境変化に対して企業として柔軟な対応がとれなくなる,の4つが主なものとしてあげられます(清水,2007；柳原,1975)。

しかしながら,以下で紹介する主に5つの理由から,企業が統合をめざすことがあります。

〈①生産・調達・物流のムダを節約するため〉

企業は外部から調達していた原材料等を内製化して垂直統合することで,生産効率・操業効率の向上によるコスト削減が可能になります。これは結果的に機能統合を伴うからです。複数の機能部門を自社内に取り込むことで,企業は広範囲に渡って作業工程や投入要素に関する社内的な標準化を行いやすくなり,その結果として作業効率の改善が可能になります。また,同一企業内の機能部門間であれば,価値連鎖全体で見て最適な設備・人員配置や生産・在庫計画を立てられるようになることも,効率性の向上に貢献します。

たとえば,定食屋チェーンの大戸屋は調理に使う野菜を自社の植物工場で生産する後方統合を行っています。通常の露地物やハウス栽培の野菜を仕入れた場合,土や虫がついている部分や食べない茎の部分など廃棄物の量が多くなります。つまり使用しないムダな部分にまで金銭を払って仕入れることになります。それに対して,植物工場で栽培方法を工夫して,定食屋で利用しやすい形状の「捨てるところが少ない」野菜を作ればムダを削減できます。このように大戸屋は投入要素(野菜)の標準化を社内的に行うことで効率性の改善につなげています(『日経ビジネス』,2009年8月3日,p.73)。

また,家具専門チェーンを展開するニトリは,東南アジアに自社工場をもち,国内6個所に自社開発の巨大な自動倉庫を備えた物流センターを自前で設置するなど,垂直統合・機能統合型の家具店です。それにより適確な生産・在庫計画が立てられるため,他社平均の2倍の在庫回転率(つまり在庫費用の低減)を達成できています(『日経ビジネス』,2007年8月20日,p.41)。

同様に,衣料品チェーンを展開するしまむらも,自前で全国規模の物流網を構築しています。しまむらは,売行きの悪い店から売行きのよい店へと1

着単位で頻繁に商品の店間移動を行って売り逃がしと不良在庫化を防いでいます。これを実現するために，商品を単品管理できる情報システムと，輸送コストは宅配便の4分の1といわれる専用物流システムを自社で独自に構築して，チェーン全体の操業効率を高めています（月泉，2006）。

〈②商品品質での差別化をはかるため〉

　商品のもつ「品質のよさ」を差別化の基軸に据えている企業の場合，競争力の源泉である高品質を維持するため，また，高品質を可能にしている技術的な機密やコア技術に関するノウハウ情報が社外に漏洩するのを防ぐことを目的として，設計や生産機能の機能統合，および原材料・部品の内製化による垂直統合を行います。

　たとえば，ファスナー・メーカーのYKKは徹底的な垂直統合で知られています。同社はファスナーの製造で使用するテープの糸や金属片などの原材料にまでさかのぼって一貫生産を行っています（吉田，2004）。さらに国内外すべての工場で使用する生産機械と，その機械を作るための部品まですべて内製しています。同社の幹部は「部品くらい外から買ってきたらどうだ，と言う人もいますが，とんでもない。部品にこそコアの価値が宿っている。部品をちゃんと作るから，同じ機械になる。同じ機械で作るから世界中で同じ品質のファスナーが作れる。だから世界中のお客様がYKKを信頼してくれる」と述べています（『日経ビジネス』，2007年1月15日，p.36）。

　またヨーロッパの高級ブランド，ブルガリも商品品質での差別化を行うために垂直統合を実施しています。同社の主力商品である宝飾品は7割が自社製造で，時計の組立ても100％内製化しています。時計のムーブメント（駆動部分）や文字盤などの重要なパーツでも自社生産の割合を増やし，アクセサリー部門の皮革製品でも内製化を積極的に進めています。「中間マージンの削減という経済的な利点だけが垂直統合の動機ではない。目の肥えた顧客を満足させるためには，品質を自社で全面的にコントロールする体制が欠かせない」とCEOのフランチェスコ・トラパーニは述べています（トラパー

ニ，2008）。

〈③交渉力を確保するため〉

　自社の川上にいる原材料の供給業者あるいは川下にいて自社製品を購入する顧客企業など，特定の企業に対して過度に依存することを回避して，売買取引を行うときの交渉力や影響力を保持することを目的として，企業が一部を内製する垂直統合（すべてを外部調達しない垂直分化）を行うことがあります。

　たとえば，さまざまな部品メーカーから部品を調達して完成車を組み立てる自動車メーカーが，組立生産に使用する部品の全量を部品メーカーに発注しないで，その一部分を自社で内製する場合があります。実際にホンダでは，ハイブリッド車で使用する電源回路部品やモーター用金属部品の一部を自社生産しています。その理由として同社の幹部は「自分たちで作ればコスト構造が分かり，どうすればもっと安く作れるか分かる。部品メーカーと価格交渉する際に牽制効果もある」と述べています（『日経ビジネス』，2009年7月20日，p.28）。さらに，多くの自動車メーカーでは，鋼板を鉄鋼メーカーからまとめて大量購入して，安く部品メーカーに再販売するという手法も用いられています。つまり，供給業者の原材料の調達活動にまでさかのぼって自社の活動に機能統合するという取り組みです。それにより，自動車メーカーは調達部品のコスト低減を直接的に行えると同時に，取引相手である部品メーカーのコスト構造を丸裸の状態で把握できます（Pil & Holweg, 2006）。

　以上は，川上の供給業者に対する交渉力・影響力を確保するための後方統合の事例でしたが，逆に川下の顧客企業に対する交渉力・影響力を確保するための前方統合の事例もあります。

　たとえば，パソコンの中核部品であるCPUの開発と製造を主力事業にするインテルは，自社製CPUを使用したパソコン用マザーボードの製造・販売事業にも進出しています。インテルが次々と開発して市場投入する新型

CPUを組み込んだ新しいマザーボードを開発設計するには一定の技術力が求められるため、開発陣がそろっている大手のパソコン・メーカーしか新型パソコンの設計ができないという状況がかつてありました。そうなると、CPU供給業者であるインテルの命運は大手パソコン・メーカーに左右されてしまいます。これを回避するための一手段としてインテルは自らマザーボード事業を開始しました。つまり、技術力のない新興パソコン・メーカーでも既製品のマザーボードを調達できれば簡単に新型パソコンを製造・販売できる状況をつくりました（立本，2007）。

その結果、パソコン業界への新興企業の新規参入が増えて、市場競争が活性化し、既存の大手パソコン・メーカーもインテル製の新型CPUを利用した新製品開発に必死にならざるをえなくなりました（Slywotzky & Morrison, 1997）。インテルと顧客企業であるパソコン・メーカーとの力関係が逆転したのです。

〈④顧客ニーズや需要動向に即応するため〉

商品の売れ残り（不良在庫）や売り逃し（販売機会損失）を避けるために、消費者ニーズや需要動向の変化に即座に対応できる企業体制を構築することを目的として、企業が垂直統合・機能統合を行うことがあります。

たとえば、カジュアル衣料品店のZARAを展開するスペインのInditexは、顧客が購入するまでは商品を自社管理するという方針のもと、商品デザイン・生産・在庫管理・ロジスティックス・販売の各機能をすべて統合的に管理しています。同業のGAPやH&Mは自社生産設備を保有していませんが、商品の約半分を自社工場で製造している点もZARAの特徴です。そのおかげで同社は、新商品の企画を立ててからわずか15日で実物が店頭に並ぶ超高速サプライ・チェーンを作り上げています（通常、アパレル業界では何カ月も前から来シーズン向け新商品を用意します）。

また、少量生産の新商品を頻繁に発売して、週2回のペースで店舗に新入荷させています。スペインにある中央倉庫から日本の店舗まで、航空便を使

って72時間以内に納品できる体制が築かれています。新商品の開発と店舗への流通を短期間・短時間ですませられるということは，移ろいやすい顧客ニーズに対応した商品販売を実現しやすい体制にあるということです。このようにInditexは「片手は工場に，もう片方の手は顧客に触れている」統合を行うことで，顧客の需要動向に即応しているのです（Ferdows, et al., 2004）。

〈⑤動学的取引コストが存在するため〉

第3世代ケータイ電話の基礎技術であるCDMA（符号分割多元接続）技術を開発したQualcommという企業があります。現在，同社はCDMA技術を世界中のケータイ電話事業者に知的財産や半導体チップ設計として提供するだけで，自社ではチップ製造やケータイ電話事業を行っていません。それぞれ別の企業が製造と通信事業を行っています。つまりケータイ電話業界は垂直統合ではなく垂直分化しています。

ところが，QualcommがCDMA技術を開発してケータイ電話への応用を試みようとした1990年頃においては，同社は自らチップ製造も手がけてケータイ電話機をつくり，通信用の基地局ネットワークを構築するなど垂直統合型でケータイ電話事業を行っていました（Mock, 2005）。なぜなら，同社は動学的取引コストの高さに直面していたからです。

動学的取引コスト（dynamic transaction cost）とは，外部の他社を自社の取引相手となるように説得し，交渉し，調整し，教示するために要するコストです（Langlois, 1992）。

たとえば，今まで世の中になかった新規事業を自社が世界ではじめて開始しようとした場合に，動学的取引コストが高ければ，誰も自社の取引相手にはならない，あるいは取引相手になれないので，結果的に自前ですべての原材料・部品を調達して内製する垂直統合型として事業を展開せざるをえなくなります。逆に，動学的取引コストが低ければ，自社との取引相手も出現するので，すべてを自前で行う必要性がなくなります。

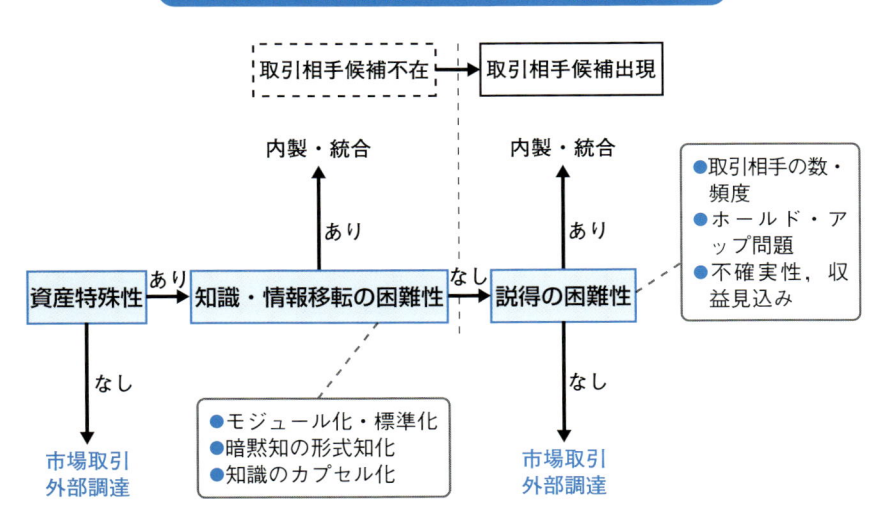

図表 11.3 動学的取引コストによる垂直統合：概念図

```
                    取引相手候補不在 → 取引相手候補出現

                     内製・統合           内製・統合
                        ↑                   ↑
                       あり                 あり           ● 取引相手の数・
                                                            頻度
  資産特殊性 あり→ 知識・情報移転の困難性 なし→ 説得の困難性   ● ホールド・アッ
                                                            プ問題
    ↓                   ↓                   ↓            ● 不確実性，収
   なし                                     なし            益見込み
                  ● モジュール化・標準化
  市場取引         ● 暗黙知の形式知化       市場取引
  外部調達         ● 知識のカプセル化       外部調達
```

　図表 11.3 の概念図には，動学的取引コストを構成する 3 つの要素が示されています。「資産特殊性」「知識・情報移転の困難性」「説得の困難性」です。これに沿って Qualcomm の事例を整理すると，次のようになります。

　まず「資産特殊性」の観点からいうと，第 2 世代ケータイ電話以前で一般に幅広く利用されていた TDMA（時分割多元接続）技術とまったく異なり，新しい CDMA 技術は基本的に Qualcomm しか提供者がいないという特殊な技術であったため，従来技術との互換性を問題にする事業者は新規投資が必要になる同技術をあえて採用する動機をもちませんでした。

　次に「知識・情報移転の困難性」の点でも，CDMA 技術は技術要件が先進的かつ斬新であったため，他社に Qualcomm のもつ知識やノウハウをすべて理解させることが困難であり，結果的に既存のチップ製造会社では新しいチップの製造ができませんでした。

　さらに，仮に知識・情報移転が可能になって取引相手候補企業が見つかっ

たとしても，彼らに対する「**説得の困難性**」は高いままでした。CDMA技術はすでに実績のあるTDMA技術と異なり，理論上は優れていたとしても現実には稼働しない可能性もあると考えられていました。不確実性が高くて採用見込み企業数が少ない技術ならば，多くの企業にとっては収益機会も限られるため，Qualcommからの「協力して事業を進めよう」という説得には誰も応じなかったのです。

このように非常に高い動学的取引コストに直面したQualcommは，取引相手を見つけられず，結果的に自ら投資を行ってケータイ電話事業を開始することでCDMA技術の有用性と将来性を実証することにしました。それゆえ，ケータイ電話業界の黎明期において同社は垂直統合型の事業展開をしていたのです。

〈統合から分化へ：動学的取引コストの低下〉

しかしながら，Qualcomm自身によるCDMA技術の実証が成功するにつれて，動学的取引コストの状況が変化します。とくに同社は，高度なCDMA技術をモジュール化した半導体チップを自ら製造することで他社が技術導入しやすくしたり，CDMA技術に関する標準化活動を展開することで「**知識・情報移転の困難性**」の低減に成功しました。これらの自助努力が奏効して，韓国での採用を皮切りにCDMA技術は世界中のケータイ電話事業会社で次第に採用され始めました。世の中でCDMA技術が認知され，その将来性にビジネス・チャンスを見いだす企業が増えた後になってはじめて，Qualcommはケータイ電話機と基地局の事業を他社に売却して，本来想定していたCDMA技術の設計やライセンシングに特化したビジネスモデルを実行できるようになったのです（Chesbrough, 2006）。

以上のように新規事業の立ち上げ時には，その新奇性ゆえに**資産特殊性**の高さが問題になります。また**知識・情報移転の困難性**が原因で新技術のアイデアを誰もが簡単に理解できないこともあります。しかし，複雑なアイデアをモジュール化して「知識のカプセル化」をはかって移転しやすくしたり，

図表 11.4　コンピュータ業界：統合から分化へ

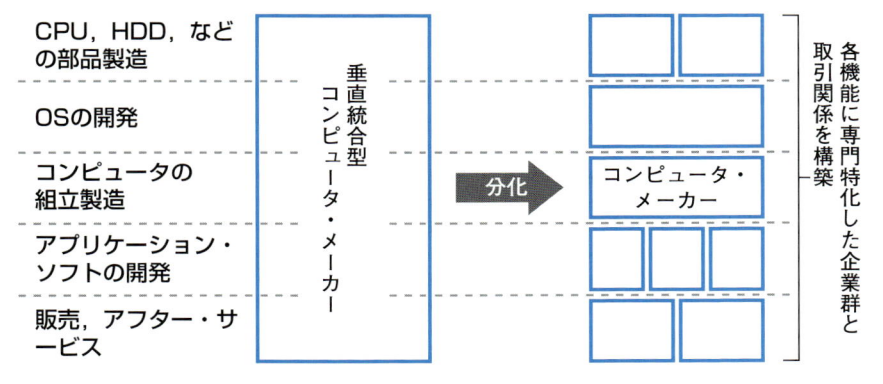

機能	垂直統合型		垂直分化型
CPU, HDD, などの部品製造		→ 分化 →	各機能に専門特化した企業群と取引関係を構築
OSの開発	垂直統合型コンピュータ・メーカー		
コンピュータの組立製造			コンピュータ・メーカー
アプリケーション・ソフトの開発			
販売，アフター・サービス			

（出所）Grove, A. S.（1996）*Only the paranoid survive: How to exploit the crisis points that challenge every company.* New York: Currency, p. 44 の図を大幅に加筆修正。

事業での実証を通じて社会的な認知や理解レベルを高められれば，当初は新奇で特殊だったアイデアも普及するにつれて特殊でなくなります。その結果，ビジネス・チャンスを見いだした企業が市場に参入してくることで，取引相手不在の状態から取引可能な相手が増加して「市場の厚み」が増していきます（Langlois, 2003）。

このように歴史的に見ると，動学的取引コストが高い状態から低い状態へと低下するにつれて，企業が垂直統合する必要性も低下して，必要機能を他社との市場取引を通じて外部調達する垂直分化・機能分化へと産業構造が移り変わっていきます。その象徴ともいえる例が，コンピュータ業界です。図表11.4に見るように，技術力のある大企業が一社ですべてを内製していた垂直統合から，社会全体への技術や知識の普及と相まって各機能をそれぞれ特化した専門企業が担う垂直分化・機能分化へと産業構造が変化したのです。

11.3　分化の理由

　企業が分化して必要な経営資源を外部調達（アウトソーシング）することの潜在的なデメリットとして，①外注先に重要な機能を依存し，事業としての付加価値を取り込まれてしまう危険性がある，②外注先を通じて，重要な情報や技術が競合相手にもれる可能性がある，③他企業である外注先との間で各種の契約手続きや調整が手間取る可能性がある，の3つが主なものとしてあげられます（清水，2007）。しかしながら，以下で紹介する3つの理由から，企業は分化を選択することがあります。

〈①市場取引がもたらす効果を活用するため〉

　①**市場取引のもつ競争圧力効果の利用**：同一企業内の部門間取引ですと取引関係が固定化されていて競争圧力が働かないため，コスト低減や品質向上への取り組みがおろそかになりがちです。一方，外部業者と市場取引する場合，それが独占企業でない限り，顧客からの契約を勝ち取るために競合他社と競ってコスト低減と品質向上に励みます。このような場合，企業は自社内で必要な要素を内製するよりも，外部業者から調達したほうが，安くよいものを入手できます。それゆえ企業は，原材料・部品などの製造機能を後方統合せずに，垂直分化を選択します。

　②**外部の専門業者の能力を利用**：自社内で原材料や部品を自家消費用の少量だけ内製すると，**規模の経済**が作用しないため，単位あたり生産コストが高くなってしまいます。その点，数多くの顧客向けに原材料・部品等を専門的に大量生産している外部の供給業者は，当然ながら**規模の経済**と**学習曲線の効果**のメリットを享受できるため，同等のものを低コストで生産可能です。このような場合，企業は内製するよりも専門業者から外部調達したほうが低価格で必要な要素を入手できるため，後方統合せずに垂直分化を選択します。

③**市場取引の柔軟性を利用**：たとえば最終製品のメーカーは，生産プロセスで用いる部品などの中間財を自社で内製したり，人手としての作業員を直接雇用したりせずに，部品メーカーや人材派遣会社から外部調達することで，市場の需要変動に応じた**柔軟で機動的な生産量調整**が可能になります。自社内で設備を構えて人を雇って部品を作っていたら，需要の落ち込んだ時期には設備稼働率が低下して仕事のない人にも賃金を支払うというムダが発生してしまいます。このような場合，企業は市場取引のもつ柔軟性を活用できるようにするため，後方統合せずに垂直分化を選択し，過剰な設備資産や人員を抱え込まないようにします。

〈②自社の強みに専念できるため〉

レモンの34倍のビタミンCを含有しているといわれるアセロラ。この果実を使った「アセロラドリンク」を1986年に発売して以来，日本にアセロラを紹介し続けてきたニチレイフーズが，2009年にアセロラ飲料事業をサントリー食品に事業譲渡しました。

その理由は「ニチレイフーズのアセロラ飲料事業は，大手量販店やコンビニエンスストアでの販売比率が高い商品ですが，こうした販路を確保するためには研究開発，広告展開，販売促進策の実施など多くの経営資源の投入が必要となります。

しかしながらニチレイフーズはアセロラ単品しか取り扱っていないため，単独では，飲料市場の競争が激化するなか，これ以上の事業展開は困難であると認識しました。アセロラ自体の商品ポテンシャルは大変高いものがありますので，有力な飲料専業者に国内の最終製品販売事業を譲渡し，一層の販売拡大を図っていただくこと，また，ニチレイフーズ自体は高いシェアを握る原料供給に特化し，国内はもとより広く世界市場にむけたビジネス展開を図ることが得策であると判断し，今回の決定に至りました」と同社広報資料（2009年7月28日）にあります。

このように企業は，自社の限られた経営資源を有効に配分して，価値連鎖

上における自社の強みに専念できる体制を築くために機能分化を選択します。ニチレイフーズの場合は，アセロラ原料の調達供給に優れた技術・ノウハウをもっていたので，そこに経営資源を集中特化させようということです。

また，6割以上の世界市場シェアを誇るオランダの半導体露光装置メーカーのASMLは，製造原価のうち約90％を外部調達した部品モジュールで組み立てた製品を作っています。同社は約500社に及ぶ部品供給会社のネットワークを構築してこれを可能にしています。半導体露光装置を構成する優れた部品を，それぞれ競争力のある部品供給会社から調達できることで，同社の最終製品の価格性能比が高められています。装置システムの設計・動作試験・全体統合に強みをもつ同社は，その得意分野にだけ特化して経営資源を集中させています。それと同時に，自社の最終製品の価値に大きな影響を及ぼす川上に位置する部品供給会社のネットワークを適切に管理することにも意を注いでいます（Lammers, et al., 2009）。このように専門領域に垂直分化した場合には，企業は自社を取り巻く取引相手企業との関係性を全体的に考慮して垂直分化・機能分化の価値とメリットを高める工夫が求められます。

〈③価値連鎖上で付加価値が偏在しているため〉

価値連鎖全体を眺めたときに，すべての機能部門が平均的に付加価値を生み出しているのではなく，付加価値が高くて高収益を生み出している機能部門と低付加価値で低収益の機能部門との差が大きい場合に，企業としては低付加価値・低収益部門を社外に切り出して，自らは高付加価値・高収益部門に事業を特化させるという，収益性基準による機能分化の選択があります。

たとえば，パソコン産業では価値連鎖上に大きな付加価値の偏在が見られ，図表11.5のようなU字型をした曲線を描くといわれています。笑顔を表現したようなこの曲線はスマイル・カーブ（smile curve）と呼ばれ，台湾のパソコン・メーカーであるエイサーを創業した施振栄（スタン・シー）が考案し，自らも事業領域選択の指針として利用してきたものです（佐藤，2007）。パソコン産業では技術による差別化を行いやすい川上の部品製造部

図表11.5 スマイル・カーブ：付加価値の偏在

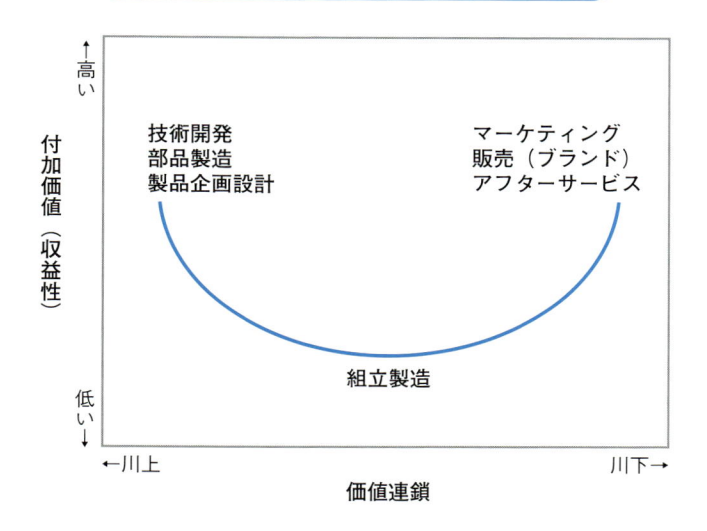

付加価値（収益性）　高い↑　低い↓

技術開発
部品製造
製品企画設計

組立製造

マーケティング
販売（ブランド）
アフターサービス

←川上　価値連鎖　川下→

門とブランドやサービスによる差別化を行いやすい販売部門で高い付加価値を獲得できるのに対して，中間に位置する組立製造部門では生産の効率化を追求する低コスト化競争に直面せざるをえないので収益性が低くなることが，この図で示されています。実際にエイサーは，このような付加価値の偏在を前提条件として，自社の事業領域を収益性の高い川上部門と川下部門に特化させて，収益性の低い組立製造を他社に業務委託するという戦略をとり，大きな成長を遂げたのです。

実はパソコン産業に限らず，スマイル・カーブのような付加価値の偏在は現代のエレクトロニクス製品では幅広く観察される現象です。2000年代にはソニーをはじめとする大手エレクトロニクス・メーカーが機能統合を見直して，製造工場の一部を他社に売却して低収益の組立製造部門から手を引き，より高収益の川上・川下部門へと機能分化する動きが頻繁に見られ，産業構造が垂直分化していきました。

しかし，すべての企業が低収益の組立製造部門を忌避して，結果的に誰も作り手がいなくなってしまっては産業が成り立ちません。そこで登場してきたのが，自社ブランドをもたずに複数の企業から同種の電子機器などの製造を大量に一括して受託製造する EMS（Electronics Manufacturing Service）という事業形態です。つまり，一般に低収益とされる組立製造にあえて特化して，川上や川下の高収益部門に特化した企業群に対して製造機能をサービスとして専門的に販売していくビジネスです。

　付加価値が低いとされる製造部門であっても，経営の方法を工夫すれば収益性を高めることができます。事実，EMS 企業は次のような施策を実行することで生産効率を高めて収益化をはかっています（高橋ほか，2005）。

①製造受託した製品間で部品の共通化を進めて，部品の大量購買によるボリューム・ディスカウントで部品調達コストを引き下げる，

②組立製造部門から手を引いた完成品メーカーの工場を買収して生産規模を拡大し，**規模の経済**を追求する，

③生産プロセスの効率化（コスト低減）をはかるため，生産しやすいように自ら設計・試作にも取り組み，委託先に対して製造製品の**設計提案**を行う，

④市況変動に対応するために**顧客基盤の拡大と多様化**をはかり，受注量の繁閑を吸収して工場稼働率の維持に努める，

以上の 4 点です。実際に EMS ビジネスは市場拡大しており，世界最大の EMS 企業である台湾の Hon Hai Precision Industry は，連結売上高で 6 兆円を優に超えており，これは大手家電メーカーのシャープの 2 倍の規模に達します。同社は低コストでの高効率経営を実践しており，営業利益率は 5.8%（2003〜2007 年の 5 年間平均）と高い成果を出しています。顧客企業としては，Dell，Apple，Sony，任天堂，Nokia，Motorola といった世界的なブランド・メーカーを多数抱えています。これらブランド・メーカーは互いにパソコン，ゲーム機，ケータイ電話機などの完成品市場で競合関係にあります

が，黒子役の Hon Hai は，その勝敗に左右されることなく EMS 事業を安定的に運営できるのです。

11.4 シナジー

　各部門が一まとまりに統合されることで，個別部分の総和以上の成果が現れる現象のことをシナジー（synergy）と呼びます。つまり「２＋２＝５」のような現象です（Ansoff, 1988）。シナジーが生じる原因としては，①資源や活動の部門間における共有・共同使用で規模の経済と範囲の経済が存在する，②マーケティング投資や技術研究開発投資など個別部門における投資の成果が他部門にも波及効果を及ぼす，③蓄積した技術的および経営的な知識・スキルを部門間で共有したり転用したりできる，④世間で認められているよい評判やイメージを部門間で共有できる，の４点があげられます。このような効果が認められる場合には，企業は統合化を行うメリットがあります。

　ただし現実には，個別部分の総和が単純合計値を下回ってしまう負のシナジーも存在しますから注意が必要です（Buzzell & Gale, 1987）。たとえば，1997 以前のアメリカ企業 PepsiCo はコーラ飲料事業だけでなく，ピザハットやタコベル，KFC といったファスト・フード事業まで手がける垂直統合企業でした。

　当時，アメリカのスーパーにおける小売販売ではペプシ・コーラの売上が長年にわたりコカ・コーラに勝っていましたが，外食業向けの業務用飲料販売ではコカ・コーラの半分程度しか売れていませんでした。その理由は，ファスト・フード事業で競争相手の会社から飲料を仕入れることを多くの外食企業が好まなかったからです（Ries, 1996）。

　同様の事例はフラッシュ・メモリ業界にもあります。「Samsung Electronics 社は機器部門を持っているため，ユーザーにとっては競合関係となる場

合が少なくありません。そのような場合に我々の製品が採用される可能性が高いと見ています」とスイスのフラッシュ・メモリ専業メーカーであるNumonyx幹部は述べています（Hegberg, 2009）。

このように製品市場での競合関係という外部要因によって，企業体としての統合に負のシナジーが生起する場合には，特定の事業領域に分化した専門企業であることのメリットのほうが大きいといえます。

演習問題

11.1　本章で取り上げた統合を行う5つの理由を，どんな戦略目的と適合しているのかという観点から，それぞれ「低コスト化戦略」「差別化戦略」「その他」の3つに分類しなさい。

11.2　家電・情報機器メーカーが，コールセンターやカスタマー・サポート業務を専門業者に業務委託する際のメリットとデメリットについて考えましょう。

11.3　イオンは総合小売業（イオンリテール）と不動産事業（イオンモール）と金融事業（イオンクレジットサービス）の3事業を中核事業として抱えています。これら3事業の間にどのようなシナジーがありうるのか，考えてみましょう。

第12章

知的財産を活用する

　特許を取得するという行為は，まぎれもなく発明をビジネスとして扱う行為である。ライセンス供与をするにしろ，自分で製品化して他人に使わせないようにするにしろ，そこにビジネス・チャンスを作り出すために特許は取得される。しかし，それ以上のものではない。ビジネスをするつもりのない人にとっては，発明を特許にする意味などないし，研究者であれば，論文や学会で発表すれば充分なのである。

——（高橋伸夫・中野剛治，2007，p.143）

　企業は，ブランド化や著作権，特許権などといった「法的なトリック」を使い，知識があたかも希少なものであるかのように装う。このトリックにより，知識の入手に「ライセンス料」という名の課金が可能になる。しかし，希少性を演出するコスチュームをどんなにうまく着こなしていても，その希少性はあくまでも「作り物」だ。結局，他人が無認可で模造品を作るのは意外と簡単であり，その意味で知的所有権は，難攻不落の物理的な障害とは言えない。

——（Andrew Sutter，2008，p.142）

○ KEY WORDS ○

知的財産，特許権，著作権，先使用権制度，
特許プール，バージョン化

12.1 知的財産とは

企業が所有する資産を大きく分類すると，有形資産と無形資産に分けられます。有形資産とは，土地・建物・設備などに代表される物的な資産です。一方，無形資産とは物的な実体を伴わない資産で，債権・借地権・特許権・ノウハウなどがあります。これらのうち，とくに人間の知的活動の成果として生み出された特許権やノウハウなどは，知的無形資産（intellectual assets）と呼ばれて一般的な無形資産とは区別されます。さらに特許権のように法的な保護対象になりうる知的無形資産が，知的財産（intellectual property）です。

世界知的所有権機構（WIPO）の設立条約第2条によると知的財産権とは，「文芸・美術・学術の著作物，実演家の実演・レコード・放送，人間の活動すべての分野における発明，科学的発見，意匠，商標・サービスマーク・商号その他営業上の表示，不正競争に対する保護に関する権利，産業・学術・文芸・美術の分野における知的活動から生じるすべての権利」と定義されています。このように法律によって権利保護の対象とされている各種の知的無形資産が，知的財産です。

◯ 知的財産法とその目的

知的財産権に関わる法律，日本の知的財産法の概要を示すと，図表12.1のような9つの法律群から構成されています。

上から順番に見ていくと，産業上有用な発明を保護するための特許法，発明ほど高度ではない物品の形状・構造・組合せに関する考案を保護する実用新案法，半導体集積回路の回路素子や導線配置パターンを保護する半導体集積回路保護法，農産物の生産のために栽培される植物の新品種を保護する種

図表 12.1　知的財産法の概要

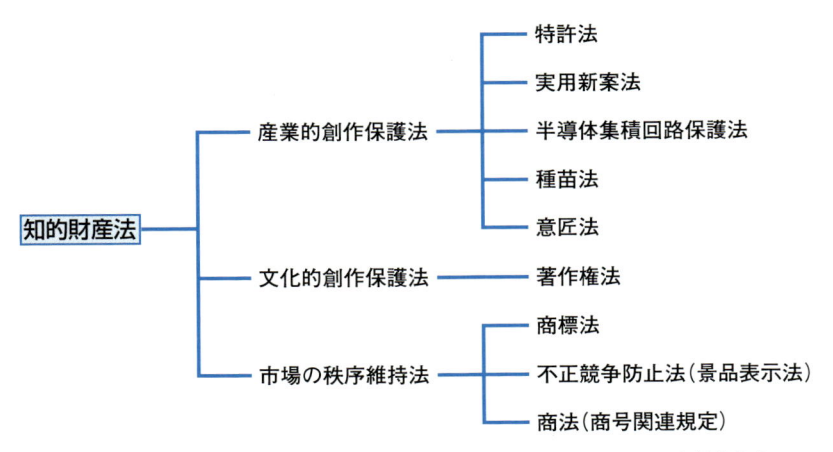

```
知的財産法 ─┬─ 産業的創作保護法 ─┬─ 特許法
           │                    ├─ 実用新案法
           │                    ├─ 半導体集積回路保護法
           │                    ├─ 種苗法
           │                    └─ 意匠法
           ├─ 文化的創作保護法 ─── 著作権法
           └─ 市場の秩序維持法 ─┬─ 商標法
                                ├─ 不正競争防止法(景品表示法)
                                └─ 商法(商号関連規定)
```

(出所)　土肥一史（2003）『知的財産法入門　第6版』中央経済社，p.2 より筆者作成。

苗法，独創的で美的な外観を有する物品の形状・模様・色彩のデザインを保護する意匠法の5つがあります。これらはいずれも産業的な創作活動を保護することを目的としてつくられた産業的創作保護法です。

次に，独創性のある文芸・美術・音楽・ソフトウェアなどの作品を保護する著作権法があり，これは文化的な創作活動を保護することを目的につくられた文化的創作保護法です。

そして，商品や役務に使用するマークを保護する商標法，著名な商品などに類似させた紛らわしい商品表示や不適切な地理的表示を禁止する不正競争防止法，商人が取引上で自己を表示するために使用する名称である商号を保護する商法があり，これらは市場における秩序を維持して取引を円滑に行える枠組みをつくるための市場の秩序維持法です。

上記のように知的財産法の主目的は，①産業的/文化的な創作活動の保護と②産業上の秩序維持の2点になります（土肥，2003）。

①**産業的/文化的な創作活動の保護**：第1に，特許法や著作権法などによって知的な創作物が保護されず，模倣が横行してしまうならば，創作や開発に要したコストが回収できなくなり，苦労して創作した人が報われなくなってしまいます。そうなると，人びとの創作意欲が減退する恐れが生じたり，創作者が創作成果を公開しないで秘匿するなど，文明や産業の発展にとって大きな障害が発生することが予想されます。このような事態を避けるために，創作成果の模倣を一定期間禁止して，人びとの創作意欲を萎縮させないようにすることを目的として知的財産法が存在するのです。

しかし，創作物の保護水準をとにかく強力にすればよいかというと，必ずしもそうとはいえません。確かに保護水準が強まれば創作者の得る利益もある時点までは増加していきます。ところが，あまりにも保護が強すぎると，過去の創作物を参考・活用して新しい作品を再創造することも困難になるため，創作活動における制約が厳しすぎてしまい，逆に創作者の便益が低下してしまいます（田中，2007）。以上のように，知的財産法による創作物の保護が皆無では産業の発展にとってマイナスになりますが，一方で保護が厳しすぎても産業の発展に寄与しないため，保護水準にはバランスが求められます。

②**産業上の秩序維持**：第2の知的財産法の目的である産業上の秩序維持については，(a)消費者の利益保護，(b)企業や商品の信用・ブランド保護，の2つを実現させることが重要課題です。自由競争市場だからといって，模倣が模倣を呼ぶ無秩序な競争行為が拡がってしまうと，結果的に当事者である企業と消費者の双方が安心して市場取引を行えなくなり，常に相手の疑念を払拭するための余計な調査コストや立証コストがかかるなど不利益を被ることになります。それゆえ，商品の生産者や産地を誤認させるような表示を法的に禁止して，規律を設けることにより，企業の品質・性能面での商品差別化努力を消費者が容易に見分けられるようにすることが大切です。市場の秩序維持法が存在することで，消費者は商品の性質を認識して適確な購買意思決定を行いやすくなると同時に，企業も商品差別化と信用・ブランド構築を行

いやすくなるのです。

本章では、以上のような法的な保護対象となる知的財産権のうち、とくに特許権と著作権を取り上げて、それらを事業戦略の観点から活用する方法を見ていきます。ただし、その前に特許権と著作権の主要な違いについて次項で簡単にまとめておきます。

○ 特許権と著作権の違い

特許権と著作権は、いずれも創作活動の成果である創作物に対する他者の模倣や無断使用から一定期間保護されるという点では似通った権利です。しかしながら、厳密にいうと各々の保護対象が異なります。

特許権によって保護される対象は、創作者が発明した「技術的」思想です。特許法では発明された技術的思想を特許請求の範囲内で保護していますが、その表現形式としての明細書などは保護対象としていません。それに対して、著作権によって保護される対象は、創作者が自らのもつ思想を表現した文章・図・絵画・音楽などの表現形式です。著作権法では表現形式を保護しますが、その背後にある創作者のもつ「一般的」思想は保護対象としていません（図表12.2）。思想を保護対象とするのか、表現を保護対象とするのかという違いが、特許権と著作権の大きな違いです。

したがって、特許権の出願登録や侵害訴訟においては特許明細書の形式にとらわれず、「何を」発明したのかを追求して判断が下されます。一方、著作物の場合には「何を」が保護されないため、これをどのように利用して新しい著作物を作っても権利侵害にはなりません。

たとえば、コンピュータ・プログラムのように技術思想と表現形式が同時に存在するものの場合は、技術者が課題をどのような手順・計算によって処理するかというアイデアとしてのプログラムのアルゴリズムは特許権の保護対象となりえますが、そのプログラム言語による記述それ自体は著作権の保護対象になります。それゆえ、異なる言語で同一のアルゴリズムを記述した

図表 12.2　特許権と著作権の違い

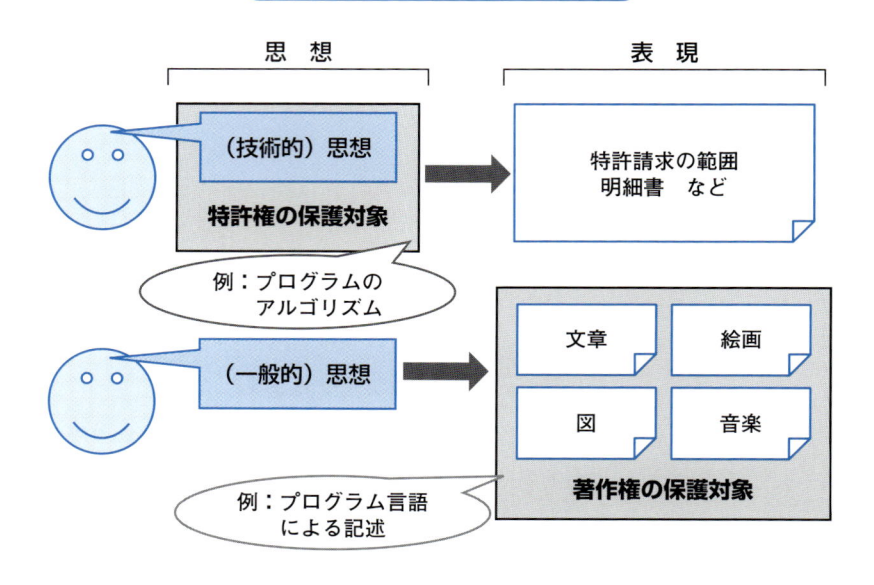

思想
- （技術的）思想　**特許権の保護対象**
  - 例：プログラムのアルゴリズム
- （一般的）思想
  - 例：プログラム言語による記述

表現
- 特許請求の範囲　明細書　など
- 文章／絵画／図／音楽　**著作権の保護対象**

プログラムは，著作権の侵害にはなりませんが，特許権の侵害になります。逆に，コード化された記述が一致しているならば，プログラムの機能やアルゴリズムの同一性は問われることなく，表現の対応関係だけで著作権侵害になります（松田，2006）。

12.2　特許権の活用

　すべての発明（技術的思想）が特許権を得られるわけではありません。①利用性，②新規性，③進歩性，の3点が特許の主要成立要件です。

　利用性とは，その発明が産業上利用することができるかどうかということ

です。単に学術的・実験的にしか利用できない発明は「産業の発達」をはかるという特許法の目的に合致しておらず，保護する価値がありません。また，明らかに実施できないもの，個人的にのみ利用されて市販可能性のないもの，手術・治療・診断など医療行為にあたる方法は，特許権として成立しません。

新規性とは，今までにない「新しいもの」であるということです。すでに誰もが知っているような発明に特許権という独占権を与えることは，社会的に望ましくないからです。つまり，公然に知られていない発明，公然に実施されていない発明，刊行物に記載されていない発明でなければ，特許権として成立しません。特許出願前にテレビで放映されたり，書籍・論文・インターネットで公表されたり，実際に販売されているような発明成果は特許権として認められません。

進歩性とは，容易に考え出すことができないほど技術的・科学的に先進的であるいうことです。従来の技術をほんの少し改良しただけの発明のように，誰でも簡単にできる発明については，特許が認められません。科学技術の進歩に貢献していないことが自明である発明には特許権を与えるほどの価値がありません。また，簡単な発明で特許権が認められるようになると，日常的に行われている技術的な改良についても次々出願しないと別の人に特許をとられてしまうなどの問題が起きるため，進歩性の要件は不可欠です。

以上の3要件を満たしており，同様の発明をほかの誰かが先に出願しておらず，当該発明が反社会的なものでなければ，法的に特許権が認められます。

○ 特許権の効力

特許権の権利期間は，出願から20年間です。特許権を取得したものは，特許発明について独占的に自ら実施できると同時に，第三者によるその特許発明の実施を排除できます。

特許権にまつわる権利内容をまとめると，(a)自分が特許発明を実施する，(b)他人に実施許諾をする，(c)特許権を譲渡する，(d)特許権に質権を設定した

り譲渡担保を設定する，(e)特許権を放棄する，の5点になります（米山・渡部，2004）。このような内容をもつ特許権を企業が事業活動において活用する方法として，主に以下のようなものがあげられます。

　①**模倣の阻止**：企業は特許権をもつことにより，他社が自社技術を模倣することを抑止できます。それゆえ，ほかの誰もが真似できないオンリー・ワン技術を自ら実施して商品やサービスに盛り込むことで，市場需要を独占したり，あるいは他社との差別化に活用して競争優位の確保につなげていくこともできます。

　②**事業活動の防衛**：企業が自社事業を安心して継続していくために特許を活用できます。日本の特許制度は先願主義といって，発明技術を誰よりも先に出願したものが特許権を取得する仕組みになっています。それゆえ，以前から自社内で使用していた非公開の技術と同様な技術が，他社によって先に出願登録されてしまうと，自社技術の実施が認められなくなり，結果的に従来の事業を継続できなくなる恐れがあります。このような事態を避けて自社技術の将来的な利用を確保するために，特許を防衛目的で出願することがあります。

　③**ライセンシング**：企業は自社が保有する特許権の実施を他社に有償で許諾することで，いわゆるロイヤルティー収入を得ることができます。このようなライセンス契約は，ストレート・ライセンス（straight license）と呼ばれています。一般にライセンス契約の対価には，特許そのものへの対価である実施許諾料（royalty）と付随的な技術供与への対価である技術指導料（technical service fee）の2種類が含まれます。

　また，ライセンスの対価の支払方式としては，(a)料率制，(b)従量制，(c)定額制の3方式があります。最も利用されているのが料率制で，これは製品の正味販売価格に対する比率などで対価を設定します。従量制は，別名ピース・ロイヤルティー（piece royalty）とも呼ばれ，製品1個につきロイヤルティーいくらという単位で計算されます。最後の定額制は，過去の特許侵害の免責を受けてライセンス契約を結ぶ場合などで見られる，一括払いの形式

です（高橋・中野，2007）。なお，特許の実施許諾は必ずしも対価を伴う必要はなく，自社技術の**デファクト・スタンダード化**を狙うなど企業の戦略的な判断のもとで他社に無償の実施許諾がなされる場合もあります。

④**他社とのかけひき**：企業は自社保有の特許を取引材料にして，他社保有特許の実施許諾を獲得するクロス・ライセンス（cross license）が行えます。これは企業が利用している事実上の技術が，自社保有の特許権の範囲を逸脱していて，他社保有の関連した特許権の範囲を侵害せざるをえないような場合に行われます。

つまり，A社のA特許とB社のB特許が存在し，その両方を同時に利用しなければ現実的に最終製品Xを製作できない場合に，A社とB社は互いに保有する特許の実施許諾を相手方に認めて，ロイヤルティーを相殺するというライセンス契約です。有用な技術の特許権を保有している企業は，その実施許諾を有用な特許権をもつ他企業に与えることで，金銭的なロイヤルティーを負担することなく他企業の有用な技術の実施許諾を獲得できるのです。

ただし，クロス・ライセンスの枠組みが適用できるのは，相手方企業も自社と同様な現業を営む企業であることが前提になります。技術開発専門で**ライセンシング・ビジネス**に特化した企業を相手にする場合は，彼らは実施特許を必要としていないので，ストレート・ライセンスを結ばざるをえないからです。

○ 特許出願かノウハウか

特許出願にもデメリットがあります。第1に，出願にかかる費用や，認められた後の特許権の維持費用（特許料）など，決して少なくない金銭的なコスト負担が降りかかります。とくに，多くの特許をもつ場合は，維持費用である特許料の支払総額もふくらみます。そのような場合には，取捨選択のうえ特許権の放棄をすべきです。主な費用をあげると図表12.3のようになります。これ以外にも弁理士への手数料・成功報酬費用があります。

図表12.3 特許出願に要する各種費用と特許料

手続内容	手続費用
特許出願	15,000 円
外国語書面出願	24,000 円
特許権存続期間の延長登録出願	74,000 円
出願審査請求	168,600 円＋(請求項の数×4,000 円)
各年の区分	特許料
第1年から第3年まで	毎年 2,300 円＋(請求項の数×200 円)
第4年から第6年まで	毎年 7,100 円＋(請求項の数×500 円)
第7年から第9年まで	毎年 21,400 円＋(請求項の数×1,700 円)
第10年から第25年まで	毎年 61,600 円＋(請求項の数×4,800 円)

(出所) 特許庁 Web ページを参照して筆者作成。2009 年 6 月改定料金。

　第2のデメリットは，特許の出願後1年6カ月を経過すると発明内容が公開されてしまう点です。出願内容が特許公報に掲載されるのです。そのため競合企業を含む第三者に自社の新発明の事実と内容が知れ渡ってしまいます。したがって，他社に公開したくない重要な技術はノウハウ (know-how) として社内的に秘匿するという選択肢もありえます。

　ただし，一般的なノウハウには次のような性質があります（米山・渡部，2004）。①秘密の間は保護されるが，公開されると誰でも自由に無償で使用可能になる，②独占的排他性がないため，他者に秘密が漏洩して模倣されてもその行為を排除できない，③他者がそのノウハウと同じ特許出願をした場合にそれを排除するのが難しい，という性質です。このようにノウハウは無防備な性格をもちますが，企業は一定の要件を満たした秘密情報管理を徹底できれば，そのノウハウを営業秘密（トレード・シークレット）として不正競争防止法による保護を受けることができます。

　また，自社で従来から事業活動の中で利用してきたノウハウや技術と同じ発明が他社によって特許取得された場合，技術の実施が排除されて自社の事

業活動の継続が危ぶまれることがあります。これに対処する法的な枠組みが先使用権制度です。これは他社が特許出願するより以前に，自社がすでに同様の発明技術を使って事業をしていたり事業化の準備をしていた事実を立証できれば，他社が特許権をもつ技術であっても無償で通常実施権を確保できるという制度です。ただし，先使用権を立証するためには，開発段階の研究ノート・製造図面・発注書類・販売カタログ・取扱説明書など過去の資料を証拠として適切に（場合によっては公証制度を活用して）保存管理することが求められます。

以上のように，特許出願による情報公開のデメリットを回避するために，企業は重要な技術を営業秘密管理や先使用権制度を活用しながらノウハウとして秘匿することができます（図表12.4）。何でもかんでも特許出願すれ

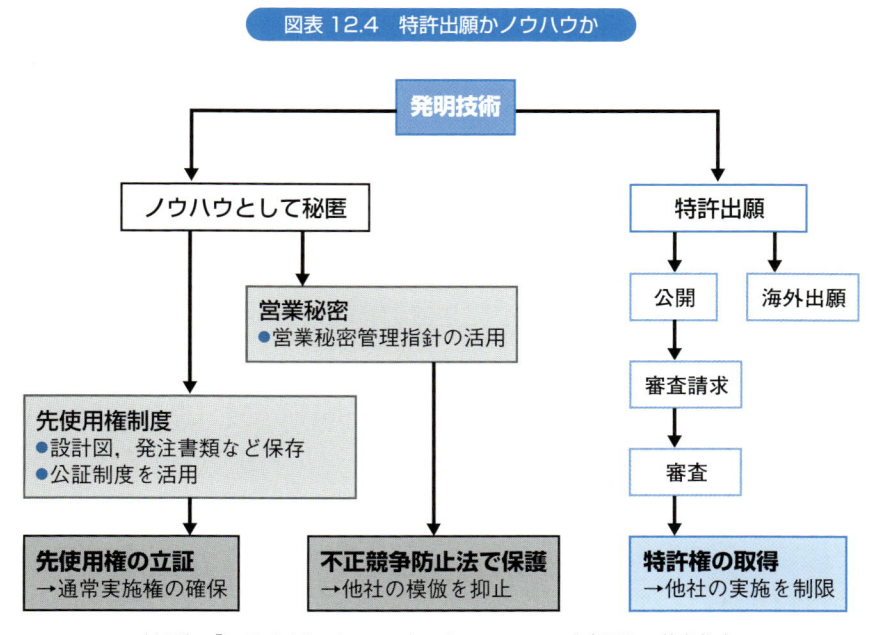

図表12.4　特許出願かノウハウか

```
                          発明技術
              ┌─────────────┴─────────────┐
     ノウハウとして秘匿                  特許出願
              │                    ┌──────┼──────┐
              │                    ↓             ↓
         営業秘密                  公開        海外出願
    ●営業秘密管理指針の活用          │
              │                   審査請求
              │                    │
   先使用権制度                    審査
   ●設計図，発注書類など保存           │
   ●公証制度を活用                   │
              │                    │
   先使用権の立証    不正競争防止法で保護   特許権の取得
   →通常実施権の確保   →他社の模倣を抑止    →他社の実施を制限
```

（出所）『日経ビジネス』，2007年1月29日，p.70を参照して筆者作成。

ばよいというものではなく，企業にとってはノウハウとして隠し通すことで競争優位を維持していく戦略的な発想も大切なのです。

○ 特許プールと特許管理受託会社

公正取引委員会が示した「特許・ノウハウライセンス契約に関する独占禁止法上の指針（平成11年7月30日）」の定義によると，特許プール（patent pool）とは「特許等の複数の権利者が，それぞれの所有する特許等又は特許等のライセンスをする権限を一定の企業体や組織体に集中し，当該企業体や組織体を通じて特許プールの構成員等が必要なライセンスを受けるもの」です。

たとえば，日立グループでは知財報告書を作成している50社強を対象に，グループ内企業横断的に関連技術特許群を「特許プール制度」によって一括管理しています（『日経ビジネス』，2007年10月22日，p.33）。実際，この枠組みを活用して日立グループは，グループ内企業3社と日立製作所が保有する指静脈認証技術に関する特許群を一括して他社にライセンス供与しています（岡，2009）。ただし，この日立グループの「特許プール制度」はグループ企業に限定した特殊な特許プールですが，より一般的には，競合企業や異業種企業や海外企業など幅広く複数の企業が集まって特許プールを形成します。

また，特許プールを専門的に管理する独立企業として特許管理受託会社が存在しています。その代表例が，イタリアのSISVELです。たとえば音声データ圧縮に利用されるMP3技術関連の特許プールをSISVELは管理しています。同社は約200社に分散する関連特許をまとめ上げて，世界中のメーカーに一括してライセンス供与しています（図表12.5）。特許プールの最大のメリットは，ワンストップ・ライセンシングが可能になることにあります。SISVELのような特許管理受託会社が介在することで特許権者と利用者が個別に多数の契約交渉を行う手間が省け，1回の契約ですみます。

図表 12.5 特許管理受託会社：シズベル (SISVEL) の例

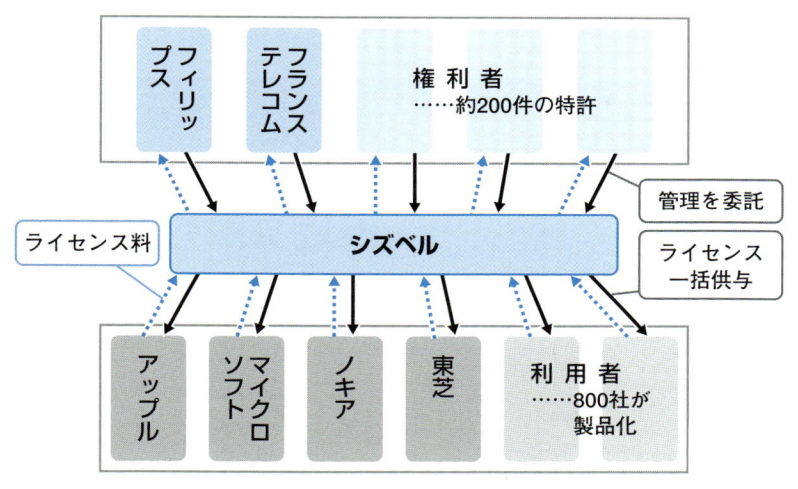

権利者……約200件の特許
（フィリップス、フランステレコム 他）

シズベル（管理を委託、ライセンス一括供与）

利用者……800社が製品化
（アップル、マイクロソフト、ノキア、東芝 他）

ライセンス料

（出所）『日経ビジネス』，2007年4月9日，p.90を参照して筆者作成。

　特許管理受託会社の役割としては，(a)権利者と利用者の間のライセンス契約交渉業務を行うことのほかに，(b)国際送金や税務処理を含む複雑なロイヤルティー管理業務，(c)新規の特許利用者を開拓するための市場調査，そして(d)中立的な立場から問題解決提案をして特許プール内における利害調整を行うことなどがあげられます。

　一般的に特許権者は，個別交渉でライセンス契約を結んだほうが高い料率のロイヤルティーを設定できますが，たとえ低料率であっても特許プールに参加することで，上記の交渉・管理業務にかかるコストを低減できるうえに，ほかの特許と組み合わさって利用価値と利用可能性が拡張されて自身の特許の市場規模も拡大するという効果を得られるので，結果的にロイヤルティー収入総額の増大が期待できます（加藤，2006）。とくに，有望な特許技術をもちながらも，自社独力でライセンス契約を国際的な規模で実施することが

困難な中小企業などにとっては，特許プールに参加することによって特許管理受託会社の交渉・管理・市場調査能力を活用できるメリットは大きいといえます。

12.3　著作権の活用

　著作物とは，思想または感情を創作的に表現したもので，文学・学術・美術・音楽の範疇に入るものをいいます。極端な例をあげれば，幼児が描いた絵や小学生が書いた文章も著作物であり，著作権の保護対象になります。一方で，単なるデータの羅列や客観的な事実の記録，アイデアや学説そのものや，工業製品は著作物とみなされません。小説，映画，楽曲，絵画，写真，コンピュータ・プログラムなどが経済的価値を伴う著作物の代表例です。

　著作権者は，著作物についての相対的な独占権を与えられます。それゆえ，他者が著作物を無断で複製・利用することは認められません。著作権の保護期間は，原則として創作のときから著作者の死後50年までです（ただし，団体名義の著作物は公表後50年，映画は公表後70年までが保護期間です）。保護期間終了後は，いずれの著作物もパブリック・ドメイン（public domain）に入り，公共財として誰もが自由に利用できます。たとえば，夏目漱石の小説の文章は，すでに著作権保護期間が終了しているので複製利用しても差し支えありません。また，2003年までは映画の保護期間も公表後50年であったため，1953年に公開された有名な映画『ローマの休日』もすでにパブリック・ドメインに入っています。それゆえ，旧著作権者だった映画配給会社のパラマウントが同映画のDVDを2,625円で販売する傍らで，別の会社が同じ映画を500円以下の廉価版DVDとして販売するということも法的に認められているのです。

　著作権は図表12.6のような諸権利から構成されています。再製権とは，

図表 12.6　著作権を構成する諸権利

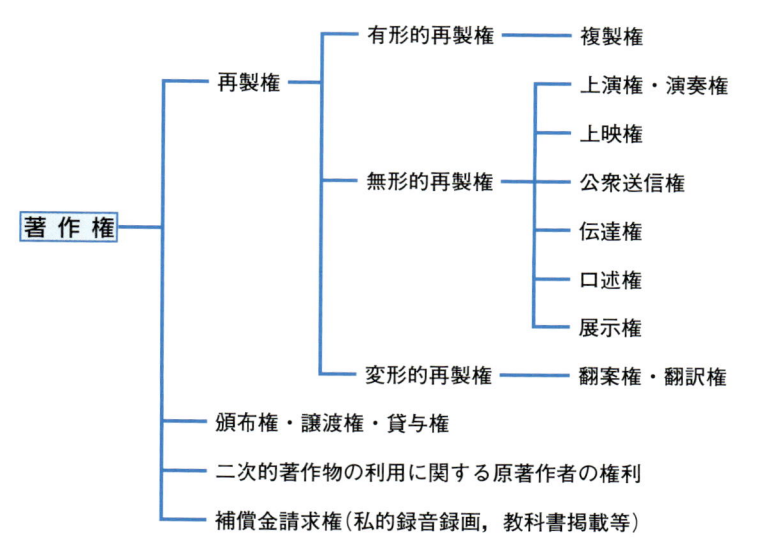

```
                ┌─ 再製権 ─┬─ 有形的再製権 ─── 複製権
                │          │
                │          │                 ┌─ 上演権・演奏権
                │          │                 ├─ 上映権
                │          ├─ 無形的再製権 ──┼─ 公衆送信権
                │          │                 ├─ 伝達権
                │          │                 ├─ 口述権
                │          │                 └─ 展示権
                │          │
                │          └─ 変形的再製権 ─── 翻案権・翻訳権
著作権 ─────────┤
                ├─ 頒布権・譲渡権・貸与権
                │
                ├─ 二次的著作物の利用に関する原著作者の権利
                │
                └─ 補償金請求権（私的録音録画，教科書掲載等）
```

(出所)　土肥一史（2003）『知的財産法入門　第6版』中央経済社，p.242 をもとに筆者作成。

著作物を無断で再製されない権利です。つまり，第三者は著作権者に無断で著作物を複製（コピー）・上演・演奏・上映・送信・伝達・口述・展示・翻案・翻訳してはなりません。頒布権とは，映画の著作物を無断で頒布されない権利です。譲渡権とは，著作物を無断で公衆に譲渡されない権利です。ただし，一旦適法に譲渡されたものならば（古本や中古ゲーム・ソフトなど）再譲渡は自由です。貸与権とは，著作物を無断で公衆に貸与されない権利です。ただし，非営利・無料であれば貸与できます。二次的著作物の利用に関する原著作者の権利とは，著作物から創られた二次的著作物（小説から製作された映画など）を無断で利用されない権利です。以上の諸権利をもつ著作権者は，自らの著作物の複製や営利目的の利用に関して，第三者に対して許諾する権限をもちます。その際に著作権者は，許諾の対価としてライセンス

料を受け取ることができますし，あるいは許諾せずに自ら著作物を独占的に利用して事業を行うこともできます。

たとえば，著作権を幅広い分野に効果的に応用して収益を上げている好例がウォルト・ディズニーです。同社の根幹には数々のディズニー映画という著作物があり，その著作権を多面的に事業で活用しています（Slywotzky & Morrison, 1997）。映画の配給（上映権・頒布権），テレビ放送（公衆送信権），DVD販売（複製権・頒布権・貸与権），絵本・音楽出版（複製権・翻案権・譲渡権・貸与権・二次的著作物利用権），キャラクター商品（複製権・翻案権），テーマパーク（上演権・演奏権・展示権）などがあげられ，同社は著作権の独占利用とライセンス許諾を巧みに使用して，収益を最大化させています。

一般的に著作物は，さまざまなかたちにバージョンを変えることで，多重利用が可能になる性質をもちます。たとえば，2001年に出版された『世界の中心で，愛を叫ぶ』という片山恭一の小説があります。出版当初，同書はそれほど注目を集めませんでしたが，これを原作とするマンガ・ラジオドラマ・映画・テレビドラマが相次いで制作されてヒットし，2004年に「セカチュー」ブームが巻き起こりました。その結果，ブームに乗った原作小説の売上が増加しただけでなく，一つの原作がさまざまな媒体に翻案されて再利用されたことで著作権者は多層的に収益を得られました。このような著作物のバージョン化は，多様な顧客セグメントを惹きつけて収益拡大につなげる有力な方法です。

なお，バージョン化の切り口としては，媒体を変えるという手法のほかに，①単行本を出した数年後に文庫本を出すなどのように時差を活用する，②初級者と上級者または要約版と完全版などのようにユーザーの知識レベルや習熟度別にバージョン化する，③ユーザー側のアクセスと入手のしやすさ，あるいは利用時の制約条件に応じてバージョン化する，④画質や音質の善し悪しなどのように情報内容の密度や品質レベルに応じてバージョン化する，などがありえます（Shapiro & Varian, 1999；加護野・井上，2004）。

◯ フリー・コピー時代のビジネスモデル

過去に石川県庁や北海道庁などの行政機関で職員が使用するパソコン用ビジネス・ソフトが違法コピーによって使用されていたため，問題化したことがあります。著作権者に無断で行う複製行為は，たとえ行政機関であっても違法な犯罪行為です。しかし，パソコンやゲーム機のソフト，画像・動画データなどのデジタル化されたコンテンツ（content）は，技術的に容易に複製できてしまいます。事実上，違法・適法いずれであってもインターネット経由で誰もがデジタル・コンテンツを自由にかつ無料で入手・利用できる状況が存在します。このような「フリー・コピー時代」においては，著作権の独占的行使とライセンス課金が難しいため，著作権を事業で活用する企業には工夫が求められます。著作権者の管理下を離れてデジタル・コンテンツが無料で流通してしまう可能性を前提として考えた場合，著作権者としてのコンテンツ企業は，次のようなビジネスモデルによって収益の確保をめざします（新宅・柳川，2008）。

第1は，デジタル・コンテンツにアナログな要素を抱き合わせる手法です。楽曲や動画のデータは容易に複製されてネット上で出回ります。しかし，CDやDVDに収録したコンテンツに解説ブックレットや写真集，おまけやコレクション・グッズなどを添付して「限定商品」として発売することで付加価値を向上させられます。簡単にコピーできないアナログな限定品の希少性に価値を見いだすファン層が，コンテンツ企業の真の顧客になります。

第2は，生の演奏や上演などのライブ体験を収益源にする手法です。無料で入手した楽曲や映像の視聴者は，デジタル・コンテンツの無味乾燥な視聴に物足りなさを感じることがあります。音楽，ミュージカル，芝居，3D映画は，やはりコンサート・ホール，劇場や映画館でのライブ体験に勝るものはありません。その場合にコンテンツ企業は，実演のチケット販売収入を主な収益源に据えて，無料デジタル・コンテンツは広告宣伝手段として割り切って考えます。これは，ライブという豊富な情報量の提供によって顧客体験

品質を向上させることが，コンテンツの高付加価値化を可能にする例です。

第3は，ユーザー・コミュニティーを作って運営する手法です。ネット上で共通の趣味や娯楽をもとに他者との交流を楽しみたいと願うコンテンツ・ユーザーは少なくありません。そのような人びとが交流できる場としてのコミュニティーを形成して提供すれば，デジタル・コンテンツ自体は無料で提供したとしても，コミュニティーへの登録参加料をユーザーから徴収できます。これはオンライン・ゲームでよく見られる課金方法です。コンテンツの利用に付随して生み出される他者との交流機会は，決してコピーできません。居心地のよいコミュニティー作りが，コンテンツ企業の腕の見せ所です。

第4は，デジタル・コンテンツの利用時に必要となるハードを限定するという手法です。ソフトはハードと一体になってはじめて機能を発揮できます。ハード機器は簡単に複製できませんから，ソフトを無料配布したとしても，ソフト利用時に不可欠なハード機器を販売することで収益を確保できます。一方，自社が機器を販売しないソフト専業企業の場合は，専用機器向けにコンテンツ供給を限定したうえで利用時のネットワーク認証と組み合わせてコピーの難易度を高められれば，有償でのソフト販売が可能になります。

第5は，広告収入を得るという手法です。デジタル・コンテンツの利用は一切無料にして，その無料コンテンツの利用目当てで集まってくるユーザーの「集客力」を広告のための媒体として活用し，特定の広告効果を求める企業に対して広告枠を販売して収益を上げます。これは第9章で説明した**ツー・サイド・プラットフォーム**の考え方を応用した**ビジネスモデル**です。

最後に，著作権者としてのコンテンツ企業がフリー・コピーを許容すべきか否かは，第7章で述べた**製品ライフサイクル**のどの段階に当該コンテンツが位置づけられるかによって判断が分かれます。たとえば，マイクロソフトのWindows OSは先進国においてすでに成熟期に達しており，著作権にもとづく違法コピーの取り締まりは厳しく行われています。しかしながら，これからパソコンが本格的に普及していく導入期・成長期に位置する中国では，**OSのデファクト・スタンダード**争いが決していません。それゆえ同社は，

中国での Windows 違法コピーに対する規制を比較的緩やかにしているといわれています。なぜなら，中国国内のパソコンに Windows が非合法にインストールされるたびに，Windows 陣営への**ネットワーク外部性**の効果が強化され，結果的に Linux などの対抗 OS 陣営が中国国内で市場勢力を拡大させるのを防げるからです（Chesbrough, 2006）。このように**製品ライフサイクル**の段階と**デファクト・スタンダード**獲得後の収益機会を勘案して，戦略的にフリー・コピーを許容するという考え方もありうるのです。

演習問題

12.1 企業は自社で発明した技術をノウハウとして企業内に保持するのか，それとも特許として出願するのかを考える必要があります。どのような場合にノウハウとして秘匿し，どのような場合に特許申請をすべきでしょうか。ノウハウの性質と特許権のもつメリット/デメリットを明らかにしたうえで説明しなさい。

12.2 本書の執筆にあたり，筆者はさまざまな学説や研究成果を参考にしました。しかし，筆者はそれら学説や研究成果を発表した人びと（巻末の参考文献リスト参照）に対してライセンス料を支払っていません。それがなぜ許されるのか，理由を述べなさい。

12.3 近年，インターネットの発達によって動画や楽曲などの無断利用が多く発生し，著作権の侵害が問題となっています。たとえば，あなたが動画共有サイトの社員だとします。そして，ユーザーからの違法な動画の投稿に頭を悩ませていると仮定します。あなたならどのような対策をとるでしょうか？　考えられる手段を記述しなさい（実現可能かどうかは気にせず，自由に記述すること）。

第13章

競争優位が持続する理由

たいていの資源は多様で異なるサービス（利用上の役割）を提供できるという事実が，企業のもつ生産的な機会にとって非常に重要な意味をもつ。個別企業にそのユニークな特徴を付与する，その資源に由来する生産的サービスが有効性をもつあるいは潜在的な有効性をもつのは，同質性ではなく，異質性が存在するからだ。企業内の人材が異質で多様な独自サービスを繰り出すというのみならず，企業内の物質的な資源もまた異なるやり方で使用されうるし，つまり，それらは異なる種類のサービスを供給可能であるのだ。

―― (Edith Penrose, 1995, p.75)

○ KEY WORDS ○
戦略要素市場，VRIO フレームワーク，活動システム，
競争の事前制限，競争の事後制限，不完全な移動性

13.1　競争優位の源泉

本書では，これまでの第2章から第12章までの各章において，企業が競争優位を生み出して収益を確保するための11の方法を解説してきました。それらをまとめて提示すると，以下のようになります。

①他社との「違い」をつくる（第2章）
②コストを引き下げる（第3章）
③専門性を身につける（第4章）
④顧客ニーズの違いに対応する（第5章）
⑤顧客の「片付けるべき用事」を手伝う（第6章）
⑥製品寿命を管理する（第7章）
⑦業界標準を活用する（第8章）
⑧「出会い」の場を提供する（第9章）
⑨新製品を創り出す（第10章）
⑩業務範囲を仕分ける（第11章）
⑪知的財産を活用する（第12章）

本章では，これらの方法によって生み出された競争優位が，一時的なものとして短期間のうちに消失してしまわずに，長期間に渡って持続するメカニズムについて理論的な説明を展開していきます。

第1章で述べたように，企業に競争優位をもたらすのは，他社よりも高品質な製品やサービスを提供したり，他社よりも低コストで操業したり，他社が利用できない知的財産を有しているなど，競争関係にある企業間に存在する差異性です。この企業間の差異性が生まれる原因として，企業が戦略を実行していくうえで必要となる経営資源の有無や質の違いがあげられます。ほかの企業が保有しない優れた有用な経営資源を自社が保有し，それを戦略的

に活用して他社との差異性を創ることに成功すれば，競争優位の獲得につなげられます。

○ 戦略要素市場と競争の不完全性

〈戦略要素市場とは〉

　企業が戦略を実行する際に必要としている経営資源や投入要素を売買する市場のことを戦略要素市場（strategic factor market）といいます（Barney, 1986）。これは現実に目に見えるかたちで存在する取引市場ではなく，あくまでも理論的な考察を進めるうえで想定する概念的な市場です。

　たとえば，低コスト化戦略を実行するために必要な資源の一つとして「大きな市場シェア」があるならば，「市場シェア」を戦略要素市場から購入します（その具体的な手段としては競合企業との合併や事業買収などが考えられます）。また，高品質製品による差別化戦略を実行するために必要な資源として「品質に関する評判」が不可欠であるならば，企業の「評判」を戦略要素市場から購入します（その具体的な手段としては有名ブランドの買収などが考えられます）。あるいは革新的な製品開発戦略を実行するために必要な資源として「研究開発スキル」が求められるならば，研究開発技術者を戦略要素市場から購入します（その具体的な手段としてはスター研究者に高年俸を提示してヘッド・ハントするなどが考えられます）。このような具合に，経営上で必要となるさまざまな投入要素や労働力を外部調達すると想定した場合に，企業が取引を求める先としての市場が，戦略要素市場です。

　当然ながら，特定の競争戦略が企業にもたらす収益の大きさは，その戦略を実行するために必要となる資源を企業が獲得するときに支払った費用に左右されます。戦略の実行に必要な資源を企業が戦略要素市場を通じて安価に調達できたならば，当該戦略の実行結果として企業が得るはずの収益増も期待できます。逆に，たとえ戦略の実現に成功したとしても，当該戦略の実行に必要な資源の調達に企業が多大な費用を支払ったならば，企業の最終的な

収益は低下します。このとき，企業が資源獲得に要する費用の高低は，その資源を取引する戦略要素市場のもつ競争的性質と密接に関連しています。

〈完全競争の戦略要素市場の場合〉

「完全競争状態の戦略要素市場」を想定してみましょう。すべての売り手と買い手が他社商品も含めてすべての商品の性質と価格を知っている状態が**完全情報**の状態です。この完全情報のもとで，いかなる売り手と買い手も他者の行動に影響を及ぼすことができず，価格を決定する力をもたない場合で，誰もが市場への参入と市場からの退出が自由にできるような状況下で均質的な財を取引するときに生起する競争が，**完全競争**です。

戦略要素市場が完全競争状態にあると想定するならば，「戦略を実行するための資源獲得をめざす企業（**ストラテジャイザー**）」と「現在その資源を所有または支配下におく企業（**コントローラー**）」は，実際に実行に移される以前の段階で，当該戦略が実現すると思われる将来価値について，ともにまったく同様にかつ完全に正確な期待と予想を形成できます。

この場合，戦略実行に必要なその資源の取引価格は，戦略が現実に実行された後に顕在化する価値と同等なものとなります。つまり，当該資源の戦略要素市場における取引価格は，常に将来的な利用価値を見込んだ価格になります。その結果，ストラテジャイザーは資源獲得費用として適正な対価を支払うことになるため，戦略実行後において得られる収益に余剰（含み益）が発生することはありません。完全競争状態の戦略要素市場では，競争上の不確実性が存在しないのです。

〈不完全競争の戦略要素市場の場合〉

しかしながら，実社会において上記のような完全競争モデルは存在しません。一般に，戦略要素市場に参加する個々の企業は，戦略のもつ将来価値に対して異なった情報（**情報の非対称性**）と異なった期待をもっています。このように企業間で戦略の将来価値に関する予想に差異が見られるとき，スト

ラテジャイザーは戦略要素市場から資源を入手して実際に戦略を実行することで、他社を上回る収益を上げる可能性をもちます。

たとえば、十分な情報をもち、将来価値の正確な評価のできる企業は、ほかにそうでない企業が存在しているときに、他社を上回る収益を上げられます。第1に、資源のもつ価値に対して過剰な期待を抱く楽観的なほかの企業が、結果的に招きがちな経済損失を回避できます。不用意な戦略実行による損失を免れるのです。第2に、ほかの企業が将来価値を過小評価しているような資源を安価に低コストで入手して利用することで、大きな収益を上げられます。正確な評価を下せる能力をもつことで利益機会を見いだせるからです。

戦略要素市場における資源の価格は、確かに戦略のもつ潜在的な収益への期待にもとづいて形成されます。ところが、戦略の実行後に、当初は予想も期待もしていなかった収益を上げられる「幸運」な企業が存在するのも事実です。これは戦略要素市場において取引をした時点では誰にも予想されていなかった価値が、購入して実際に利用した後になって判明するような資源を企業が入手した場合に見られます。**「戦略と資源の将来価値を正確に評価する企業の能力」**のみならず、この「幸運」も他社を上回る収益を企業にもたらす重要な源泉だといえます（Barney, 1986）。

〈競争の不完全性を作り出す諸要因〉

戦略要素市場での競争に不完全性をもたらす諸要因を整理すると、次の3つがあげられます（Barney, 1986）。

① **「分離の欠如」**：戦略実行に必要な資源が、戦略要素市場において取引対象の財となりうるかたちで独立的に分離した状態で存在していない場合です。

たとえば、戦略を実行しようとしているいくつかの企業の中に、必要な資源をすでに保有している企業が存在する場合に、競争の不完全性が生じます。このような企業は、新たに資源を購入・調達する必要のない分だけ競争優位

に立つからです。

　分離の欠如によって他社を上回る収益が得られる場合というのは，購入当初の目的以外にも既存の保有資源を利用して新たな価値を生み出せるなど，事前に期待して購入した以上の価値を当該資源が事後の戦略実行の中で生み出すような場合です。ただし，この場合も競争の不完全性を生じさせる根本原因は，それ以前の過去の戦略要素市場における企業間の**期待に関する差異性**にあります。完全競争のもとですべての企業（取引主体）が同じく正確な期待を特定の資源に対してもつのであれば，たとえストラテジャイザーが実行に要するすべての資源を現在保有していたとしても，それに先立つ戦略要素市場において適正対価を支払って調達したものであるため，決して他社を上回る収益は得られないはずです。

　②「**企業の特有性**」：その企業特有の歴史や資産の組合せが存在し，それ故に可能な戦略が実行できる場合に競争の不完全性が生じます。このような場合，競争原理が働かないため，特有の戦略実行が可能な企業のみが他社を上回る収益を得られます。

　しかし，企業の特有性もまた，以前の過去の戦略要素市場における**期待に関する差異性**が実際に表面化したものにすぎません。企業の特有性のゆえに通常以上の収益を得ている企業は，その特有資源を獲得したときに**将来価値をより正確に評価できた能力**のおかげか，あるいは，その特有資源を獲得したときには将来価値に関する特別な考えをもたなかったけれども，結果的に通常以上の収益を得られたという**幸運**のおかげかのどちらかだからです。

　③「**参入の欠如**」：戦略要素市場への参入が制約されているときには，すべての潜在的なストラテジャイザーが取引に参加できないため，競争原理が徹底されないで競争の不完全性が生じます。具体的には以下の3つのケースがあります。

　　(a)　たいていの企業は基本的に利益最大化をめざして行動します。ところが，正確な期待にもとづけば参入するほうが利益最大化の観点から望ま

しい場合であっても，企業が不正確な期待を抱いてしまった場合には戦略要素市場への参入を行わないという現象が起きます。

(b) 企業が戦略を実行するために必要な資源を獲得しようとしたとき，資金上の制約から一部の資金的裏付けをもつ企業だけしか戦略要素市場への参入ができない場合があります（また，資金的に強力な裏付けをもつことができる企業とは，何らかの正確な将来予測や優れた洞察力を兼ね備えた企業であり，投資家にとって投資収益率が潜在的に高い企業でもあるため，資金調達が容易にできます）。

(c) どのような企業行動がどれだけの経済成果をもたらすのかという，収益を生み出す因果関係がすべてのストラテジャイザーによって理解されていないために，特定の戦略が一般的に採用されず，戦略要素市場への参入が行われないことがあります。この因果関係の理解のためには，実行による学習（learning by doing）が欠かせないこともあり，潜在的参入者は，既存の参入者が経験的に知っているような本当の戦略的価値を予想することが困難なのです。

〈戦略要素市場の不完全性と企業間の異質性〉

以上のように，特定の戦略や資源の将来的な利用価値に関する期待と評価における企業間の差異性（そして幸運と不運）が，戦略要素市場での競争を不完全にします。その結果，企業が過小評価された資源を安価に低コストで入手して利用できる機会が生じ，他社を上回る収益の獲得を可能にします。

また戦略要素市場の不完全性が各企業の保有する資源ストック（asset stock）をさらに異質なものにさせていきます。とくに分離が欠如している資源や企業特有の資源は評価が難しく，戦略要素市場で適正な価格で取引されることはありません。事実上，戦略要素市場では取引できない資源が世の中に存在するため，企業間の保有資源における異質性は必然的に拡大していきます。

それゆえ，すでに何らかの資源を保有済みの企業は，現有資源に目を向けて，他社が近づくことのできない自社資源が内在的にもつ価値をうまく引き出して，自社しかとりえない**競争戦略**を実行することが重要になります（Barney, 1986；1989）。このような発想にもとづく競争戦略論を「**資源ベース・アプローチ**（resource-based approach）」といいます（Collis & Montgomery, 1998）。次節では，実際にどのような特性をもつ経営資源が，企業に「**持続的な競争優位**」をもたらしうるのかという点について見ていきます。

13.2　競争優位を生み出す経営資源の特性

企業に競争優位をもたらす資源の特性として，①価値がある（Valuable）資源，②希少な（Rare）資源，③模倣する（Imitate）のが困難な資源，④組織（Organization）で活用可能な資源，の4つがあげられます（Barney, 2002）。資源がこれら4つの特性をそれぞれもちあわせているかどうかという条件と，企業の競争優位および収益性との関係を概念的に整理したものが，**図表 13.1** の VRIO フレームワークです（VRIO：ヴリオとは先の4特性の頭文字を意味します）。

図表の最上段1行目の条件(A)のように，価値ある有用な資源を保有しないという条件下では，そのこと自体が当該企業の弱みであり，競争劣位を招いて結果的に平均以下の収益しか上げられません。

2行目の条件(B)のように，価値ある資源を保有することは当該企業にとって確かに強みです。しかし，その価値ある資源がありふれたもので戦略要素市場から容易に調達できたり，誰でも模倣して簡単に同じものを作れるような場合には，他社との競争関係は同列にならざるをえないため，企業は平均的なレベルの収益しか上げられません。

3行目の条件(C)は，価値ある希少な資源を保有する場合ですが，そのよ

図表 13.1　VRIO フレームワーク

	①価値	②希少	③模倣困難	④組織活用	競争状況	収益性	強み/弱み
条件（A）	×	×	×	×	競争劣位	平均以下	弱み
条件（B）	○	×	×	○	競争同位	普通	強み
条件（C）	○	○	×	○	一時的な競争優位	平均以上	特有の強み
条件（D）	○	○	○	○	持続的な競争優位	平均以上	持続的で特有の強み

（出所）Barney, J. B.（2002）*Gaining and sustaining competitive advantage*. 2nd ed. Upper Saddle River, NJ: Prentice Hall, p.173 の Table 5.2 および p.174 の Table 5.3 をもとに筆者作成。

うな資源は他社が容易に入手できない資源であるため，当該企業にとって特有の強みになり，平均以上の収益を期待できます。ただし，資源の模倣が可能ならば，他社が模倣して同等の資源を入手するのに要する一定期間内だけ保持できる「一時的な競争優位」にとどまります。

最後の4行目の条件（D）は，希少で模倣困難な価値ある資源を保有するというものです。この場合には，競合他社は同等の資源を調達したり模倣して入手することが決してできないため，その資源は当該企業にとって持続的な特有の強みになります。企業が平均以上の収益を上げ続けられるような「持続的な競争優位」を生み出す源泉は，このように他社が容易に獲得できない資源です。

また注意すべき点は，図表の左から4列目「④組織活用」の○印に示されているように，企業は保有資源を組織的に活用できなくては，資源のもつ価値を経済的な成果に結びつけられません。希少で模倣困難な価値ある資源を単に保有しているだけでは，競争優位を実現できません。当該資源を企業として組織的に活用できる能力を同時に兼ね備えていてはじめて，企業は「持

続的な競争優位」を獲得できるのです。

以下では資源の4特性について，それぞれの詳細を見ていきましょう。

① 「価値ある」戦略的資源の類型（V）

ここでいう「価値のある資源」とは，効率的および効果的に企業の戦略を実行可能にするような資源のことです（Barney, 1991）。

まず，企業内に蓄積される「価値ある」戦略的資源を類型化すると以下の4つがあげられます（de Kluyver & Pearce Ⅱ, 2003）。

①物理的資産（physical assets）：たとえば，最新型の製造設備や工場，重要な顧客の近くに位置するサービス拠点，人通りのよい場所に構えている営業店舗の立地などがあげられます。これらは企業活動の効率と効果を高めるので，企業の競争力に直接的に影響します。

②財務資産（financial assets）：たとえば，優れたキャッシュフロー，負債が少なく好調なバランスシート，安定した業績などがあげられます。これらは企業の現在の競争ポジションを表すのみならず，将来に向けた投資力を決定づける大切な要因になります。

③人的資源（human resources）：たとえば，優れた意思決定能力と強いリーダーシップをもつ経営者，経験豊富な管理者層，多数の開発成果を出す研究開発技術者，優秀でやる気に溢れる従業員などがあげられます。実際に企業活動を担う人びとが優れていれば，企業の競争力も高まります。

④組織的資産（organizational assets）：たとえば，企業特有の能力（コンピタンス），ノウハウや知的財産，改善能力，革新能力，ムダのないコスト構造，企業文化，環境変化に対する適応力や学習力などがあげられます。これらは企業が組織として活動していく中で形成・蓄積されていくものであるため，当該企業の独自性を高めて他社との異質性を拡大させます。

以上の4類型はいずれも企業の内部で蓄積・保有される資源ですが，第5の資源として，企業の外部である市場に蓄積される「市場資源」という経営

資源もあります（栗木ほか，2006）。

⑤**市場資源**（market resources）：たとえば，取引先企業や流通チャネルとの良好な関係，自社商品に対してロイヤリティーの高い顧客の存在，リード・ユーザーとの緊密な関係，消費者のもつブランド・イメージなどがあげられます。これらはいずれも社外に蓄積される資源ですが，企業が戦略を展開して実行していくうえでの後ろ盾や手助けになるもので，とても重要です。

ただし，以上の5類型に共通して注意すべき点は，資産の腐食（asset erosion）を防ぐという観点です。物理的設備と同様に，十分なメンテナンスをしなければ，すべての資産（技術ノウハウやブランド認知なども含めて）は損耗してしまいます。企業のストック資産は，損耗する速度が遅ければ他社に対する参入障壁になりえます。しかし逆に，資産の損耗速度が速く，メンテナンス・コストが多大であれば，当該企業にとって優位性をもたらすものにはなりません（Dierickx & Cool, 1989）。したがって，「価値ある」戦略的資源の特性としては，**資産の腐食が遅い**ということが重要な要素になります。

②資源の希少性（R）

「希少な資源」とは，供給や存在量に限りがあるため，多くの企業が入手できないような資源です（Barney, 1991）。前項で紹介した価値ある資源の5類型すべての中に，市場取引を通じて容易に入手可能なものとそうでないものが混在しています。

たとえば，**物理的資産**の場合，設備や機械などは市場取引でメーカーから適宜調達できますが，好立地という地所は決して豊富にあるものではなく数に限りがあります。**財務資産**においても，資金それ自体の調達は一定の要件さえ満たせれば難しくありませんが，「安定した業績」などはすべての企業が達成できるものではないので希少です。また，**人的資源**の場合は，労働市場を通じて働き手としての人材の調達は確かにできますが，優秀な能力をも

ちあわせた人物を採用するとなると、世の中に存在する優秀な人物の数には限りがあるため決して容易ではありません。

同様に、**組織的資産**においても、知的財産はライセンシングや譲渡など市場取引の対象になりうるので必ずしも希少性が高いとはいえませんが、企業文化や改善・革新・適応・学習の各種能力などは唯一無二の当該企業独特の資産ですから希少です。これらを個別に評価して価格づけすることは困難ですから、市場取引はできません。これらをどうしても調達したいと考える企業は、当該組織的資産を保有する企業を丸ごと買収するほかありません。

最後に**市場資源**の場合も、たとえばブランドそれ自体はライセンシングや譲渡など市場取引の対象になりうるので相対的に希少性は高くありません。しかし、ブランドに付随するイメージや顧客ロイヤリティーはあくまでも顧客という企業外の他者が抱く意識ですから企業が売買することはできません。「顧客との良好な関係」や「取引先企業との良好な関係」は、良好な関係を築くための方法を記したハウ・ツー・マニュアルができて普及すれば世の中にありふれた市場資源になりますが、そのようなものは存在しませんから企業特殊的な希少資源なのです。

③資源の模倣の困難性（I）

「模倣するのが困難な資源」とは、他社がまったく同じものを作り出して利用できないような資源です（Barney, 1991）。資源の模倣困難性の程度は、一般的に次の5つの要因によって高められます（Dierickx & Cool, 1989）。

①時間圧縮の不経済（time compression diseconomies）：これは企業が長期間かかって形成・蓄積した資源を、他社がその半分の期間で蓄積しようとして2倍の投入努力を注いだとしても同等の成果を得られないというように、時間と投入努力の関係が必ずしも正比例していないことを指しています。たとえば、ブランドの確立には一定の歴史が必要であり、新興企業が一朝一夕にブランド力を獲得することは非常に困難です。新興企業が短期間で顧客

にブランドを認知させようとすると，広告宣伝費などの多大な出費が必要になります。結果的に「歴史を買う」のは高くつくため，不経済になりがちです。

②**資産規模効率性**（asset mass efficiencies）：これは「成功が成功を呼ぶ」ように，過去の成功が企業にさらなる資産蓄積を促す優位な地位をもたらす現象のことをいいます。この場合，競争の初期条件としての資産ストックにおける違いが，そのまま企業間の競争上の優位差として作用します。資産規模効率性が存在すると，キャッチ・アップを狙う企業にとっては，**クリティカル・マス**の獲得や，市場での足がかりとなる橋頭堡を築くうえで困難に直面します。先行している企業は，生産規模や累積生産数量の多さから高い**学習曲線の効果**を享受できますし，すでに獲得した顧客（市場資源）の囲い込みやスイッチング・コストを高めることに成功すれば**ネットワーク外部性**の効果も享受できるため，後続企業との差がさらに拡大していくからです。このような資産規模効率性が企業の歴史的な操業プロセスの中で生起するため，他社はなかなか追いつくことができず，資源の模倣をより困難にします。

③**資産ストック間の相互連関性**（interconnectedness of asset stocks）：これは，ある資産を築き上げるうえでの困難さは，その資産自体の水準の高さにあるのではなく，補完関係にあるその他の資産の初期水準の低さと関係しているような状態をいいます。たとえば，新製品開発プロセスにおいて顧客の意見が重要な役割を果たす場合，その顧客という資産の有無や多寡がその企業のノウハウを発達させるうえで重要な**補完的資産**になります。そもそも顧客がいない企業は顧客ニーズを取り込むためのノウハウを構築できないからです。このように，ノウハウ（**組織的資産**）とロイヤリティーの高い顧客（**市場資源**）という2種類の資産ストック間が**相互連関性**をもつ場合には，そのどちらかが欠けている他社は，同等の資源を作り出すための模倣が困難になります。

④**社会的複雑性**（social complexity）：これは一企業のマネジメント領域を超えた社会的関係性や文化・伝統など社会的に複雑な脈絡が企業活動の背後

13.2 競争優位を生み出す経営資源の特性

に存在するような状況です。たとえば，企業が国際展開をしていくうえで進出先の国の社会的複雑性を理解して自らも身につけなければ，現地企業が保有するのと同様の資源を模倣するのが困難になる場合があります。また，同じ国内企業でも，特有の人間関係や組織文化を当該企業が競争優位の源泉にしているような場合には，他社は同様の人間関係や組織文化という資源を模倣して取り入れることは決して容易ではありません。

⑤因果関係の曖昧さ（causal ambiguity）：これは，因果関係が曖昧でどの資源が当該企業の競争優位に寄与しているかを特定できないような状況を意味します。つまり，企業がすでに自ら保有している資産であっても，その資産の蓄積プロセスで重要な役割を果たす諸要因を特定化することが不可能なことがあります。このような場合，他企業はどの資源を模倣したらよいのか見当もつかないため，当然ながら資源の模倣は不可能になります。

以上の5要因が，企業に競争優位をもたらしている「価値ある」資源を他社が「直接的に模倣する」ことをより困難にさせます。

〈代替可能性の有無〉

直接的な模倣が困難な資源であっても，他社が別の異なった資源で間接的に同等の価値を生み出すことができる代替可能性（substitutability）があれば，当該企業に競争優位は生まれません。なぜなら，競合他社が自社独自の資源とは異なる資源（代替的資源）でもって自社と同じ戦略を実行でき，なおかつその代替的資源が希少ではなく誰もが模倣可能であるならば，その他無数の企業が同様の戦略を実行可能になるため，当該企業の競争優位は維持されなくなってしまうからです（Barney, 1991）。したがって，**模倣困難**であることと同時に，**代替不可能**である資源が，企業に「**持続的な競争優位**」をもたらしうる資源であるといえます。

④資源の組織的活用（O）

　VRIO フレームワークの最後の要素は、「組織」です。企業は、希少で模倣困難な価値ある資源を単に保有しているだけでは、競争優位を実現できません。当該資源を企業として**組織的に**活用できる能力を同時に兼ね備えていてはじめて、企業は「**持続的な競争優位**」を獲得できるからです。「価値ある」資源を個別に保有しているだけでは企業全体として競争優位を生み出すうえで不十分です。個別資源・個々の部分の寄せ集めでは成果を生み出せません。それらが当該企業の採用する基本的な**競争戦略**と有機的にフィットして全体的にまとまった活動システム（activities system）を構成していることが重要なのです（Porter, 1998）。

　たとえば図表 13.2 は、第４章で**集中戦略**を展開している例として紹介したコメリにおける活動システムをマッピングしたものです。同社は自らの**集中戦略**を実現させるために「農家のコンビニをめざす」「ハード＆グリーン（H＆G：資材と農業用品）を主力商品にする」「ローコスト・オペレーションを徹底する」「PB商品を積極的に開発する」の４つを主活動として展開しています。そのうえで、これら４主活動を下支えして実行可能にしているより具体的な下位レベルの各活動が企業全体の戦略と一貫性をもつかたちで有機的に結びつけられることで、同社全体の活動が独自の価値を顧客に提供できるようになっている様子が図表に示されています。つまり、小型店舗・物流システム・POS システムなどの**物理的資産**、地域に密着した農家の顧客といった**市場資源**を単に保有しているだけでは競争優位は生まれません。コメリは、それらの経営資源を活動システムの構成要素として「組織的に活用する」ことで他社を上回る収益を実現できているのです。

　企業は、このように活動システムをマッピングすることで、顧客価値を生み出すために全体的な戦略と個別の活動が現実的に一貫しているかどうか？ 各活動が互いに適合し、相互強化されて**シナジー効果**を生み出しているかどうか？　ムダな活動をより効率的な活動と代替し、全体的な活動の最適化が

図表 13.2　活動システムの例：コメリ

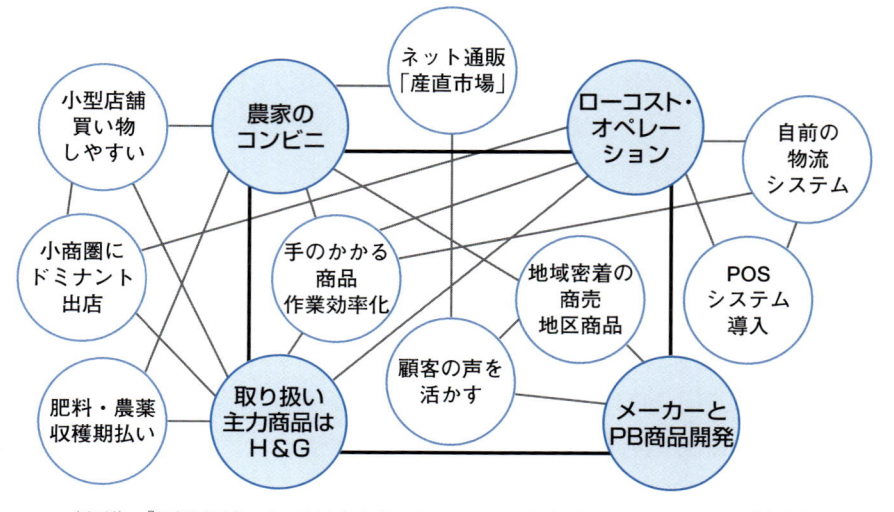

- 小型店舗買い物しやすい
- 農家のコンビニ
- ネット通販「産直市場」
- ローコスト・オペレーション
- 自前の物流システム
- 小商圏にドミナント出店
- 手のかかる商品作業効率化
- 地域密着の商売 地区商品
- POSシステム導入
- 肥料・農薬収穫期払い
- 取り扱い主力商品はH&G
- 顧客の声を活かす
- メーカーとPB商品開発

（出所）『日経ビジネス』，2006年9月4日，pp.50-55 およびコメリWebページ「事業案内」を参考にして筆者作成。

達成できているかどうか？といった分析が可能になります。それにより企業は，同じ活動をライバルとは違うやり方で進める方法や，競合他社とは違う活動に着手するアイデアを見いだし，活動システムでの差別化を実行できます（Porter, 1998）。

〈マルチレイヤー事業システム〉

　企業は保有する個別資源を効果的に活用するためにも，個々の活動を企業の戦略とフィットさせた活動システムに編成していくことが重要になります。図表 13.3 に示すように全体的な企業活動は，提供すべき顧客価値を体系化した「価値システムのレイヤー」，その顧客価値を実現させるために企業内部で編成された「活動システムのレイヤー」，その活動を裏側で支えて実行

図表 13.3 マルチレイヤー事業システム

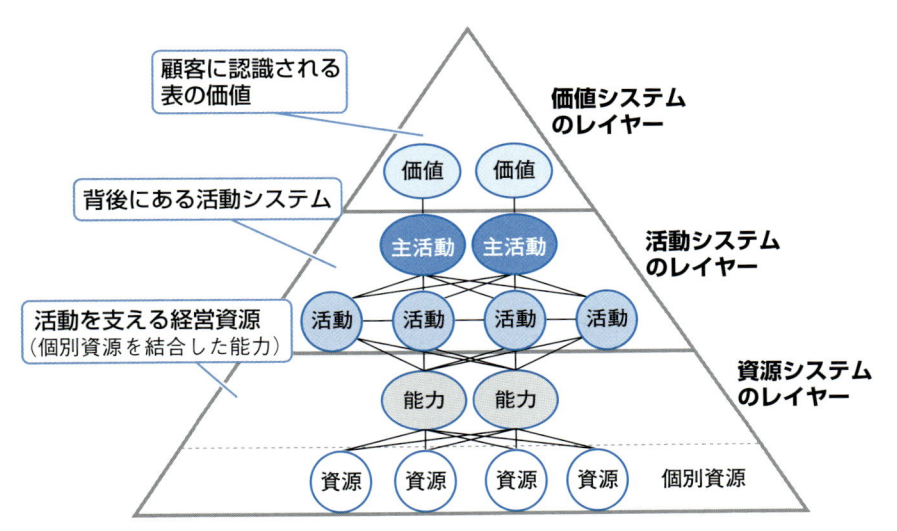

- 顧客に認識される表の価値 → 価値システムのレイヤー（価値）
- 背後にある活動システム → 活動システムのレイヤー（主活動・活動）
- 活動を支える経営資源（個別資源を結合した能力） → 資源システムのレイヤー（能力・資源・個別資源）

（出所）加護野忠男・井上達彦（2004）『事業システム戦略——事業の仕組みと競争優位』有斐閣, p.207 の図 7-2 に加筆修正。

可能にする個別資源とそれらを束ねる能力を蓄積した「資源システムのレイヤー」といった3層構造からなるマルチレイヤー事業システムとして理解することができます（加護野・井上, 2004）。

とくに製造企業の場合は，価値システムのレイヤーにおいて価格・納期・製品内容の訴求力・広告内容の訴求力といった「表層の競争力」が重要になる一方で，活動システムのレイヤーにおいて生産性・生産リードタイム・適合品質・開発リードタイムなどの「深層の競争力」が重要になります。また，資源システムのレイヤーでは，個別資源を活用するための組織ルーチンを学習・改善・体系化できる組織能力（organizational capabilities）をもつことが企業の競争優位を生み出すための重要な源泉になります（藤本, 2003）。

13.3　競争優位を持続させるための諸条件

　VRIOフレームワークを通して，企業に競争優位をもたらす経営資源の特性を見てきました。そこで示されているのは，他企業が保有しないまたは保有できないような異質な資源を自社が保有することの重要性です。

　企業が競争優位を獲得するための第1の条件は，他社とは異なる資源をもっているという異質性（heterogeneity）です。ただし，異質性があるだけでは確実に競争優位を獲得することはできませんし，また一旦獲得した競争優位を持続させるうえでも不十分です。企業が持続的な競争優位を確立するためには，競争の事前制限（ex ante limits to competition），競争の事後制限（ex post limits to competition），不完全な移動性（imperfect mobility）の3条件が異質性の条件に加えて必要になります（Peteraf, 1993）。

　「競争の事前制限」は，企業が特定の「価値ある」資源を調達する際に，戦略要素市場において競争の不完全性が存在するときに発生します。たとえば将来価値を正確に予測できる能力をもつ企業が，他社が気づかないうちに特定の資源を低コストで調達できた場合や，企業が希少な資源を歴史的経緯や幸運に恵まれて競争せずに先取りできたような場合が，競争の事前制限にあたります。つまり，競争の事前制限によって有利な条件で資源を調達できた企業と，それができなかった企業との間のコスト上のギャップは後から埋め合わせることができないため，競争優位が持続します。

　「競争の事後制限」とは，特定の資源の価値と有用性が判明して世の中に知れ渡った後の時点で，他社がそれと同等の資源を入手しようと思っても容易にそれがかなわないことを意味します。とくに資源の特性として模倣困難性と代替不可能性が存在するときには，他社は同等の価値を生み出す資源を獲得できないため，もたざる者ともつ者との格差は埋まらず，当該資源を保有する企業の競争優位が持続します。

「**不完全な移動性**」とは，他企業では扱えない，あるいは扱いきれない資源がもつ性格のことをいいます。たとえば，市場を通じてそもそも取引できないような性質をもつ資源や，取引しようと思えば実際に取引できる資源であっても，それを社外に切り出して利用するよりも特定の企業内にとどめて利用したほうがより優れた経済的価値を創出するような資源がそれです。価値を算定して評価できない資源は，価格が決められないために市場取引されず，結果的に他企業は調達できません。また，特定の企業内での歴史的な資源蓄積過程の中で，当該企業の他資源や活動システムと組み合わせて利用することで最大の成果を創出できる仕組みを構築してきた経緯をもつ資源は，それ単体だけ取り出して他企業に市場取引を通じて移植したとしても，他企業は同等の成果を達成できる保証はありません。このように特定の企業内に特殊的に埋め込まれている資源は，他社が調達しても同様に使いこなすことができないため，その資源を元来保有する企業の競争優位が持続します。

13.4 資源の競争優位と企業の収益性

　本章では，企業に競争優位をもたらす資源の特性について中心的に論じてきました。それでは，これら企業内の資源が生み出す競争優位は企業の収益性向上にどの程度寄与しているのでしょうか？　最後にこの点について見てみましょう。

　企業の所属する産業の違いが企業間の収益差に与える影響度，個別企業の特性上の違いが企業間の収益差に与える影響度，企業内の事業単位（ビジネス・ユニット）の特性上の違いが企業間の収益差に与える影響度，それぞれがどの程度あるのかについて検証した実証研究があります（Rumelt, 1991；Roquebert, et al., 1996 など）。1985 年から 1991 年の期間におけるアメリカの製造業約 4,000 社の 1 万 6,596 事業単位の総資産利益率（ROA）

データを用いて実施したある一つの研究成果によると，企業間の収益差への影響度は，産業属性に由来するものが10.2%，企業属性に由来するものが17.9%，事業単位属性に由来するものが37.1%でした（Roquebert, et al., 1996）。つまり，産業属性という企業の外部環境要因（産業10.2%）よりも，異質な資源で構成される各企業の内部要因（企業＆事業55%）のほうが，企業間の収益差に大きな影響度をもつという結果になりました。個別企業（事業）を構成する異質な資源が生み出す競争優位が企業の収益性にプラスに作用していると解釈できます。

ただし一つ注意すべき点は，資源の生み出す競争優位がROAといった収益性指標にすべて反映されるわけではないことです。企業内部には，株主以外にも経営陣や従業員といったステイクホルダーが存在します。たとえば，3者間のパワー関係のうち，株主の力が強ければ収益性指標に資源の生み出す競争優位が直接的に反映されますが，給料アップや福利厚生の充実などを求める従業員の力が強ければ資源が生み出す競争優位は企業の収益性指標に必ずしも十分に反映されないことがあるからです（Coff, 1999）。

演習問題

13.1 自社の保有資源をVRIOフレームワークで分析したところ，4要件すべてを満たす資源が一つもなかったとします。あなたが経営者だったら，どの要件を最も重視して新たな資源の獲得を進めますか？ 4要件を優先順位づけしなさい。

13.2 競合他社が保有する「価値ある」資源を模倣することが技術的に可能だとしても，そのためには一定のコストがかかります。あなたの会社が同等の資源を獲得して競合他社にキャッチ・アップするためには，模倣をすべきでしょうか？ また，模倣するならばどの程度のコスト負担までなら許容してもよいでしょうか？ あなたの考えを述べなさい。

13.3 市場取引が不可能な経営資源の例をいくつかあげなさい。

第 14 章

事業環境の分析・選択・操作

　競争ベースのレッド・オーシャン戦略は，業界の構造条件は所与で企業はその枠組みの中で競争せざるを得ないと想定しており，学術分野で構造主義とか環境決定論と呼ばれている考え方に立っている。それに対してバリュー・イノベーションでは，市場の境界線や業界構造は所与ではなく，そこで活動する企業の行動や信念によって再構築されうるとの見方に立っている。この見方を再構築主義と呼ぶ。レッド・オーシャンでは，企業同士が同じベスト・プラクティスとルールでもって競争しているため，差別化にはコストがかかる。ここでの企業にとっての戦略的選択は，差別化か低コスト化かのどちらかの追求でしかない。しかしながら，再構築主義の世界観の下では，既存の価値とコストのトレード・オフを打破して新しいベスト・プラクティスとルールを生み出してブルー・オーシャンを創造するのが，戦略上の狙いとなるのだ。
　　　──（W.Chan Kim & Renée Mauborgne, 2005, pp.17–18）

○ KEY WORDS ○
外部環境分析，出仕市場，5つの競争要因分析，
環境管理パースペクティブ，戦略のスイート・スポット

14.1　企業の業績を決めるメカニズム

　前章の最後で紹介した実証研究の結果では，各企業の内部要因（企業属性と事業属性）が企業間の収益差に大きな影響度を及ぼすことを示していましたが，それと同時に企業の外部環境要因（産業属性）も10.2%という決して少なくない影響度をもつことが確認されました（Roquebert, et al., 1996）。

　実際，アメリカの主要な産業の総資産利益率（ROA）と株主資本利益率（ROE）について1981年から2001年までの期間を対象に平均値を算出して産業間比較を行った結果が図表14.1です。この図表で明らかなように，産業間で収益性に大きなばらつきが見られます。平たくいえば，儲かる業界と儲からない業界が存在し，企業の業績は所属する産業の特性によって影響を

図表14.1　産業間の収益性の違い

産　業	ROE	ROA
製薬	25.87%	10.27%
化成品	21.70%	7.88%
食品	24.87%	7.25%
印刷・出版	16.30%	6.68%
金属加工品	19.00%	5.58%
紙製品	13.77%	4.70%
繊維製品	5.11%	3.71%
自動車	11.91%	3.16%
鉄鋼	6.40%	3.14%
エアライン	2.68%	2.05%

（出所）　Afuah, A. (2004) *Business models: A strategic management approach*. New York: McGraw-Hill/Irwin, p.3, Table 1.1 より抜粋して筆者作成。

受けることがわかります。つまり，企業の業績を決める要因として，産業属性などの外部環境要因を無視することはできません。

企業は独占企業でない限り，市場で競合他社と優劣を競いながら顧客の獲得にしのぎを削ります。一般的に同業企業の数が5社程度存在すると，当該市場で企業間競争が生起するといわれています（Barney & Hoskisson, 1990）。たとえば，図表 14.2 のように同業者が2社だけの市場においては企業間の意思疎通経路は1本ですむため緊密な情報共有ができます。それゆえ，企業は相手の考え方や戦略を比較的容易に予想できます。また，協調行動もとりやすくなり，互いに不利益をもたらしうる激しい価格競争などは回避されやすくなります。

それに対して，同業の企業数が増加して5社になった場合，図表の右側のように意思疎通経路は10本へと激増します。当然ながら，業界全体で緊密な情報共有をはかり，協調行動をとることがより困難になります。仮に4社が価格維持をはかって競争を回避したいと願っていても，他社との意思疎通経路が細いあるいは欠落していて考え方の異なる1社が存在していると，そ

図表 14.2 企業数と意思疎通経路の増加

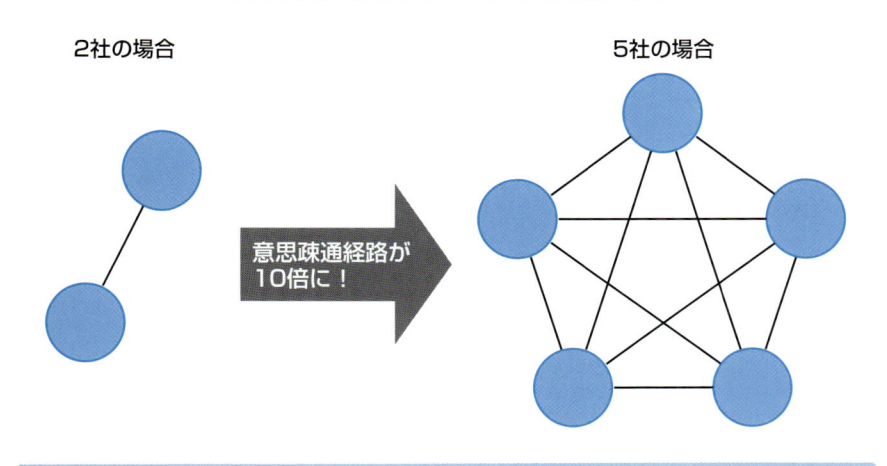

2社の場合　　→　意思疎通経路が10倍に！　　5社の場合

の企業が価格競争の発火点になって結果的に価格競争が業界全体へと延焼してしまうこともあります（Grimm & Smith, 1997）。このように同一市場での企業数が多ければ，必然的に企業間競争が起きやすくなります。

企業がいかに優れた経営資源を保有していたとしても，最終的な商品市場での企業間競争が激しければ，顧客獲得で他社に負けないようにするため，生み出された価値のほとんどは「高品質・高性能をお値打ち価格で」顧客に提供せざるをえません。その結果，競争の激しい業界に所属する企業は，競合他社に勝ったとしても収益性はあまり高くなりません。

つまり，企業内部に蓄積された独自の経営資源が生み出す価値は，最終的な企業業績と直結していません。企業が所属する業界内における他企業の数や企業間の相対的な優劣関係や競争の度合いなどの外部環境要因によって，資源の生み出す価値がより高められたりあるいは希薄化されたりしながら企業業績に反映されていきます（図表14.3）。

それゆえ企業は，自らの立ち位置である市場ポジションや所属業界を適確に規定することができれば，既存の経営資源が生み出す価値を活かしながら

図表14.3　企業業績を決めるメカニズム

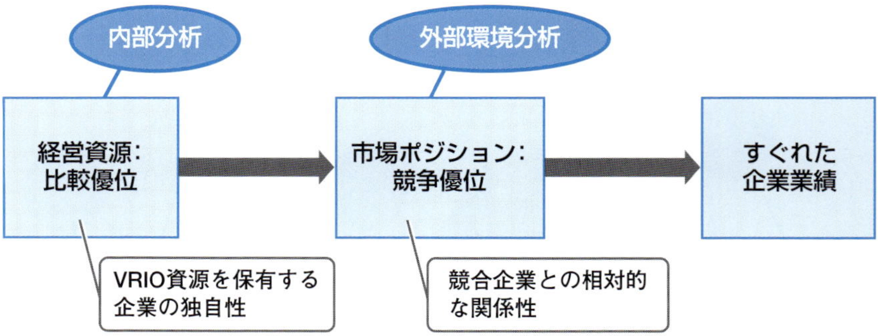

内部分析　→　外部環境分析

経営資源：比較優位　→　市場ポジション：競争優位　→　すぐれた企業業績

VRIO資源を保有する企業の独自性　　競合企業との相対的な関係性

（出所）　Hunt, S. D., & Morgan, R. M.（1995）The comparative advantage theory of competition. *Journal of Marketing*, 59（1995, April），p. 9のFigure 2を加筆修正。

収益性を高められます。

　たとえば，伊藤製作所というプレス金型製造企業の海外展開における成功事例は，自社の QCD（品質・コスト・納期）総合力を競合他社との間で相対的に把握して適確な市場ポジションを規定することの重要性を物語っています。同社は国内需要量の減退や国内の人件費やインフラ・コスト（電気代や土地代など）の高さから海外進出を行う意思決定を行い，進出先としてフィリピンを選択しました。

　その主な理由は，①フィリピンのプレス金型製造業は，ローカル企業を含めても非常に数が少ない点，②確かな技術力があれば日系・欧米系の進出メーカーから受注できる点，③日本では自社と同様の技術をもつ競合他社は多数存在するが，フィリピンでは自社の技術は希少価値があり，優遇される点であり，同社はフィリピンなら QCD 総合力で他社に勝てると判断したのでした（弘中，2007）。この事例が示唆するのは，企業の保有する経営資源の価値は必ずしも絶対的に確定しているわけではなく，「枯れた」資源だと思われていたものも，企業が適切な市場にポジショニングすれば競争優位を生み出す可能性をもつという点です。

　前章では VRIO フレームワークなど経営資源に焦点を当てた企業の内部分析を説明しました。本章では図表 14.3 に示されているもう一つの分析，競合企業との相対的な関係性や所属業界の産業特性など踏まえて自社の市場ポジションを規定することを目的とする外部環境分析を説明していきます。

14.2　外部環境分析

　企業は自らの置かれている立場を理解するために，外部環境を全般的に把握しておくことが必要になります。「現在起きている重要なトレンドは何か？」「将来起こりうるイベントにはどんなものがあるか？」「そこにはどの

ような脅威と機会を見いだすことができるか？」という問いを投げかけることで外部環境分析が進められていきます。その際，企業がとくに注意を払うべき外部環境要因として次の5点をあげることができます（Aaker, 2005）。

①**技術の成熟度**：現在使用している技術の成熟度のレベルが企業活動に影響を与えます。科学技術的な探求が活発になされていて今後急速に進歩が期待されている成長途上の技術の場合は，その発展動向を常に意識して把握する必要があります。また逆に，成熟度が高く行き詰まり感のある技術を使用している場合には，当該技術を代替しうる新技術の登場を予期して，その新技術が既存事業に及ぼす影響度合いを見きわめる必要があります。

②**政府の政策**：法律によって企業活動が規制されることがあります。法規制が変化して強化あるいは緩和されれば，それに対応して企業活動も見直していく必要があります。また，政府が税制や補助金などによるさまざまな優遇措置を行う場合は，その影響が自社にプラスに作用するのかマイナスに作用するのかを見きわめる必要があります。

③**マクロ経済動向**：企業が活動している国や地域のマクロ経済動向の把握は必要不可欠です。好況と不況の景気循環や所得格差の有無，グローバル化の進展度合いの違いなどによっても企業活動の前提条件が左右されます。

④**社会の風潮**：今後の主流を占めると予想される人びとのライフスタイルやファッションのトレンドを理解することで，企業は市場開拓の機会をつかめます。また，社会における企業に対する見方も重要な影響力をもちます。たとえば，株主の権利を重視する株主主権や，企業の社会的責任（CSR）に関する議論が世間で広く認識されるようになれば，企業は株主や地域社会などに配慮した経営を行う必要があります。

⑤**人口動態**：長期的に見て，出生率や人口の年齢構成が変わっていくことが予想されるならば，それによって企業が活動している市場の顧客規模も影響を受けます。この人口動態における変化が，自社にどのような脅威と機会をもたらすのかを予測する必要があります。

以上のような点に注意を払うことで，企業は事業活動を行っていくうえで

直面する全般的な外部環境を体系的に把握しやすくなります。

○ 出仕市場の定義

　全般的な外部環境を把握すると同時に，企業は事業活動を行っていくうえで「どこで競争するのか？」という活動領域を明確化しなくてはなりません。その第一歩が，自社の所属する出仕市場（served market）の定義です。当たり前のことですが，顧客がいなければ事業は成り立ちません。需要がなければ製品やサービスは売れません。特定の顧客ニーズを前提に，そのニーズに応えて充足させるために企業が互いに競い合う市場が，出仕市場です（Best, 2004；Buzzell & Gale, 1987）。企業が効果的に事業活動を遂行していくためには，この出仕市場を明確に規定することが大切です。その際に役立つのが以下にあげる4つの視点です（Abell & Hammond, 1979）。

　①顧客の視点：これは自社の主要な顧客層として誰を想定するのかという考察です。たとえば，自社が調理器具を製造するメーカーだとすると，顧客層として主婦，調理師，個人顧客，法人顧客などの分類が考えられます。当然，想定する顧客層が異なれば，取り扱い製品の属性（機能・性能・デザインなど）や販売方法も異なります。

　②製品の視点：これは製品を機能と技術の両方の側面から分類していった場合に，自社の取り扱い製品はどのような部類に属するのかという考察です。たとえば，先の調理器具の例でいいますと，同じ調理器具でも機能面から分類した場合に「炒め物用，揚げ物用，煮物用，……」など用途別の製品が想定できますし，さらに技術面からそれらの調理器具を分類すると「手動式，ガス式，電気式，誘電加熱式，……」など技術方式別に製品分類ができるという具合になります。

　③立地の視点：これは企業が事業活動を展開するときの地理的な範囲に関する考察です。たとえば，事業活動をグローバルに展開するのか，それともローカルな範囲にとどめるのかという範囲に関する分類や，事業の進出先を

集中させてドミナント化を行うのか，それとも分散させて個別に独立した事業展開をめざすのかという密度に関する分類が考えられます。

④**価値連鎖の視点**：これは第11章で見てきたように，企業はどの機能領域までを自社内で手がけて価値を付与し，その結果，何を産出商品として顧客に提供するのかという考察です。たとえば，開発・設計・製造・販売・サービスという価値連鎖が存在したときに，すべてを自前で行う統合型の事業活動をめざすのか，それとも特定の機能領域に分化して事業活動を行うのかという選択があります。価値連鎖上のどこに自社の活動領域を位置づけるかによって，産出商品（サービス）とその顧客，そして競合企業が異なってきます。

以上の4つの視点を複合的に組み合わせて考察することで，企業は複雑な外部環境の中においても自社が活動すべき領域である出仕市場を明確に規定しやすくなります。

市場分析の観点

企業が事業活動を行う領域である出仕市場を明確にするのと同時に，そこで想定する市場が営利目的から見てどの程度魅力的なのかを把握する必要があります。その際に実施する市場分析では，主に次の7つの観点から検証作業を進めていくことが有効です（Aaker, 2001）。

①**市場規模**：顧客数や需要量に十分な規模の存在が見込めなければ，企業は当該事業によって利益を上げるのに必要な最低限の売上高を確保することが難しくなります。現在の市場規模と潜在的な拡大可能性の両方を見きわめる必要があります。

②**成長の見通し**：製品ライフサイクルのどの段階に当該事業が位置づけられるのかについて検討します。市場が成長期にあるのか，それとも衰退期にあるのか，企業の側の認識と実態が乖離しないように注意することが重要です。

③**コスト構造**：事業活動を遂行していくうえでの固定費と変動費の構成割合がどうなっているか，**規模の経済や学習曲線の効果**を発揮できるような活動が含まれているか，**価値連鎖**全体で見たときに高コスト構造の活動領域が存在するかといった点を検証することで，企業は当該事業の収益性を決定づけるコスト要因の把握を行います。

④**流通チャネル**：そこでは顧客の手に商品を行き渡らせるための方法としてどのような選択肢があるか，産業構造の変化や技術革新によって新しい流通方法が登場していないか，また競合商品との店頭での「棚スペース争い」の激しさはどの程度かといった点の検討が，企業に求められます。

⑤**市場のトレンド**：顧客の嗜好に何らかの変化が見られるならば，企業としてはその変化に合致した事業活動を行うことで，収益機会を獲得できます。ただし，市場のトレンドが，一時的な流行で終わるものなのか，将来に渡って永続する傾向にあるのかについて，企業は見きわめる必要があります。一時的流行に踊らされて，見通しを誤った大規模な設備投資をしてしまい，突然のブーム沈静化とともに投資回収が不能になるという愚行は避けなければなりません。

⑥**KFS（主要成功要因）**：これはすでに第1章で説明したように，企業が当該市場で競争に勝ち抜いて成功するために効果的な要素，「成功の秘訣」です。企業はその市場における KFS を見つけ出すことができれば，そこに集中的に経営資源を注入することによって，いわゆる要所を押さえることによってライバル企業との競争をより優位に展開できます。したがって，企業は当該市場に特有の KFS を発見して，それを理解することが大切です。

⑦**市場の収益性**：これは最も重要な点です。企業は自ら選択した出仕市場に参入するにあたって，通常レベルの事業活動を行えばきちんと利益を出すことができるかどうか検討すべきです。たとえば，競合企業が大勢いて激しい価格競争を繰り広げているなどの構造特性をもつ市場ならば，必然的に収益性も悪化するため，企業はあえて当該市場に参入して事業活動を行うことの是非を再検討する必要性があります。

実際，本章の冒頭で示した図表 14.1 のように，各産業の構造的な特性によって企業が得られる平均的な利益率が異なります。次節では，市場の収益性を決定づける競争構造の詳細について見ていきます。

14.3　5つの競争要因と市場の収益性

市場収益性の高低に大きな影響を及ぼすのは，当該市場内の企業を取り巻く競争的な環境です。この競争構造を形成する代表的な諸要因として，(1)新規参入者の脅威，(2)競合他社の敵対度，(3)代替品の脅威，(4)供給業者の交渉力，(5)購買者の交渉力，の5つがあげられます（Porter, 1980）。これら5要因が市場内の企業に対して競争的な圧力として作用し，その圧力の強弱によって企業の収益が左右されるという分析フレームワークが，図表 14.4 に示す5つの競争要因分析（five forces analysis）です。

〈①新規参入者の脅威〉

当該市場に競争相手が新規参入して業界内に生産能力が追加されると，原材料の需要も増加して調達価格が上昇する一方で，最終生産物の供給量増加に伴って販売価格を高めに維持することが困難になります。つまり，新規参入が生じると，コストが増加する一方で価格は下落する傾向が一般的に見られるため，当該市場内の企業の収益性は低下します。また，現実に新規参入がなされなくても潜在的な新規参入の可能性があれば，市場内の企業は新規参入を事前に防ぐために，商品の価格を新規参入者が魅力を感じない（あるいは利益が出ない）程度の低価格にあえて設定することもあります。このように新規参入者の脅威が存在する場合には，既存企業の収益性は低くなります。

したがって，逆に新規参入者の脅威が小さければ企業は収益性を高められ

図表14.4 5つの競争要因分析

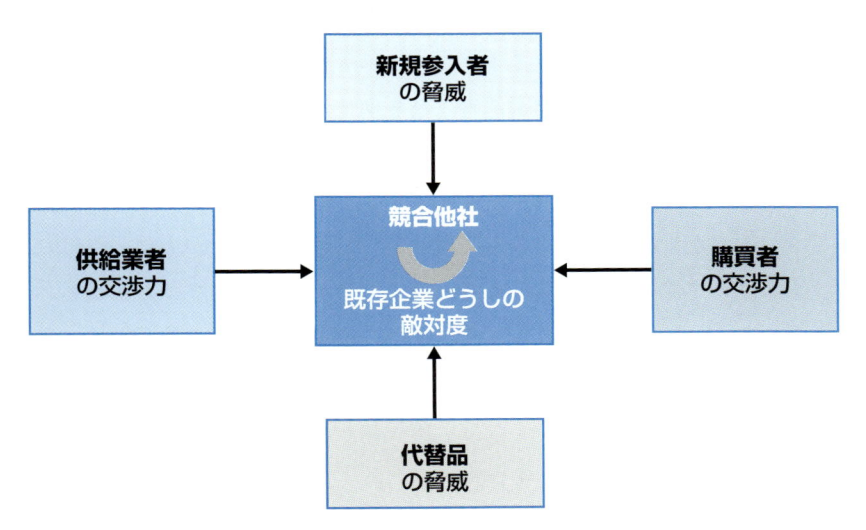

```
                    ┌─────────────┐
                    │  新規参入者  │
                    │   の脅威    │
                    └──────┬──────┘
                           ↓
┌──────────┐     ┌─────────────────┐     ┌──────────┐
│ 供給業者  │ →  │    競合他社      │ ←  │  購買者  │
│ の交渉力  │    │  既存企業どうしの │    │ の交渉力 │
└──────────┘     │     敵対度       │     └──────────┘
                 └────────┬────────┘
                          ↑
                    ┌─────────────┐
                    │   代替品    │
                    │   の脅威    │
                    └─────────────┘
```

（出所） Porter, M. E. (1979) How competitive forces shape strategy. *Harvard Business Review*, 57(2), p.141 の Exhibit を加筆修正。

ます。新規参入を阻止する要因のことを参入障壁といいます。当該市場への参入障壁が高ければ，既存企業の収益性も高まります。参入障壁の代表的な例として，次の7つがあげられます。

①**莫大な初期投資コスト**：新規参入者が事業を始めるために多額の資本を必要とするならば，必要資金の調達や投資回収の見通しが立たない限り実際の参入が困難になります。

②**政府の企業活動への干渉**：法律による規制が行われている場合や，行政による許認可権の行使が行われている場合，既存企業への補助金や税金の優遇措置が行われている場合などは，新規参入者にとって不利になることがあります。

③**流通チャネルの問題**：新規参入者が新商品を顧客の手元に行き渡らせよ

うと思っても，使用可能な流通手段がなければ，実質的に商品の販売ができません。時には既存企業が主要な流通企業と強固な関係を築き上げており，そこに新規参入者が割り込むことが困難であるような閉鎖的な流通チャネルが形成されている場合があります。

④**補完財やインフラの利用可能性**：補完関係にある財やサービスの存在の有無は，参入障壁の高低に影響を及ぼします。たとえば，ケータイ用アプリ（ソフト）にとってケータイ端末（ハード）と電話通信（サービス）は補完財です。端末が世の中にたくさん出回っていて通信契約者が大勢いなければ，ビジネスとして成立する見込みも立たないのでケータイ用アプリ市場への開発企業の参入は制限されるでしょう。また，企業が何らかの製品を作ろうと思ったときに，技術的なインフラが標準化されている場合は，誰もがオープンな標準技術を使用することで容易に新規参入できますが，逆に技術が標準化されておらず特定の企業によってクローズドに専有されている場合には，他企業は当該技術を使用できないため新規参入は阻害されます。

⑤**製品差別化**：とくに既存企業のブランド力が圧倒的に強い場合には，新規参入者は顧客を自社製品に振り向かせることが困難になります。また，新規参入者が既存企業と同等レベルのブランド認知を確立するためには投下するマーケティング費用も多額になります。ブランド以外にも，顧客が特定製品の利用に習熟していて今さら別の新製品の利用法を学習する気になれないなど，顧客側のスイッチング・コストが高い場合には，新規参入者は不利になります。つまり，顧客獲得の面における参入障壁が存在するのです。

⑥**規模の経済**：既存企業の生産量が大きければ，その規模の大きさに応じてコスト低減メリットを享受できます。それに対して新規参入者の生産量が微々たるものであれば，両者間には大きなコスト格差が生まれます。また，既存企業は累積生産量もすでに多く蓄積しています。その結果，新規参入者より1歩も2歩も先の**学習曲線の効果**を期待できるため，これもコスト格差を拡げます。これらのコスト格差を商品の低価格設定に反映させれば，既存企業は強力な参入障壁を築けます。

⑦**既存企業の反撃**：これも新規参入者の脅威を弱めることにつながります。過去に新規参入者が既存企業から強力な報復措置を執られた経緯がある市場であれば，誰も好きこのんで参入しません。その既存企業が，実際に反撃した経歴がなかったとしても，業界内に好戦的でタフな企業であるというイメージを植え付けることに成功したり，経営資源として実質的な反撃能力を保有していることが明らかであれば，新規参入者を牽制できます。核戦争を実際に起こさないために大国が核武装するという核抑止理論と同様のロジックで新規参入者の脅威を低減させるのです。

〈②競合他社の敵対度〉

市場内における企業間の競争が激しければ，収益性も低下していきます。一般的に，競合企業の数が多くて市場集中度が低い状況下で競争が起きやすくなります。逆に企業数が少なく市場集中度が高ければ，企業間の協調行動が促されやすくなり，あまり競争は激化しません（図表 14.2 参照）。

ただし，市場内の「企業数」と「集中度」以外にも，競合他社の敵対度に影響を及ぼす要因がいくつかあります。たとえば次の4つがあげられます。

①**市場成長率の低さ**：成長が著しい市場では，ある企業の売上増加は他社の売上を奪った結果ではありませんから，競争は激化しません。それに対して，低成長市場で売上増加をねらう場合には，他社の売上を奪うゼロサム・ゲーム的な要素があるため，競合他社の報復行動を誘発して競争が激化する傾向があります。

②**差別化度の低さ**：市場内で企業ごとのイメージとポジショニングが明確になっていて差別化が徹底されているならば，嗜好の異なる顧客層を企業間で分けあって，競争が激化することはありません。それに対して，差別化度が低くて類似した商品を取り扱う「同質的な」企業が同時に存在するような場合には，企業間で顧客を奪いあう競争が起きます。

③**コスト構造**：とくに，人員の確保や設備保有などにかかる固定的な維持コストが高い割合を占めるコスト構造をもつ業界においては，需要変動に柔

軟にあわせた生産量調整が困難です。需要の谷間に生産能力が過剰であることは明らかであっても，このようなコスト構造をもつ企業は適当な生産量を確保するために他社の市場シェアを奪い取る行動に出ることがあるため，競争が起きやすくなります。

④**撤退障壁の高さ**：収益性が低く魅力の薄い市場だとわかった時点で，参入企業がその市場から簡単に撤退できるならば，企業数も減少するため市場内で競争は激化しません。それに対して，撤退障壁が高く退路が断たれた状態のときには，企業は当該市場での生き残りをかけて激しい競争を展開せざるをえません。なお，当該事業を行うために企業が投資して保有している資産の特殊性が高く，他事業への転用や他社への売却が困難である場合に，撤退障壁がより高くなります。

以上のような条件下で競争が激化しやすくなり，競合他社の敵対度が高まります。それゆえ逆にいえば，市場の成長率と差別化度が高く，柔軟なコスト構造で撤退障壁が低いという条件下にある市場ならば，競合他社の敵対度が低く，結果的に収益性も高まるといえます。

〈③代替品の脅威〉

ここでいう代替品とは，競合企業が提供する同種の製品/サービスのことではありません。既存の製品/サービスとは異なる代替的な技術を使用しながらも，同一の顧客ニーズを満たすような別種の製品/サービスのことを「代替品」と呼びます。たとえば，「部屋を明るくしたい」という顧客ニーズに対して提供される白熱電球と蛍光管とLED電球などは互いに代替品です。

当該市場内で現在主流を占めている製品/サービスが，潜在的な代替品によって置き換えられ，将来的に市場からの撤退を促されてしまう危険性があれば，代替品の脅威は大きいといえます。代替品の脅威の水準を決定づける要因としては，①切り替えコストと②価格性能比の2点があげられます。

顧客が，現在使用中の製品/サービスから代替品へと使用を切り替えるために要するコストが低く，簡単に乗り換え可能であれば，代替品の脅威はよ

り大きくなります。逆に，顧客が代替品に切り替える際に追加的に支払うコストが多大であれば，顧客は代替品への切り替えにメリットを感じないため，代替品の脅威は小さくなります。

また，既存の製品/サービスが顧客に提供する価格性能比に比べて代替品が顧客に提供する価格性能比のほうが優れていれば，当然，顧客は代替品に魅力を感じるため，代替品の脅威は大きくなります。顧客は自らが負担するコスト（製品/サービスの価格）に対してより大きな便益をもたらしてくれる製品/サービスを好んで選択するからです。したがって，潜在的な代替品の脅威が存在する市場における既存企業は，代替品の市場内への浸透を阻止するために，自社の既存製品/サービスの価格性能比を顧客にとって魅力的な水準に維持する必要性があります。そのためには設定価格を抑えたり，性能アップのためのコスト増加を許容しなければならないので，代替品の脅威が大きい市場内の企業は，結果的に収益性も低くなります。

〈④供給業者の交渉力〉

企業は，活動を展開していくうえで必要となる原材料や部品等を供給業者から調達します。これらを安価に調達できれば，企業の収益性を高められます。しかし，取引相手である供給業者の交渉力が強い場合には，値引きさせることが困難になるため，企業は原材料などを安価に入手できません。供給業者の交渉力の強弱が，企業の調達コストの高低に大きな影響を及ぼします。

一般的に，売り手の数が少なく市場集中度が高い（極端な例は売り手が独占企業）ほど，供給業者の交渉力は強くなります。逆に，売り手の数が無数にあり市場集中度が低ければ，供給業者の交渉力は弱くなります。また，供給品の特性が差別化されていて特定の供給業者からしか調達できないような場合にも，供給業者の交渉力は強くなります。逆に，供給品が誰でも作れるありふれた商品の場合には，供給業者の交渉力は弱くなります。つまり，企業が調達先として別の供給業者を選べる余地が大きければ，その選択肢の多さが供給業者の交渉力を弱めることにつながります。

さらに，既存の供給品に取って代わりうる代替品が存在するならば，企業は供給業者に対して代替品への切り替え措置を取引材料にして，供給品を買いたたくこともできます。同様に，企業が**前方統合**を行って自ら当該供給品を内製するという可能性を示唆することによって，供給業者の譲歩を引き出して供給品を安価に調達することもできます。つまり，供給品の代わりになる代替品や内製品の存在が，供給業者の交渉力を弱めます。

　また，売り手である供給業者の収益性の高低も，その交渉力の強弱に関係があります。収益性が低く，これ以上の値引きをする余裕がない状態の供給業者は，強力な交渉を必死に展開することが予想されます。その一方で，高収益な供給業者は余裕がある分だけ，交渉が比較的緩やかになります。

〈⑤購買者の交渉力〉

　企業が自社製品／サービスを販売する相手である購買者の交渉力の強弱は，販売価格を引き下げずに維持できるかどうかという点に大きく影響します。購買者の交渉力が強ければ，企業は価格面で譲歩せざるをえなくなり，収益性も低下します。

　一般的に，買い手の数が多くて分散しているほど，購買者の交渉力は弱くなります。逆に，買い手の数が少なくて結束していれば，購買者の交渉力は強くなります。つまり，企業が目の前の買い手との取引条件に満足できない場合にはあえて取引をせず，有利な条件で取引できる別の買い手を次に探し出せるような状況下であれば，企業が「顧客を選べる」ため，購買者の交渉力は弱まります。

　また，購入額や購入量における比率が高い購買者の交渉力は強くなります。彼らは，当該企業にとって重要な顧客であり，その取引を失うと多大な損失が発生するため，結果的に企業側の交渉力を弱めてしまうからです。同様に，購買者が製品／サービスを自ら内製する**後方統合**を行う可能性を示唆するような場合にも，企業は購買者との取引を失うことを恐れて交渉力を弱めてしまいます。

購買者の属性も，交渉力に影響を及ぼします。購買者の収入が低く購入のための予算が限られている場合には，交渉も強力になります。購買者が最低販売価格や原価などの業界情報に精通している場合にも，購買者の交渉力が強まります。一方で，購買者が製品/サービスの品質を重要視する場合には，価格へのこだわりが薄いため，逆に企業側が交渉力を確保しやすくなります。

〈5つの競争要因と収益性の関係：まとめ〉

最後に以上の5つの競争要因について，収益性との関係をまとめますと，(1)新規参入の脅威が小さい，(2)競合他社の敵対度が低い，(3)代替品の脅威が小さい，(4)供給業者の交渉力が弱い，(5)購買者の交渉力が弱い，という条件下において，当該業界で事業展開する企業の収益性は最も高くなるといえます。この「5つの競争要因分析」は，収益性の観点から業界の魅力度を測るために有用なツールです。

しかし，そこで得られる結果は，あくまでも「現時点」における業界の競争構造を示しているに過ぎない点に注意が必要です。現実には，時間の経過とともに業界構造は動態的に変化していきます。たとえば，法規制が緩和されれば参入障壁は低下しますし，ブランド認知が浸透すれば逆に参入障壁は高まります。既存企業が**規模の経済**を追求すれば市場集中度が高まります。また，隣接業界の動向も当該業界に影響を及ぼします。「隣接業界」には，①同じ顧客に異なる製品/サービスを提供する業界，②同じような技術や生産プロセスを用いている業界，の2種類があります。前者①の隣接業界は，当該業界内の企業にとっては潜在的な代替品の脅威になりえます。後者②の隣接業界は，当該業界内の企業にとっては潜在的な新規参入者の脅威になりえます。これら各種の動向が，既存の業界構造を変化させていきます。

したがって，現時点で「5つの競争要因分析」の結果として当該業界の収益上の魅力度が高いと判定できても，企業はそれで慢心してはなりません。本章で紹介した外部環境分析を包括的に利用することで，将来に向けた事業戦略を常に考え続ける姿勢が重要なのです。

14.4 外部環境への戦略的な対応方法

　外部環境分析を実施して得られた分析結果にもとづいて，企業は何らかの対応をとらなくてはなりません。企業が自らを取り巻く外部環境に対峙したときにとりうる戦略的な対応方針として，代表的なものをあげると次の5つがあります（Oliver, 1991）。

　第1に，黙従（acquiesce）です。これは環境を所与のものとして疑問を呈することなく受け入れることで，適応するという対応方法です。

　第2に，妥協（compromise）です。これは環境によって提示された条件を大筋で受け入れるものの，自分の意に沿わない条件については見直しの働きかけをして互いに折り合いをつけるという対応方法です。

　第3に，回避（avoid）です。これは環境が自分にあわないことが明白な場合に，余計な争いやコスト増加を招かないようにして正面衝突を避けることで適応するという対応方法です。

　第4に，反抗（defy）です。これは環境が自分にあわないことが明白な場合に，環境が提示する条件に対して正面から立ち向かい，異議を唱えて従わないという対応方法です。

　第5に，操作（manipulate）です。これは現存する環境を所与のものとはとらえず，自身の行動によって環境を作り替えられるという信念のもと，さまざまな働きかけによって「住みやすい環境」を構築していくという対応方法です。

　これらの対応方法の詳細を整理したものが，図表14.5 です。外部環境分析や5つの競争要因分析を行った結果として，所属する業界の魅力度が劣っていると判定されたからといって企業は悲観するべきではありません。黙従や回避によって所与の環境条件に適応することが，対応方法のすべてではないからです。時には反抗したり操作したりして，外部環境に対して企業が積

図表 14.5　外部環境への戦略的対応方法の類型

戦略	戦術	行動例
黙従	習慣	暗黙の規範に無意識的に従う。
	模倣	他の成功例を意識的または無意識的にまねる。
	受容	ルールに従って，規範を受け入れる。
妥協	調和	複数の利害関係者からのさまざまな期待・要求をバランスさせる。
	懐柔	要求の一部を受け入れて，相手をなだめすかす。
	交渉	交渉によって相手方から譲歩を引き出す。
回避	隠蔽	うわべだけ取り繕って，実際には要求に従わない。
	緩衝	核心部分を切り離して，外部からのインパクトを弱める。
	逃避	目標や活動を変えたり，当該ドメインから退出する。
反抗	無視	外部に存在する規範や価値を無視，ルールに従わない。
	挑戦	外部のルールや要求事項に対して異議を唱える。
	攻撃	外部圧力の源泉を非難して攻撃する。
操作	抱き込み	影響力のある利害関係者を取り込んで味方につける。
	影響	業界の価値体系や規準を自分に都合よく作り変えていく。
	操縦	パワーを行使して外部関係者に支配力を振るう。

(出所) Oliver, C. (1991) Strategic responses to institutional processes. *Academy of Management Review*, 16(1), p.152 の Table 2 より筆者作成。

極的に働きかけて自らに有利な状況を創り出すことも大切です。

このように外部環境の操作可能性を重視する考え方のことを環境管理パースペクティブ（environmental management perspective）といいます。環境管理戦略の具体的な例としては，競合他社との和平工作，供給業者・購買者との関係見直し，戦略的な企業間提携，企業 PR キャンペーン，訴訟などの法的措置，政治的なロビイング活動，CSR による社会問題への取り組み，などの対外的な行動があげられます（Zeithaml & Zeithaml, 1984）。

○ まとめ：戦略立案プロセス

　本章では，外部環境分析と，5つの競争要因分析に代表される業界分析を紹介してきました。前章ではVRIOフレームワークによる企業の内部分析を紹介しました。これらをまとめたかたちで戦略立案プロセス全体を概観すると，図表14.6のようになります。企業は，「今どこにいるのか」を把握するために外部環境分析・業界分析・内部分析を実施し，その分析結果を踏まえたうえで「どこへ向かうべきか」を決めて戦略オプションを考案します。図表では一例として，本書の第2章から第12章の各章で説明してきた収益を生み出すための諸手法を列挙しました。さらに企業は「どうやってそこへたどり着くか」という観点から特定の戦略オプションを選択し，必要とする経営資源を取りそろえてリスクとリターンを見積もったうえで戦略を実行します。

　その際，採用する戦略が企業の競争力と収益性を高めるうえで効果的であるためには，戦略のスイート・スポット（strategic sweet spot）という領域にうまく当てはめることが重要になります。つまり，自社の能力で実行可能な戦略のうち，顧客ニーズを適確に充足させることのできる戦略，しかも競合他社が対応することのできない顧客ニーズを自社のみが独自にカバーできる戦略が，ツボを押さえた効果的な戦略なのです（Collis & Rukstad, 2008）。

〈よい戦略ステートメントとは？〉

　最後に，「よい」戦略ステートメントには必ず言及されているとされる3つの基本要素を紹介して本書を閉じたいと思います。それは①目標（objective），②活動範囲（scope），③優位性（advantage）です（Collis & Rukstad, 2008）。

　戦略ステートメントの中で，「目標」は，一つの終点・到達点と期限を設定する重要な役目を果たします。目標が明示されていないと，いつまでたってもどれだけ時間をかけても成果を上げられません。「活動範囲」は，事業

図表 14.6 戦略立案プロセス

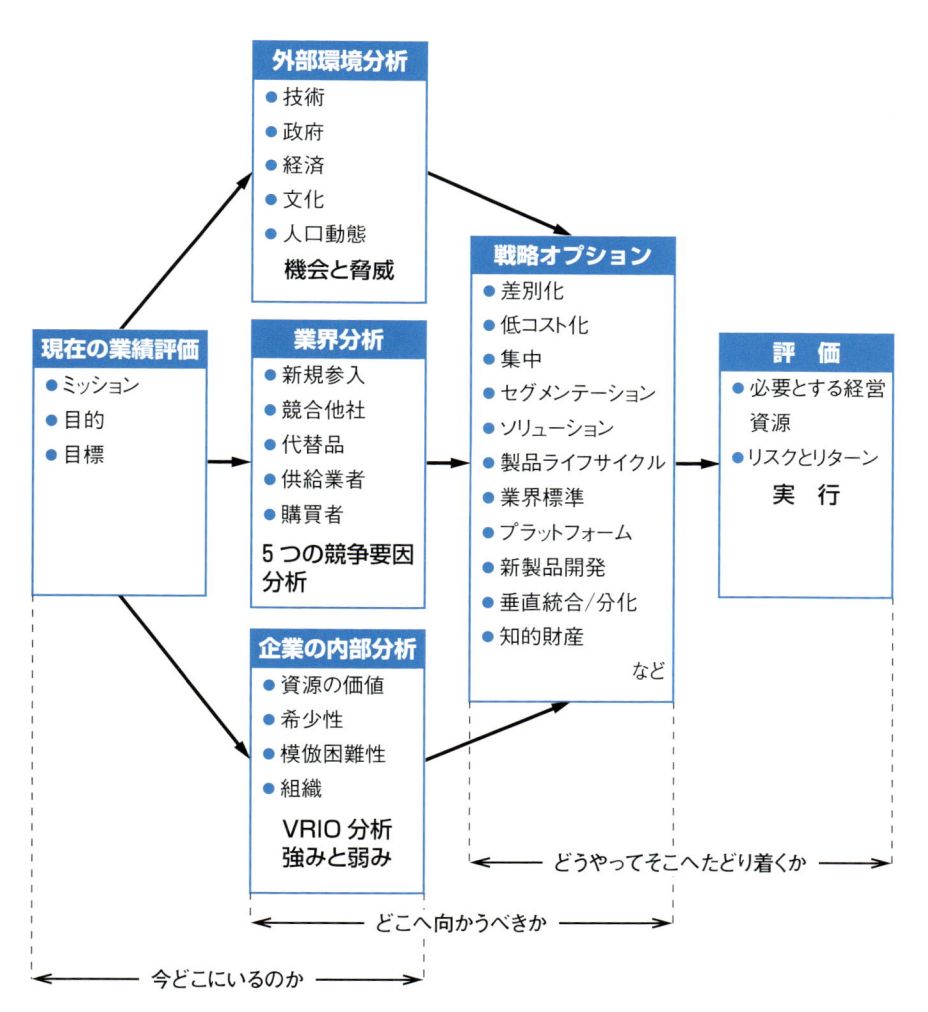

現在の業績評価
- ミッション
- 目的
- 目標

外部環境分析
- 技術
- 政府
- 経済
- 文化
- 人口動態

機会と脅威

業界分析
- 新規参入
- 競合他社
- 代替品
- 供給業者
- 購買者

5つの競争要因分析

企業の内部分析
- 資源の価値
- 希少性
- 模倣困難性
- 組織

VRIO分析
強みと弱み

戦略オプション
- 差別化
- 低コスト化
- 集中
- セグメンテーション
- ソリューション
- 製品ライフサイクル
- 業界標準
- プラットフォーム
- 新製品開発
- 垂直統合／分化
- 知的財産

など

評価
- 必要とする経営資源
- リスクとリターン

実　行

←今どこにいるのか→　←どこへ向かうべきか→　←どうやってそこへたどり着くか→

（出所）de Kluyver, C. A., & Pearce Ⅱ, J. A.（2009）*Strategy: A view from the top*. 3rd ed. Upper Saddle River, NJ: Pearson/Prentice Hall, p.20 の Figure 1-4 を加筆修正。

ドメインや出仕市場の境界線を設定するうえで重要です。企業の経営資源には限りがあり，無限定に活動を展開することは不可能です。資源を有効活用するためにも活動範囲の設定が必要不可欠です。そして「優位性」は，自社だけがもつ独自手法によって顧客に提供できる価値を示します。競争力は企業間の相対的な優劣によって決まります。自らのもつ優位性を自覚できなければ，企業は収益性を高められないでしょう。これら3つの基本要素が，戦略ステートメントの中にしっかり言及されることで，「どのように競争すべきか」という**競争戦略（事業戦略）**がより明確になります。

演習問題

14.1 あなたの好きな企業を1つ取り上げて，その企業の出仕市場はどのように定義できるか考えてみましょう。

14.2 あなたの好きな業界を1つ取り上げて5つの競争要因分析を実施し，その業界の収益性の高低を判断しなさい。

14.3 上記で検討した業界の代表的な企業を複数社取り上げて，実際の利益率がどのようになっているか調べてみましょう。もし，それらの企業の間に大きな利益率の違いが存在するならば，その理由について考えなさい。

14.4 外部環境への戦略的な対応方法としての黙従・妥協・回避・反抗・操作の各具体例を探してみましょう。

参 考 文 献

Aaker, D. A.（2001）*Developing business strategies*. New York: John Wiley & Sons.（邦訳，D.A.アーカー　今枝昌宏訳（2002）『戦略立案ハンドブック』東洋経済新報社）

Aaker, D. A.（2005）*Strategic market management*. 7th ed. New York: John Wiley & Sons.

安部修仁（2008）「終わらない話：「低価格の観念」を忘れるな」『日経ビジネス』2008年3月3日号，172.

Abell, D. F.（1980）*Defining the business: The starting point of strategic planning*. Englewood Cliffs, NJ: Prentice-Hall.（邦訳，D.F.エーベル　石井淳蔵訳（1984）『事業の定義――戦略計画策定の出発点』千倉書房）

Abell, D. F., & Hammond, J. S.（1979）*Strategic market planning: Problems and analytical approaches*. Englewood Cliffs, NJ: Prentice-Hall.（邦訳，D.F.エイベル・J.S.ハモンド　片岡一郎・古川公成・滝沢茂・嶋口充輝・和田充夫訳（1982）『戦略市場計画』ダイヤモンド社）

Afuah, A.（2004）*Business models: A strategic management approach*. New York: McGraw-Hill/Irwin.

秋元康（2010）「クールジャパンの逆襲」『日経ビジネス　特別版』2010年3月29日号，20-25.

Andrews, K. R.（1980）*The concept of corporate strategy*（Rev. ed.）. Homewood, IL: Richard D. Irwin.

Ansoff, H. I.（1988）*The new corporate strategy*. New York: Wiley.（邦訳，H.I.アンゾフ　中村元一・黒田哲彦訳（1990）『最新・戦略経営――戦略作成・実行の展開とプロセス』産能大学出版部）

Anthony, S. D., Eyring, M., & Gibson, L.（2006）"Mapping your innovation strategy." *Harvard Business Review*, 84（5），104-113.（邦訳，S.D.アンソニー・M.アイリング，L.ギブソン（2006）「R&Dに「破壊的イノベーション」理論を応用する」『DIAMONDハーバード・ビジネス・レビュー』8月号，58-71.）

Armstrong, G., & Kotler, P.（2009）*Marketing: An introduction*. 9th ed. Upper Saddle River, NJ: Pearson Prentice Hall.

淺羽茂（2004）『経営戦略の経済学』日本評論社．

Barney, J. B. (1986) "Strategic factor markets: Expectations, luck, and business strategy." *Management Science*, 32 (10), 1231-1241.

Barney, J. B. (1989) "Asset stocks and sustained competitive advantage: A comment." *Management Science*, 35 (12), 1511-1513.

Barney, J. (1991) "Firm resources and sustained competitive advantage." *Journal of Management*, 17 (1), 99-120.

Barney, J. B. (2002) *Gaining and sustaining competitive advantage*. 2nd ed. Upper Saddle River, NJ: Prentice Hall.

Barney, J. B., & Hoskisson, R. E. (1990) "Strategic groups: Untested assertions and research proposals." *Managerial and Decision Economics*, 11, 187-198.

Batchelor, R. (1995) *Henry Ford: Mass production, modernism and design*. Manchester, England: Manchester University Press. (邦訳, R.バチェラー　楠井敏朗・大橋陽訳 (1998)『フォーディズム――大量生産と20世紀の産業・文化』日本経済評論社)

Best, R. J. (2004) *Market-based management: Strategies for growing customer value and profitability*. 3rd ed. Upper Saddle River, NJ: Prentice Hall.

Buzzell, R. D., & Gale, B. T. (1987) *The PIMS principles: Linking strategy to performance*. New York: Free Press.

Carpenter, G. S., Glazer, R., & Nakamoto, K. (1994) "Meaningful brands from meaningless differentiation: The dependence on irrelevant attributes." *Journal of Marketing Research*, 31, 339-350.

Chaffee, E. E. (1985) "Three models of strategy." *Academy of Management Review*, 10 (1), 89-98.

Chesbrough, H. (2003) *Open innovation: The new imperative for creating and profiting from technology*. Boston, MA: Harvard Business School Press. (邦訳, H.チェスブロウ　大前恵一朗訳 (2004)『OPEN INNOVATION――ハーバード流イノベーション戦略のすべて』産業能率大学出版部)

Chesbrough, H. (2006) *Open business models: How to thrive in the new innovation landscape*. Boston, MA: Harvard Business School Press. (邦訳, H.チェスブロウ　栗原潔訳, 諏訪暁彦解説 (2007)『オープンビジネスモデル――知財競争時代のイノベーション』翔泳社)

Chesbrough, H. (2009)「革新の源を社外からも探せ」『日経ビジネスマネジメント』Summer, 30-33.

Christensen, C. M., & Raynor, M. E. (2003) *The innovator's solution: Creating and sustaining successful growth*. Boston, MA: Harvard Business School Press. (邦訳, C.

クリステンセン・M. レイナー　玉田俊平太監修，櫻井祐子訳（2003）『イノベーションへの解——利益ある成長に向けて』翔泳社．

Christensen, C. M., Cook, S., & Hall, T.（2005）"Marketing malpractice: The cause and the cure." *Harvard Business Review*, 83,（2005, December）, 74-83.（邦訳，C. M. クリステンセン・S. クック・T. ホール（2006）「セグメンテーションという悪弊——「ジョブ」に焦点を当てたブランド構築が必要」『DIAMOND ハーバード・ビジネス・レビュー』6月号，48-62．

Coff, R. W.（1999）"When competitive advantage doesn't lead to performance: The resource-based view and stakeholder bargaining power." *Organization Science*, 10（2）, 119-133.

Collis, D. J., & Montgomery, C. A.（1998）*Corporate strategy: A resource-based approach*. Boston, MA: Irwin/McGraw-Hill.

Collis, D. J., & Rukstad, M. G.（2008）"Can you say what your strategy is ?" *Harvard Business Review*, 86（4）, 82-90.（邦訳，D. J. コリス・M. G. ルクスタッド（2008）「戦略を全社員と共有する経営——単純明快な戦略ステートメントがカギ」『DIAMOND ハーバード・ビジネス・レビュー』7月号，20-34．

David, P. A.（1992）"Heroes, herds and hysteresis in technological history: Thomas Edison and 'the battle of the systems' reconsidered." *Industrial and Corporate Change*, 1（1）, 129-180.

Day, G. S., & Reibstein, D. J.（Eds.）（1997）*Wharton on dynamic competitive strategy*. New York: John Wiley & Sons.（邦訳，G. デイ・D. レイブシュタイン　小林陽太郎監訳，黒田康史・池田仁一・村手俊夫・荻久保直志訳（1999）『ウォートンスクールのダイナミック競争戦略』東洋経済新報社）．

de Kluyver, C., & PearceⅡ, J. A.（2003）*Strategy: A view from the top*. Upper Saddle River, NJ: Pearson/Prentice Hall.（邦訳，C. A. デ・クルイヴァー・J. A. ピアースⅡ世　大柳正子訳（2004）『戦略とは何か——ストラテジック・マネジメントの実践』東洋経済新報社）．

de Kluyver, C. A., & PearceⅡ, J. A.（2009）*Strategy: A view from the top*. 3rd ed. Upper Saddle River, NJ: Pearson/Prentice Hall.

Dierickx, I., & Cool, K.（1989）"Asset stock accumulation and sustainability of competitive advantage." *Management Science*, 35（12）, 1504-1511.

土肥一史（2003）『知的財産法入門　第6版』中央経済社．

Doyle, P.（1976）"The realities of the product life cycle." *Quarterly Review of Marketing*,（1976, Summer）, 1-6.

Drucker, P. F.（1985）*Innovation and entrepreneurship: Practice and principles*. NY:

Harper & Row.（邦訳，P. F. ドラッカー　上田惇生訳（1997）『イノベーションと起業家精神——その原理と方法　上・下』ダイヤモンド社）

Eisenmann, T., Parker, G., & Van Alstyne, M. W.（2006）"Strategies for two-sided markets." *Harvard Business Review*, 84,（2006, Octorber），96-101.（邦訳，T・アイゼンマン，G・パーカー，M. W. バン・アルスタイン（2007）「ツー・サイド・プラットフォーム戦略」『DIAMONDハーバード・ビジネス・レビュー』6月号，68-81.

Elberse, A.（2008）"Should you invest in the long tail ?" *Harvard Business Review*, 86,（2008, July-August），88-96.（邦訳，A・エルバース（2008）「ロング・テールの嘘——オンライン・チャネルが「一人勝ち」を加速させる」『DIAMONDハーバード・ビジネス・レビュー』12月号，139-152.）

Evans, D. S., Hagiu, A., & Schmalensee, R. S.（2006）*Invisible engines: How software platforms drive innovation and transform industries*. Cambridge, MA: MIT Press.

Evans, D. S., & Schmalensee, R. S.（2007）*Catalyst code: The strategies behind the world's most dynamic companies*. Boston, MA: Harvard Business School Press.

Ferdows, K., Lewis, M. A., & Machuca, J. A. D.（2004）"Rapid-fire fulfillment." *Harvard Business Review*,（2004, November），104-110.

Ford, H.（1923）*My life and work*. Garden City, NY: Doubleday, Page & Company.

藤本隆宏（2003）『能力構築競争——日本の自動車産業はなぜ強いのか』中央公論新社．

Garud, R., & Kumaraswamy, A.（2003）"Technological and organizational designs for realizing economies of substitution." In R. Garud, A. Kumaraswamy, & R. N. Langlois（Eds.），*Managing in the modular age: Architectures, networks, and organizations*（pp. 45-77）. Malden, MA: Blackwell.

Grant, R. M.（2005）*Contemporary strategy analysis*. 5th ed. Malden, MA: Blackwell.

Grimm, C. M., & Smith, K. G.（1997）*Strategy as action: Industry rivalry and coordination*. Cincinnati, OH: South-Western College Publishing.

Grove, A. S.（1996）*Only the paranoid survive: How to exploit the crisis points that challenge every company*. New York: Currency.

Harrigan, K. R., & Porter, M. E.（1983）"End-game strategies for declining industries." *Harvard Business Review*,（1983, July-August），111-120.（邦訳，K. R. ハリガン・M. E. ポーター（2009）「エンド・ゲーム戦略——いかに衰退産業で利益を確保するか」『DIAMONDハーバード・ビジネス・レビュー』1月号，112-128.

橋本毅彦（2002）『〈標準〉の哲学——スタンダード・テクノロジーの三〇〇年』講談

社.

Hayes, R. H., & Wheelwright, S. G.（1979）"The dynamics of process-product life cycles." *Harvard Business Review*,（1979, March–April）, 127–136.

Hegberg, R.（2009）「競合メーカー破綻後の戦略――NORだけでは成り立たない」『日経エレクトロニクス』2009年9月21日号, 155–156.

平久保仲人（2005）『消費者行動論――なぜ，消費者はAではなくBを選ぶのか？』ダイヤモンド社.

弘中史子（2007）『中小企業の技術マネジメント――競争力を生み出すモノづくり』中央経済社.

Hirsch, W. Z.（1956）"Firm progress ratios." *Econometrica*, 24, 136–143.

Hofer, C. W., & Schendel, D.（1978）*Strategy formulation: Analytical concepts*. St. Paul, MN: West Publishing Company.（邦訳，C. W. ホファー・D. シェンデル　奥村昭博・榊原清則・野中郁次郎訳（1981）『戦略策定――その理論と手法』千倉書房）

Hunt, S. D., & Morgan, R. M.（1995）"The comparative advantage theory of competition." *Journal of Marketing*, 59（1995, April）, 1–15.

Huston, L., & Sakkab, N.（2006）"Connect and develop: Inside Procter & Gamble's new model for innovation." *Harvard Business Review*, 84（3）, 58–66.（邦訳，L. ヒューストン・N. サッカブ（2006）「P&G：コネクト・アンド・ディベロップ戦略――イノベーションに外部性を働かせる」『DIAMONDハーバード・ビジネス・レビュー』8月号, 45–56.

石井淳蔵・廣田章光（2009）『1からのマーケティング　第3版』碩学舎.

伊丹敬之（2003）『経営戦略の論理　第3版』日本経済新聞出版社.

岩井克人（1997）『資本主義を語る』筑摩書房.

岩田聡（2009）「「ご褒美」の構造を変えたら可能性が見えてきた」『日経エレクトロニクス』2009年3月23日号, 45–52.

加護野忠男・井上達彦（2004）『事業システム戦略――事業の仕組みと競争優位』有斐閣.

菅野寛（2005）『経営者になる　経営者を育てる』ダイヤモンド社.

加藤恒（2006）『パテント・プール概説――技術標準と知的財産問題の解決策を中心として』発明協会.

Katz, M. L., & Shapiro, C.（1985）"Network externalities, competition, and compatibility." *American Economic Review*, 75（3）, 424–440.

紀信邦（2008）「ビジネスモデルと事業計画」『IPO実践セミナー』イノベーション・ジャパン2008フォーラム（2008年9月16日）, 配付資料.

Kim, W. C., & Mauborgne, R.（2005）*Blue ocean strategy: How to create uncontested market space and make the competition irrelevant*. Boston, MA: Harvard Business School Press.（邦訳，W. C. キム・R. モボルニュ　有賀裕子訳（2005）『ブルー・オーシャン戦略――競争のない世界を創造する』ランダムハウス講談社）

北村正志（2009）「津波のような変化に立ち向かい事業構造の転換を目指す」『DIAMOND ハーバード・ビジネス・レビュー』7月号，140-141．

Kotler, P.（1991）*Marketing management: Analysis, planning, and control*. 7th ed. Englewood Cliffs, NJ: Prentice-Hall.（邦訳，P. コトラー　小坂恕・疋田聡・三村優美子訳（1996）『マーケティング・マネジメント［第7版］――持続的成長の開発と戦略展開』プレジデント社）

Kotler, P., & de Bes, F. T.（2003）*Lateral marketing: New techniques for finding breakthrough ideas*. New York: John Wiley & Sons.（邦訳，P. コトラー・F. T. デ・ベス　恩蔵直人監訳，大川修司訳（2004）『コトラーのマーケティング思考法』東洋経済新報社）

栗木契・余田拓郎・清水信年編（2006）『売れる仕掛けはこうしてつくる――成功企業のマーケティング』日本経済新聞社．

Lammers, I., de Man, A-P., & Jelinek, M.（2009）"Inside the tertius gaudens: The case of ASML." *Paper presented at the FADO seminar series of the Vrije Universiteit, Faculty of Economics and Business Administration*, May 7th, 2009.

Langlois, R. N.（1992）"Transaction-cost economics in real time." *Industrial and Corporate Change*, 1（1），99-127．

Langlois, R. N.（2003）"The vanishing hand: the changing dynamics of industrial capitalism." *Industrial and Corporate Change*, 12（2），351-385．

Levitt, T.（1960）"Marketing myopia." *Harvard Business Review*,（1960, July-August），45-56．

Levitt, T.（1965）"Exploit the product life cycle." *Harvard Business Review*,（1965, November-December），81-94．

Levitt, T.（1969）*The marketing mode: Pathways to corporate growth*. New York: McGraw-Hill.（邦訳，T. レビット　土岐坤訳（1971）『マーケティング発想法』ダイヤモンド社）

Lilien, G. L., Morrison, P. D., Searls, K., Sonnack, M., & von Hippel, E.（2002）"Performance assessment of the lead user idea-generation process for new product development." *Management Science*, 48（8），1402-1059．

Magretta, J.（2002）*What management is: How it works and why it's everyone's business*. New York: Free Press.（邦訳，J. マグレッタ　山内あゆ子訳（2003）『なぜマネ

ジメントなのか──全組織人に今必要な「マネジメント力」』，ソフトバンク パブリッシング）

丸川知雄（2007）『現代中国の産業──勃興する中国企業の強さと脆さ』中央公論新社．

松田政行（2006）「知的財産権の本質と著作権の特質──著作者人格権・保護期間・私的複製」JASRAC シンポジウム 2006『知的財産権の本質と今日における課題』（pp. 24-44），日本音楽著作権協会．

McGrath, R. G., & MacMillan, I. C.（2005）"Market busting: Strategies for exceptional business growth." *Harvard Business Review*, 83（3），81-91．（邦訳，R. G. マグレイス・I. C. マクミラン（2005）「「脱」コモディティ化の成長戦略」『DIAMOND ハーバード・ビジネス・レビュー』8月号，50-61．）

Mintzberg, H., Ahlstrand, B., & Lampel, J.（1998）*Strategy safari: A guided tour through the wilds of strategic management*. New York: Free Press.（邦訳，H. ミンツバーグ・B. アルストランド・J. ランペル 齋藤嘉則監訳，木村充・奥澤朋美・山口あけも訳（1999）『戦略サファリ──戦略マネジメント・ガイドブック』東洋経済新報社．）

宮崎正也（2002）「技術システム・アプローチ──ヒューズ『電力の歴史』精読」『赤門マネジメント・レビュー』1（5），385-404．

宮崎正也（2004）「消耗品の戦略的製品設計──機能共有するプリンタ」『赤門マネジメント・レビュー』3（7），309-332．

宮崎正也（2008）「サービス・イノベーションに貢献する企画広報──建築版出会い系サイトの事例研究」『研究・技術計画学会 第23回年次学術大会講演要旨集』79-82．

水越豊（2003）『BCG戦略コンセプト──競争優位の原理』ダイヤモンド社．

Mock, D.（2005）*The Qualcomm equation: How a fledgling telecom company forged a new path to big profits and market dominance*. New York: American Management Association.

Montgomery, C. A.（2008）"Putting leadership back into strategy." *Harvard Business Review*, 86（1），54-60．（邦訳，C. A. モンゴメリー（2008）「戦略の核心」『DIAMOND ハーバード・ビジネス・レビュー』4月号，54-64．）

村橋孝嶺（2008）「Mマートのビジネスモデル」第2回中間流通研究会講演録．

Nambisan, S., & Sawhney, M.（2007）"A buyer's guide to the innovation bazaar." *Harvard Business Review*, 85（6），109-118．（邦訳，S. ナンビサン・M. S. ソーニー（2007）「イノベーションを賢く購入する法」『DIAMOND ハーバード・ビジネス・レビュー』12月号，104-117．

西本利一（2009）「編集長インタビュー：西本利一氏［東京製鉄社長］――中期経営計画は要らない」『日経ビジネス』2009年8月24日号，78-80．

小川進（2000）『イノベーションの発生理論――メーカー主導の開発体制を越えて』千倉書房．

小川進（2006）『競争的共創論――革新参加社会の到来』白桃書房．

Ogawa, S., & Piller, F. T.（2006）"Reducing the risks of new product development." *MIT Sloan Management Review*，（2006，Winter），65-71．

小倉昌男（1999）『小倉昌男 経営学』日経BP社．

大前研一　田口統吾・湯沢章伍訳（1987）『ストラテジック・マインド――変革期の企業戦略』新潮社．

大前研一（1999）『［新装版］企業参謀――戦略的思考とはなにか』プレジデント社．

岡謙介（2009）「日立の知的財産戦略」研究開発インフォメーションミーティング（2009年4月22日），日立製作所IR資料．

Oliver, C.（1991）"Strategic responses to institutional processes." *Academy of Management Review*，16（1），145-179．

Parker, G. G., & Van Alstyne, M. W.（2005）"Two-sided network effects: A theory of information product design." *Management Science*，51（10），1494-1504．

Penrose, E.（1995）*The theory of the growth of the firm*. 3rd ed. Oxford: Oxford University Press.

Peteraf, M. A.（1993）"The cornerstones of competitive advantage: A resource-based view." *Strategic Management Journal*，14，179-191．

Pil, F. K., & Holweg, M.（2006）"Evolving from value chain to value grid." *MIT Sloan Management Review*，（2006，Summer），72-80．

PineⅡ, B. J., & Gilmore, J. H.（1999）*The experience economy: Work is theatre & every business a stage*. Boston, MA: Harvard Business School Press.（邦訳，B. J. パインⅡ・J. H. ギルモア　電通「経験経済」研究会訳（2000）『経験経済――エクスペリエンス・エコノミー』流通科学大学出版．

Porter, M. E.（1979）"How competitive forces shape strategy." *Harvard Business Review*，57（2），137-145．

Porter, M. E.（1980）*Competitive strategy: Techniques for analyzing industries and competitors*. New York: Free Press.

Porter, M. E.（1985）*Competitive advantage: Creating and sustaining superior performance*. New York: Free Press.

Porter, M. E.（1998）*On competition*. Boston, MA: Harvard Business School Press.（邦訳，M. E. ポーター　竹内弘高訳（1999）『競争戦略論Ⅰ・Ⅱ』ダイヤモンド

社)

林野宏（2006）「遊びがなければ，良い戦略は生まれない」『DIAMOND ハーバード・ビジネス・レビュー』7月号，220–221.

Ries, A.（1996）*Focus: The future of your company depends on it*. New York: Harper Business.（邦訳，A. ライズ　川上純子訳（2007）『フォーカス！――利益を出しつづける会社にする究極の方法』海と月社）

Roberts, J. H.（2005）"Defensive marketing: How a strong incumbent can protect its position." *Harvard Business Review*,（2005, November），150–157.

Rogers, E. M.（1995）*Diffusion of innovation*. 4th ed. New York: Free Press.

Roquebert, J. A., Phillips, R. L., & Westfall, P. A.（1996）"Markets vs. management: What 'drives' profitability ?" *Strategic Management Journal*, 17, 653–664.

Rowe, A. J., Mason, R. O., & Dickel, K.（1982）*Strategic management & business policy: A methodological approach*. Reading, MA: Addison-Wesley.

Rumelt, R. P.（1991）"How much does industry matter ?" *Strategic Management Journal*, 12, 167–185.

榊原清則（1992）『企業ドメインの戦略論――構想の大きな会社とは』中央公論社.

Saloner, G., Shepard, A., & Podolny, J.（2001）*Strategic management*. New York: John Wiley & Sons.（邦訳，G. サローナー・A. シェパード・J. ポドルニー　石倉洋子訳（2002）『戦略経営論』東洋経済新報社）

佐藤正明（1999）『映像メディアの世紀――ビデオ・男たちの産業史』日経BP社.

佐藤幸人（2007）『台湾ハイテク産業の生成と発展』岩波書店.

Scherer, F. M., Beckenstein, A., Kaufer, E., & Murphy, R. D.（1975）*The economics of multi-plant operation: An international comparisons study*. Cambridge, MA: Harvard University Press.

Shapiro, C., & Varian, H. R.（1999）*Information rules: A strategic guide to the network economy*. Boston, MA: Harvard Business School Press.（邦訳，C. シャピロ・H. R. バリアン　宮本喜一訳（1999）『「ネットワーク経済」の法則――アトム型産業からビット型産業へ…変革期を生き抜く72の指針』IDGコミュニケーションズ）

清水勝彦（2007）『戦略の原点』日経BP社.

新宅純二郎・江藤学編著（2008）『コンセンサス標準戦略――事業活用のすべて』日本経済新聞出版社.

新宅純二郎・田中辰雄・柳川範之編（2003）『ゲーム産業の経済分析――コンテンツ産業発展の構造と戦略』東洋経済新報社.

新宅純二郎・和田剛明（2002）「ゲームソフト市場における高初期値逓減型の売上パターン」メディアクリエイト総研編『2002テレビゲーム産業白書』1章，メディ

アクリエイト.

新宅純二郎・柳川範之編（2008）『フリーコピーの経済学――デジタル化とコンテンツビジネスの未来』日本経済新聞出版社.

Slywotzky, A. J., & Morrison, D. J.（1997）*The profit zone: How strategic business design will lead you to tomorrow's profits*. London: Times Books.（邦訳，A. J. スライウォツキー・D. J. モリソン　恩蔵直人・石塚浩訳（1999）『プロフィット・ゾーン経営戦略――真の利益中心型ビジネスへの革新』ダイヤモンド社）

Smith, W. R.（1956）"Product differentiation and market segmentation as alternative marketing strategies." *Journal of Marketing*, 21 (1), 3-8.

椙山泰生（2000）「ユーザー・イノベーション」高橋伸夫編『超企業・組織論――企業を超える組織のダイナミズム』10章，有斐閣.

Sutter, A.（2008）「「減成長論」がただす作られた GDP 成長」『日経ビジネスマネジメント』Summer, 140-143.

鈴木良隆・大東英祐・武田晴人（2004）『ビジネスの歴史』有斐閣.

高田明（2010）「今週の焦点：売って終わりは通用しない」『日経ビジネス』2010年7月26日号，1.

高橋伸夫（2001）「学習曲線の基礎」『経済学論集』66 (4)，2-23.

高橋伸夫（2006）『経営の再生――戦略の時代・組織の時代［第3版］』有斐閣.

高橋伸夫編，東京大学ものづくり経営研究センター著（2005）『170の keyword による　ものづくり経営講義』日経BP社.

高橋伸夫・中野剛治編著（2007）『ライセンシング戦略――日本企業の知財ビジネス』有斐閣.

高松朋史（2000）「デファクト・スタンダード」高橋伸夫編『超企業・組織論――企業を超える組織のダイナミズム』7章，有斐閣.

高嶋克義・桑原秀史（2008）『現代マーケティング論』有斐閣.

田中辰雄（2007）「私的コピーは被害を与えているか：動画のケース――ファイル交換 Winny と動画サイト YouTube の影響」『組織科学』41 (1), 38-53.

谷田大輔（2009）「有訓無訓：発想を変えるのが経営　難題は皆で解けばよい」『日経ビジネス』2009年4月20日号，1.

立本博文（2007）「PC のバス・アーキテクチャの変遷と競争優位――なぜ Intel は，プラットフォーム・リーダーシップを獲得できたか」*MMRC Discussion Paper* 171.

寺本義也・岩崎尚人編（2004）『経営戦略論』学文社.

特許庁（2008）『知的財産活動調査――結果の概要』特許庁.

富田純一・東正志・岡本博公（2007）「鉄鋼産業における戦略的標準化」*MMRC Dis-*

cussion Paper 177.

トラパーニ, F (2008)「ホスピタリティ事業がブランドの存在高める」『日経ビジネスマネジメント』Summer, 60–63.

月泉博 (2006)『ユニクロ vs しまむら——専門店2大巨頭圧勝の方程式』日本経済新聞社.

つんく♂ (2008)『一番になる人』サンマーク出版.

von Hippel, E. (1986) "Lead users: A source of novel product concepts." *Management Science*, 32 (7), 791–805.

von Hippel, E. (1988) *The sources of innovation*. New York: Oxford University Press.

von Hippel, E. (2005) *Democratizing innovation*. Cambridge, MA: MIT Press.

von Hippel, E., Thomke, S., & Sonnack, M. (1999) "Creating breakthroughs at 3M." *Harvard Business Review*, (1999, September–October), 47–57.

和田一夫 (2007)「フォード・システムの再検討——ハイランド・パーク工場はどんな工場だったか」大東英祐・武田晴人・和田一夫・粕谷誠著『ビジネス・システムの進化——創造・発展・企業者活動』6章, 有斐閣.

ウィードマン, J. D. (2008)「外部とのコラボレーションでさらなる革新提供を目指す」『DIAMOND ハーバード・ビジネス・レビュー』12月号, 154–155.

White, R. E. (1986) "Generic business strategies, organizational context and performance: An empirical investigation." *Strategic Management Journal*, 7, 217–231.

Wise, R., & Baumgartner, P. (1999) "Go downstream: The new profit imperative in manufacturing." *Harvard Business Review*, (1999, September–October), 133–141. (邦訳, P. バウムガートナー・R. ワイズ (2000)「製造業のサービス事業戦略」『DIAMOND ハーバード・ビジネス・レビュー』12月号, 124–137.)

Wylie, J. C. (1967) *Military strategy: A general theory of power control*. New Brunswick, NJ: Rutgers University Press. (邦訳, J. C. ワイリー 奥山真司訳 (2007)『戦略論の原点』芙蓉書房出版)

山田英夫 (1997)『デファクト・スタンダード——市場を制覇する規格戦略』日本経済新聞社.

山田英夫 (2007)「デファクト・スタンダードの真実」『DIAMOND ハーバード・ビジネス・レビュー』6月号, 36–51.

山田基成 (2010)『モノづくり企業の技術経営——事業システムのイノベーション能力』中央経済社.

柳原一夫 (1975)「生産の垂直統合政策と設備増設に関する考察」『慶應ビジネスフォーラム』14, 22–40.

Yankelovich, D., & Meer, D. (2006) "Rediscovering market segmentation." *Harvard*

Business Review, (2006, February), 122-131. (邦訳, D.ヤンケロビッチ・D.ミーア (2006)「セグメンテーションの再発見」『DIAMOND ハーバード・ビジネス・レビュー』6月号, 65-77)

米山茂美・渡部俊也編著 (2004)『知財マネジメント入門』日本経済新聞社.

吉田忠雄 (2004)『ザ・メッセージ 今蘇る日本の DNA——吉田忠男 YKK』DVD, 日経 BP 社.

吉川廣和 (2007)『壁を壊す——7年で経常利益を10倍にした老舗企業の破壊的改革』ダイヤモンド社.

吉村孝司編著 (2006)『経営戦略 (ストラテジー) ——企業戦略と競争戦略』学文社.

Zeithaml, C. P., & Zeithaml, V. A. (1984) "Environmental management: Revising the marketing perspective." *Journal of Marketing*, 48 (1984, Spring), 46-53.

索　引

人名索引

ウェスチングハウス（Westinghouse, G.）　159
エジソン（Edison, T. A.）　159
遠藤良治　14
小川　進　28
小倉昌男　10

片山恭一　236

シェンデル（Schendel, D.）　4
施　振栄（Shih, S.）　216

チャフィー（Chaffee, E. E.）　7
トラパーニ（Trapani, F.）　207

夏目漱石　234

ハイエック（Hayek, N. G.）　95
ホファー（Hofer, C. W.）　4

マコーミック（McCormik, C.）　75
ミンツバーグ（Mintzberg, H.）　5
森本　剛　174

ラフリー（Lafley, A. G.）　195

ワイリー（Wylie, J. C.）　2

企業・団体名など索引

アサヒ飲料　62
イオン　67
伊藤園　62〜64, 73
伊藤製作所　265
インテル　208, 209
ウィークエンドホームズ社　174〜179
ウォルト・ディズニー　236
エイサー　216
エレファントデザイン　186
大戸屋　206
オタゴ大学　192
オプティカル・ソリューションズ　192

カーブス　90, 91

キッコーマン　132
キョウデン　76, 77
キリンビバレッジ　28, 62
近鉄百貨店　78
グリコ　132
クレディセゾン　15, 16
クロロックス　197
コメリ　70, 78, 255

サントリー　62, 122
サントリー食品　215
しまむら　206
シャープ　75, 152, 218
スウォッチ・グループ　95

索引

スピード　192
3M　185
セメックス　103
千趣会　78, 79
戦略計画研究所　56
ソースネクスト　71, 72

ダイキン工業　63, 73
大正製薬　91
ダイハツ　93
高木製作所　73
髙島屋　67, 69
タコベル　219
タタ・モーターズ　112
タニタ　132
トヨタ　13, 97
トヨタ自動車　96
トリンプ・インターナショナル・ジャパン　137

西松屋チェーン　68, 69, 73
ニチレイフーズ　215, 216
ニトリ　206
日本ビクター　152
任天堂　132, 218
ノッティンガム大学　192

ハーバード大学　56
ハイアール　71, 111
パナソニック　63, 104, 105
パラマウント　234
ピザハット　219
日立　152
日立グループ　232
フォード　50, 66
ブルガリ　207
ペトラテックス　192
ホンダ　76, 208

マイクロソフト　71, 155, 238
松屋　79
三菱　152
メクテックス　192

ヤオコー　103
山佐時計機器　39
ヤマト運輸　10, 39, 110
ヤマハ　39
雪国まいたけ　113
ユニクロ　92, 93
ユニチャーム　197

良品計画　186
ロフト　14

ワークマン　66〜69, 73

Adobe　166
Amazon.com　37, 38, 116
Apple　218
ASML　216
Dell　218
GAP　209
GIORGIO ARMANI　95
Google　171
Grand Central Publishing　82
H&M　209
Hon Hai Precision Industry　218
Inditex　209, 210
Kelley Blue Book　76
KFC　219
Motorola　218
Mマート　162〜164, 170, 171
NASA　192
Nokia　218
NTTドコモ　172
Numonyx　220
P&G　131, 195〜197

PepsiCo 219
Qualcomm 210〜212
SISVEL 232

Sony 218
YKK 193, 207
ZARA 209

事項索引

あ行

「あかり」という機能を売る例 104
アクセス・ベースのポジショニング 72, 78
アップグレード可能性 117, 118

異質性 258
5つの競争要因と市場の収益性 270
5つの競争要因と収益性の関係 277
5つの競争要因分析 270
移動式組立ライン 50
イノベーションの外部調達コスト 198
因果関係の曖昧さ 254
インストールド・ベース 147

打ち手 5
上澄み価格戦略 126

営業秘密 230
エンづくり機能 170

オープン・イノベーション 192, 193
オープン化 156
オープン戦略 151

か行

解釈型戦略モデル 7
改善活動 50
回避 278
外部環境分析 265
外部環境への戦略的な対応方法 278

学習学派 6
学習曲線 51
学習曲線の効果 43, 51, 65, 127, 214, 253, 269, 272
学習率 52
カスタマー・ピラミッド 83
カスタマイゼーション 113, 114
　——の4類型 114
片付けるべき用事 102
　未処理の「——」の発掘 109
カタリスト 164
「価値ある」戦略的資源の類型 250
価値連鎖 202, 216, 269
活動システム 255
活動範囲 280
カテゴリー価値戦略 37
刈り取り戦略 130
観客動員機能 171
環境学派 6
環境管理パースペクティブ 279
間接的効果 148, 168
完全競争 244
完全情報 244

機会 11
企画広報 179
規格の短命化 155
起業家学派 6
企業の業績を決めるメカニズム 262
企業の特有性 246
技術の成熟化 122
技術の成熟度 266
技術部門の進歩 53

既存企業の反撃　273
期待に関する差異性　246
機能統合　202, 203
機能分化　202, 203
機能別戦略　18
規模の経済　43, 44, 53, 65, 127, 156, 214, 218, 219, 269, 272
「逆」コモディティー化　36
脅威　11
境界（インターフェイス）の互換性の標準　143
業界標準　144
　　──と企業の投資回収　155
供給業者の交渉力　270, 275
競合他社の敵対度　270, 273
競争戦略　18, 24, 243, 255, 282
競争の事後制限　258
競争の事前制限　258
競争優位　15, 242
　　──の確保　8, 15
　　──の源泉　242
　　──を生み出す経営資源の特性　248
　　──を持続させるための諸条件　258
共同開発　155
協働型カスタマイゼーション　114
業務範囲　202
金銭的コスト　151

クリティカル・マス　147, 253
クローズド・イノベーション　193
クローズド戦略　152
クロス・ライセンス　229

経営戦略　4
　　企業における──の役割　8
経営戦略論　5
　　──の多様性　5
計画学派　6
経験　133, 136

経験価値戦略　38
形態学派　6
顕在型カスタマイゼーション　115

コア・コンピタンス　172
合意標準　146
幸運　245, 246
高初期値逓減型の売上パターン　138
行動プログラム　5
購買者の交渉力　270, 276
後方統合　204
顧客開拓　132
顧客価値　26
　　──の向上　26, 27, 40
顧客我慢　113
　　──とカスタマイゼーション　113
顧客満足　113
コスト構造　269, 273
コスト・集中戦略　65
コスト削減機能　171
コネクト＆ディベロップ　195
コモディティー　36
　　──の差別化　36
コモディティー化　36, 104, 158
コンセンサス標準　146
コンテンツ　237
コントローラー　244

さ　行

サイコグラフィック変数　88
最小最適規模　45
差異性　22
再成長ベクトル　131
最低限の標準　143
サイド間ネットワーク効果　168
サイド内ネットワーク効果　167
財務資産　250, 251
作業の標準化　43, 50, 65

差別化・集中戦略　65,72
差別化戦略　25,243
　　——による競争優位の確保　25
　　——の成功要素　26
差別化とセグメンテーションの概念上の
　　　違い　86
差別化の具体的な方法　33
差別化の方向性　30
産業資本主義　22
産業上の秩序維持　224
産業的創作保護法　223
産業的／文化的な創作活動の保護　224
参照・定義の標準　142
参入障壁　271
参入の欠如　246

時間　133,135
時間圧縮の不経済　252
事業活動の防衛　228
事業戦略　18,282
　　——の位置づけ　17
　　——の策定で考慮すべき点　19
資源ストック　247
資源展開の推進　8,11
資源の希少性　251
資源の競争優位と企業の収益性　259
資源の組織的活用　255
資源の模倣の困難性　252
資源ベース・アプローチ　248
資産規模効率性　253
資産ストック間の相互連関性　253
資産特殊性　211
資産の腐食　251
市場規模　268
市場シェア　53
　　——拡大の効果　53
　　——と収益性の関係　56
　　——と損益分岐期間　54
市場資源　251〜253,255

市場創造　132
市場の競争特性　154
市場の収益性　269
市場の消費特性　154
市場の成熟化　122,131
市場の秩序維持法　223
市場のトレンド　269
市場の二面性　164
市場分析の観点　268
システム経済性　106
持続的な競争優位　249,254,255
実行による学習　247
シナジー　219
　　——効果　255
社会的複雑性　253
社会の風潮　266
収穫戦略　159
集中戦略　62,63,255
手段の組合せ　2
出仕市場　267
需要の価格弾力性　126
順次型戦略モデル　7
使用拡張　132
状況　133,135
商業資本主義　22
少数品種の集中生産　65,69
使用促進　131
使用による学習　185
消費経験プロセス　108
消費者行動プロセス　28
商品機能の絞り込み　71
情報収集のコスト　151
新規参入者の脅威　270
新規性　226,227
人口動態　266
人口動態変数　88
新製品アイデアの生まれる場所　182
新製品アイデアの源泉としてのユーザー
　　　184

新製品開発　33
人的資源　250, 251
浸透価格戦略　126
進歩性　226, 227
心理的なコスト　151

衰退期　123
　　──の戦略　129
垂直的な差別化　30, 31
垂直統合　203, 204
垂直分化　203, 205
スイッチング・コスト　149, 151
水平結合　205
水平的な差別化　30, 31
ストラテジャイザー　244
ストレート・ライセンス　228
スピードの価値　156
スマイル・カーブ　216

生産要素の安価な調達　43, 65
成熟期　123
　　──の消滅　155
　　──の戦略　128
成長期　123
　　──の戦略　127
成長志向価格戦略　126, 127
成長の見通し　268
製品差別化　272
製品種類ベースのポジショニング　72, 73
製品の物理的特徴による差別化　33
製品ライフサイクル　122, 123, 238, 239, 268
製品ライン・マネジメント　95
政府の企業活動への干渉　271
政府の政策　266
セグメンテーションとコスト管理　93
セグメンテーションの実施方法　87
セグメンテーションの実例　90

説得の困難性　211, 212
ゼロ・エミッション　104
潜在型カスタマイゼーション　116
全社戦略　18
先使用権制度　231
前方統合　204
戦略　2
　　──の階層性　17
　　──のスイート・スポット　280
　　──の「優先順位づけ」機能　10
戦略形成　5
戦略事業単位　56
戦略ステートメント　280
戦略的自由度　31
戦略的3Cs　25
戦略的な標準化による価値獲得　157
戦略要素市場　243
　　──と競争の不完全性　243
　　──の不完全性と企業間の異質性　247
戦略立案プロセス　280

操作　278
即座の売却・撤退戦略　130
側面マーケティング　133
組織的資産　250, 252, 253
組織能力　257
素描学派　5
ソリューション　104
損益分岐期間　54
損益分岐点　54
損益分岐販売数量　54
存在理由　8

た　行

ターゲット　133
代替可能性　254
代替品の脅威　270, 274

大変身作戦　111, 113
大量生産システム　50
絶え間ない革新が生み出す差異性　22
妥協　278
探索コスト　172
段取り換え　66
　　——費用の削減　66
段取り活動　49

知覚価値の提供　26, 28, 40
置換の経済　116, 117
知識・情報移転の困難性　211, 212
知的財産　222
知的財産法　222
知的無形資産　222
直接的効果　148, 168
直接労働の進歩　53
著作権　225
　　——の活用　234
　　特許権と——の違い　225
地理的変数　88

ツー・サイド・プラットフォーム　164, 238
強み　11, 215

低コスト化戦略　25, 42, 243
　　——のねらい　42
低コストの実現方法　43
適応型カスタマイゼーション　115
適応型戦略モデル　7
テクノロジー・プッシュ　182
デジュール・スタンダード　144
撤退障壁の高さ　274
デファクト・スタンダード　145, 168, 229, 238, 239
　　——の成立要件　146
手間　151
デマンド・プル　183

伝統的な新製品開発の考え方　182

動学的取引コスト　210
　　——の低下　212
統合　212
　　——の理由　205
導入期　123
　　——の戦略　126
独自価値（先発）戦略　37
特許管理受託会社　232
特許権　225
　　——と著作権の違い　225
　　——の活用　226
　　——の効力　227
特許出願　229
特許プール　232
ドミナント化　69
ドメインの決定　8
トレードオフ　10
トレード・シークレット　230

な 行

ニーズ（効用）　133, 134
ニーズ・ベースのポジショニング　72, 74
ニッチ戦略　130
認知学派　6

ネットワーク外部性　148, 239, 253
ネットワーク効果　167
ねらい　2

ノウハウ　229, 230

は 行

バージョン化　236
波及効果　219

場所　*133, 135*
パブリック・ドメイン　*234*
パワー学派　*6*
範囲の経済　*43, 48, 65, 219*
反抗　*278*

ビジネスの基礎論理　*24*
ビジネスモデル　*19, 156, 238*
非消費者　*109*
標準　*142*
ピラミッド・ネットワーキング　*185*
品質価値戦略　*38*

不完全な移動性　*258, 259*
普及曲線　*148*
不均衡の原則　*82*
物理的資産　*250, 251, 255*
負のシナジー　*219*
部品の互換性　*51*
プラットフォーム　*164, 176*
　——型ビジネスの見分け方　*169*
　——が提供する主要な機能　*170*
　——形成の方法　*173*
　——参加者を定着させるインセンティブ・システム　*177*
プラットフォーム型ビジネスモデル　*162*
ブランドによる差別化　*39*
フリー・コピー時代のビジネスモデル　*237*
ブロックバスター戦略　*82*
文化学派　*6*
文化的創作保護法　*223*
分化　*212*
　——の理由　*214*
分業　*17*
分離の欠如　*245*

補完財　*148*
　——による差別化　*34*
　——やインフラの利用可能性　*272*
補完的資産　*253*
ポジショニング学派　*6*
ポスト産業資本主義　*23*
ボトルネック解消作戦　*112, 113*
ボリューム・ディスカウント　*43, 218*

ま 行

マーケット・セグメンテーション　*84, 86*
マクロ経済動向　*266*
孫の手作戦　*110, 113*
マルチ・サイド化　*172*
マルチ・サイド・プラットフォーム　*172*
マルチレイヤー事業システム　*256, 257*

無形資産　*222*

メーカー直接取引　*68*

黙従　*278*
目標　*280*
モジュラー型の製品設計　*117*
模倣困難な差異性　*26, 29, 40*
模倣の阻止　*228*

や 行

八ヶ岳マーチャンダイジング　*137*

優遇・価格設定の仕方　*165*
優遇のシフト　*178*
有形資産　*222*
ユーザー起動法　*184, 186, 188*
ユーザーとメーカーの関係　*189*
輸送・配送・コストの効率化　*69*

弱み　*11*

ら　行

ライセンシング　*228*
ライフサイクル成熟化への対処法　*131*
ライフサイクルの短縮化への対応　*136*

リーダーシップ戦略　*130*
リード・ユーザー　*184*
リード・ユーザー法　*184, 188*
利益志向価格戦略　*127*
リスク　*151*
流通チャネル　*269*
　　――の問題　*271*
利用性　*226*

隣接業界　*277*

累積生産量　*51*

レゾンデートル　*8*

欧　字

EMS　*218*
KFS　*14, 269*
　　――を踏まえた資源展開　*14*
PB 商品　*68*
　　――の開発　*68*
SWOT 分析　*11*
　　――にもとづく資源展開　*11*
VRIO フレームワーク　*248, 255, 280*

著者紹介

宮崎　正也（みやざき　まさや）

2002年	東京大学大学院経済学研究科博士後期課程単位取得
	博士（経済学）（東京大学）2006年に学位取得修了
2002年	東京都立大学経済学部助手
2004年	名古屋大学大学院経済学研究科専任講師
2006年	名古屋大学大学院経済学研究科助教授
現　在	名古屋大学大学院経済学研究科准教授

主要著書・論文

『超企業・組織論――企業を超える組織のダイナミズム』（分担執筆，有斐閣，2000年）

「内容分析の企業行動研究への応用」（『組織科学』第35巻2号，2001年）

"Inferring competitors' intention: Using content analysis and product concept trajectory." *Annals of Business Administrative Science*, Vol. 2, No. 1, 2003.

「製品ライフサイクルと変動する製品コンセプト――コンセプト形成時の着目点をさぐる」（『経済科学』第53巻3号，2005年）

「価値転換のイノベーション・プロセス――イノベーターズ・プロパガンダ研究序説」（『研究 技術 計画』第21巻3/4号，2006年）

ライブラリ 経営学コア・テキスト=8
コア・テキスト事業戦略

2011年2月25日© 　　　　　　　初 版 発 行

著 者　宮崎正也　　　　発行者　木下敏孝
　　　　　　　　　　　印刷者　加藤純男
　　　　　　　　　　　製本者　石毛良治

【発行】　　　　　　株式会社 新世社
〒151-0051　東京都渋谷区千駄ヶ谷1丁目3番25号
☎(03)5474-8818(代)　　　　　サイエンスビル

【発売】　　　　　　株式会社 サイエンス社
〒151-0051　東京都渋谷区千駄ヶ谷1丁目3番25号
営業☎(03)5474-8500(代)　　振替 00170-7-2387
FAX☎(03)5474-8900

印刷　加藤文明社　　　　　製本　ブックアート
《検印省略》
本書の内容を無断で複写複製することは，著作者および出版者の権利を侵害することがありますので，その場合にはあらかじめ小社あて許諾をお求めください。

サイエンス社・新世社のホームページのご案内
http : //www.saiensu.co.jp
ご意見・ご要望は
shin@saiensu.co.jp まで。

ISBN 978-4-88384-157-8
PRINTED IN JAPAN

ライブラリ 経営学コア・テキスト

1.　コア・テキスト
経営学入門

高橋伸夫 著

Ａ５判・296頁・本体2300円

身近なエピソードからはじめ，その後でその内容に即した様々な経営学説を解説する全く新しいスタイルの入門書．この一冊で，目の前のあらゆることが経営の問題として見えるようになり，自分の頭でその答を導き出す姿勢と作法が身につく．

2.　コア・テキスト
経営管理

高松朋史・具　承桓 共著

Ａ５判・320頁・本体2800円

経営管理を学ぶには経営学のあらゆる分野の知識が必要である．本書では，それらを学ぶ前の土台づくりとして，経営管理の基礎的範囲の知識を養うことを目的としている．経営学を初めて学ぶ方にも分かりやすいよう出来るだけ平易な表現で解説し，全4部・14章構成として大学の半期授業にも対応させた．2色刷．

発行　新世社　　　　　発売　サイエンス社

表示価格は税抜きです．

ライブラリ 経営学コア・テキスト

4. コア・テキスト
ミクロ組織論

藤田英樹 著

Ａ５判・296頁・本体2800円

本書は，組織論の主要３分野の一つ，ミクロ組織論の成り立ちや基本となる理論について分かりやすく解説した入門書である．とくにその源流である動機づけ理論の解説に重点をおき，人々の「やる気」を引き出し，幸せに働くことのヒントを探る．組織論に初めて触れる大学生や社会人の方の自習用にも最適．

【主要目次】
ミクロ組織論の誕生
第Ⅰ部：意思決定論
意思決定／組織的意思決定とゴミ箱モデル
第Ⅱ部：動機づけ理論
科学的管理法から人間関係論へ／人間資源アプローチの登場／期待理論1／期待理論2／欲求説／動機づけ衛生理論／内発的動機づけ／達成動機づけ／達成動機づけの課題選択シミュレーション

発行　新世社　　　　発売　サイエンス社

表示価格は税抜きです．

ライブラリ 経営学コア・テキスト

6. コア・テキスト
人的資源管理

安藤史江 著

A5判・264頁・本体2800円

本書は「人的資源管理」を初めて学ぶ方を対象に平易に解説された入門書である．人的資源管理にまつわる諸制度が企業と従業員双方の幸せを実現できるものかどうかを検討し，その効果は人による運営次第であると問題提起することが本書の主な目的である．従来の日本企業における人的資源管理のあり方，その近年における変化等を考察しながら，章末の演習問題ではより発展的に学習を進めることができる構成となっている．2色刷．

【主要目次】
企業経営における人的資源管理の役割／採用管理／評価体系と報酬／配置・異動・昇進／人材育成およびキャリア開発／労働時間と就業環境／退職管理／これからを拓く人的資源管理

発行　新世社　　　　発売　サイエンス社

表示価格は税抜きです．

ライブラリ 経営学コア・テキスト

10. コア・テキスト
流通論

宮副　謙司 著

Ａ５判・288頁・本体2600円

本書は，生産者から消費者にモノが渡るまでの道筋をいかに構築・運営するか，流通とはどのようなものか，の２つの視点を統合し，その全体像を把握することを目指した初学者向けテキストです．予備知識がなくても理解できるよう，わかりやすい表現を心がけ，図表を多く取り入れました．また，学生や社会人の関心を惹き，経験に基づいて理解できるよう，身近な業界や企業の事例を選んで紹介しました．見やすい２色刷．

【主要目次】
第Ⅰ部　流通チャネルの理論　流通の機能とその特徴／流通チャネルの設計と管理／メーカー主導での流通チャネルの形成／消費者へ向けたマーチャンダイジング
第Ⅱ部　流通チャネルの現在　小売業態の特徴と動向／卸売業と物流の機能と動向／流通チャネルの変化
第Ⅲ部　これからの流通のあり方　新しい消費者行動と流通チャネル／流通チャネルの変化を加速させるもの／新しい流通チャネルと業態のあり方

発行　新世社　　　　　発売　サイエンス社
表示価格は税抜きです．

ライブラリ 経営学コア・テキスト

12. コア・テキスト
イノベーション・マネジメント

近能 善範・高井 文子 共著
Ａ５判・392頁・本体2980円

イノベーションを実現するためには，研究開発の成果を製品化して市場に投入し，幅広い顧客に受け入れられるまで育て，競合他社との競争に勝ち残るという戦略的なマネジメントが不可欠である．本書は，現代日本企業最大の課題である「イノベーション・マネジメント」について様々な業界の事例を交えて親しみやすく解説する．

【主要目次】
イノベーションとは何か／イノベーションのプロセス／イノベーションのパターン／企業の競争力への影響①：ラディカル・イノベーションと既存大企業の不適応／企業の競争力への影響②：３つのタイプのイノベーションと企業の競争力／研究・技術開発のマネジメント①：技術ロードマップの作成と活用／研究・技術開発のマネジメント②：業界標準のマネジメント／製品アーキテクチャのマネジメント／新製品開発のマネジメント①：製品開発プロセスのマネジメント／新製品開発のマネジメント②：組織マネジメント／企業間関係のマネジメント／ビジネスモデルのマネジメント

発行 新世社　　　　　発売 サイエンス社

表示価格は税抜きです．